소비하는 삶
소비되는 삶

Consuming Life

소비하는 삶
소비되는 삶

Consuming Life

지그문트 바우만 | 궁선영 옮김

NOUVELLE VAGUE

13

샘물결

Consuming Life
2007 © Zygmunt Bauman

Korean translation copyright © Saemulgyul Publishing House
This Korean translation is published by arrangement with Polity

옮긴이 궁선영
고려대학교 사회학과에서 문화사회학을 전공하여 박사학위를 받았다. 대중문화와 예술, 미디어, 정보기술사회 등을 주제로 연구하고 강의해왔으며 현재 경희대학교 경영대학원에서 겸임교수로 활동하고 있다.

소비하는 삶, 소비되는 삶

저자 | 지그문트 바우만Zygmunt Bauman
옮긴이 | 궁선영
펴낸이 | 조형준
펴낸곳 | 새물결
1판 인쇄 | 2024년 5월 25일
1판 발행 | 2024년 6월 15일
등록 | 서울 제15-52호(1989.11.9)
주소 | 서울시 은평구 연서로 37가길 6(⊕ 03343)
전화 | (편집부) 02-3141-8696 (영업부) 02-3141-8697
이메일 | saemulgyul@gmail.com
ISBN 978-89-5559-450-8

이 책의 저작권은 새물결에 있습니다.
신저작권법에 의해 보호를 받는 저작물이므로 무단 전재와 복제를 금합니다.

차례

서문 또는 소비자 사회의 최고 극비 사항 . . . 9

01_ 소비주의 대 소비 . . . 47

02_ 소비자 사회 . . . 89

03_ 소비주의 문화 . . . 133

04_ 소비주의의 부수적 피해자 . . . 185

옮긴이 후기 . . . 239

일러두기

1. 본문 중 볼드는 필자의 강조이다.
2. 고유한 개념어나 특정한 사건 등은 중고딕으로 처리했다.
3. 단행본이나 학술지, 잡지는 『 』로, 논문과 시, 단편소설은 「 」로 표시했다.

서문
또는 소비자 사회의 최고 극비 사항

아마 인정을 위한 상징 투쟁에서, 사회적으로 인정된 사회적 존재, 한마디로 인간성에 접근하기 위한 상징 투쟁에서 실패한 자들이 느끼는 것보다 더 심한 박탈감, 더 심한 궁핍은 없을 것이다.
 - 부르디외, 『파스칼적 명상』*

*Pierre Bourdieu, *Pascalian Meditations*, Polity Press, Cambridge, p. 242.

|

점점 더 '[통신]선으로 연결되는[유선화되는]', 보다 정확하게 말하자면 점점 더 **무선화되는** 우리 사회에서 급속하게 변하고 있는 관습 중 임의로 세 가지 사례를 골라 살펴보자.

사례 1. 2006년 3월 2일 자 『가디언』은 "지난 12개월 동안 '소셜네트워킹'은 차세대 혁신에서 바로 혁신 자체가 되었다"고 선언했다.[1] '소셜네트워킹' 매체 중 독보적 선도자로 1년 전에 개발된 웹사이트 '마이스페이스My Space'는 방문자 수가 6배, 경쟁 웹사이트 '스페이시스Spaces는 전해보다 11배, '베보닷컴Bebo.com'의 경우는 61배 증가했다.

참으로 놀라운 성장이라 할 만하다. ― 비록 이 신문 보도가 나온 당시 인터넷 시장의 신참이던 베보닷컴이 기록한 놀라운 성공은 곧 한순간의 반짝 성공으로 판명 날지도 모르지만 말이다. 인터넷에서의 유행에 관한 한 전문가의 경고처럼 "올해 10위권에 든 기업의 최소한 40%

---

[1] Sean Dodson, "Show and tell online", *Technology Guardian*(2006년 3월 2일 자)을 보라.

는 내년 이맘때쯤이면 사라지고 말 것이다." 그는 이렇게 설명한다. "새로운 SNS 개설은 도시의 외곽에 최신식 바를 개업하는 것과 같다"(다름 아니라 최신식이고, 완전히 새로운 또는 갓 정비되어 새롭게 개장한 외관으로 인해 도시 외곽의 바는 엄청난 트래픽을 끌어들일 것이다. 그러다가 '이튿날에 올 숙취만큼이나 틀림없이 후진 곳이 되며', '가장 인기 있고', 가장 최신인 '도시의 이야깃거리', '제법 논다는 사람이라면 누구나 들러보아야 할' 장소가 끊임없이 계주를 벌이는 가운데 '다음 최신'에 자력(磁力)을 넘겨준다).

일단 학교나 신체적 또는 전자적 동네에서 기반을 잡으면 'SNS' 웹사이트는 '극히 치명적인 전염' 속도로 퍼진다. 그것은 즉시 선택 가능한 여러 개 중의 단지 하나이기를 관두고 급팽창하는 무수한 젊은 남녀를 위해 기본입력된 주소default address로 바뀐다. 분명히 전자 네트워킹의 발명자와 기획자는 공감을 불러일으키는 데 성공했다. — 또는 오랫동안 적절한 자극을 기다려온 원초적이고도 긴장된 신경을 건드렸다. 그들이 현실에 존재하는, 즉 널리 확산되고 있던 긴급한 요구를 충족시킨 것에 대해 우쭐해하는 것도 당연할 것이다. 그런데 어떤 것이 그러한 요구가 될 수 있을까? "소셜네트워킹의 핵심은 개인정보 교환"이다. 유저들은 "개인적 삶의 은밀한 세부사항을 드러내고", "정확한 정보를 올리고" 또한 "사진 공유"를 즐긴다. 영국의 13~17세 연령의 10대 중 61%가 '교제용 온라인'을 가능하게 해주는 네트워킹 사이트에서 개인적 프로필을 갖고 있는 것으로 추정된다.[2]

극동보다 최첨단 전자 설비의 대중적 이용이 엄청나게 뒤처진 영국에서도 유저들은 그래도 '소셜네트워킹'이 선택의 자유를 드러내 주는

---

[2] Paul Lewis, "Teenage networking websites face anti-paedophile investigation", *Guardian*(2006년 7월 3일 자)을 보라.

것으로 신뢰할 수 있고, 심지어 젊은이 특유의 반항과 자기주장 수단이 될 수 있다고 믿고 있다(허구한 날 줄곧 안전에만 집착하는 선생과 부모 속에서 웹에 의해 유도되고 웹에 기반한 그들의 전례 없는 자아 노출열이 촉발시키고 있는 공포에 가까운 경보음을, 그리고 베보닷컴 같은 사이트를 학교 서버에서 금지하는 교장의 신경질적인 반응을 보면 위와 같은 추정은 한층 더 믿을 만해진다). 하지만 예를 들면 대부분 사회적 삶이 전자적으로 이루어지는 것이 이미 일상이 되어버린 (또는 사회적 삶social life이 이미 전자적 삶 또는 사이버적 삶으로 전환되고, 대부분의 '소셜 라이프social life'가 주로 컴퓨터, 태블릿 PC 또는 모바일 기기와 함께 이루어지며, 다른 육체적 방식은 단지 부차적인 것에 불과한) 한국에서는 젊은이에게 선택의 여지조차 있을 수 없음은 너무나 분명하다. 한국에서는 전자적으로 사회적 삶을 살아가는 것은 더 이상 선택이 아니라 '그렇게 하든지 아니면 떠나든지' 해야 하는 필수사항이다. '보여주고 말하는 문화' 분야에서 한국의 사이버 마켓 선도자인 싸이월드에 아직 가입하지 않은 극소수에게는 '소셜적 죽음'이 기다리고 있다.

하지만 '내적 자아'를 공개적으로 드러내려는 충동 그리고 그러한 충동을 충족시키려고 안달하는 것이 10대만의 독특한, 순전히 세대적인, 연령과 관련된 욕구/중독의 표시라고 가정하는 것은 심각한 오류일 것이다. 그러한 목적을 이룰 수 있는 최고의 방법에 대해서는 확신이 없어도, 당연히 '네트워크'(이 용어가 지금 사회과학적 담론과 대중적 언설 속에서 '소셜'이라는 말을 급속히 대체 중이다)에 발을 딛고 머무르려고 할 만큼 그러한 것에 관심이 대단한 세대긴 하지만 말이다. 공개적인 고백에 대한 새로운 애호는 '연령 특유의' 변수들로 설명될 수 없다. ― 어쨌든 그것들만으로는 설명될 수 없다. 최근 엔리케스는 유동적 현대의 소비자

세계의 모든 분야에서 수집되는 급증하는 증거로부터 끌어낸 메시지를 이렇게 요약한다.

모두의 은밀한 부분, 내적 삶 등 이전에는 보이지 않던 것들이 지금 공적 무대(주로 TV 화면뿐만 아니라 글쓰기의 무대에서도)에서 노출되기를 요구받고 있음을 염두에 둔다면 그러한 것들을 보여주면 안 된다고 염려하는 사람은 거부되고 한쪽으로 젖혀지며 또는 죄인 취급 받을 가능성이 큼을 이해할 수 있을 것이다. 육체적, 사회적, 정신적 벌거벗음이 유행 중이다.3

휴대용 전자 고백 장비를 갖춘 10대는 고백 사회에서 삶의 기술을 훈련받는, 그리고 그것에 훈련된 견습생이다. — 이 사회는 한때 공적인 것과 사적인 것을 구분했던 경계를 지워버리는 것으로, 사적인 것을 공개적으로 드러내는 것을 공적 미덕이자 의무로 만드는 것으로, 털어놓기를 거부하는 사람들과 함께 모든 것을 사적 비밀로 환원시키는 것에 저항하는 어떤 공적 의사소통도 일소하는 것으로 악명이 높다. 한 감시 단체의 책임자인 갬블Jim Gamble은 『가디언』에 동의하며 이렇게 언급한다.

그것은 학교 운동장에서 볼 수 있는 모든 것을 그대로 보여준다. — 유일한 차이란 이 운동장에는 무슨 일이 일어나는지 지켜보는 선생이나 경찰 또는 중재자가 없다는 것뿐이다.

사례 2. 같은 날짜의 『가디언』의 다른 페이지에서 우리는 다른 편집

---

3 Eugène Enriquez, "L'idéal type de l'individu hypermoderne: l'individu pervers?", Nicole Aubert(ed.), *L'Individu hypermoderne*, Erès 2004, p. 49.

자가 편집한 전혀 다른 주제의 기사에서 이런 내용을 읽을 수 있다. "컴퓨터 시스템은 당신이 호출하는 회사에서 당신을 등급에 따라 당신을 엿 먹이는 데 쓰이고 있다."4 컴퓨터 시스템은 기록으로 고객을 관리할 수 있음을 의미하는데, 그것은 고객을 '1'부터 '3'의 숫자로 표시한다. '1'은 뭐라고 하는 순간 즉각 응대해 상급 책임자에게 연결시켜 주어야 하는 1등급 고객을 가리키며, '3'은 대기 행렬의 맨 뒤에 세워 놓았다 겨우 연결되었을 때 맨 아래 책임자에게 떠넘겨지는 고객(업계용어로 간단하게 '찌질이'라고 낙인찍혀 왔다)을 가리킨다.

사례 1에서와 같이 사례 2의 경우에도 이처럼 새로운 관행으로 인해 기술이 비난받을 일은 거의 없다. 이미 작동 중이긴 하지만 새롭고 개선된 소프트웨어는 지금까지 원시적 도구 — 시간만 많이 잡아먹을 뿐 효율성은 분명히 크게 떨어지는 DIY, 홈메이드, 가내수공업 제품 — 의 도움으로 수행되어온 분리와 배제 작업을 보다 신속하게 처리하기 위해 전화를 걸어오는 어마어마한 숫자의 고객을 분류할 필요가 절실한 관리자에게 구원의 손길을 내밀고 있다. 그러한 시스템을 공급하고 서비스하는 회사 중 한 곳의 대변인은 이렇게 지적한다.

오직 기술만이 실제로 우리가 신뢰할 수 있는 프로세스를 책임질 수 있고, 그것을 보다 효율적으로 만든다.

위의 내용은 곧 그것이 즉각적이고 자동적인 프로세스로, 정보를 수집해 분석하고, 기록을 연구하고, 판단을 내리고 모든 요구에 대해 별도

4 Nick Booth, "Press 1 if you're poor, 2 if you're loaded ……", *Guardian*(2006년 3월 2일 자)을 보라.

의 결정을 내리는 등 번잡한 의무를 회사의 고용자들로부터 덜어준다는 것을 의미한다. 그에 따른 결과와 함께 말이다. 적절한 기술적 장비가 없을 경우 그들은 고객이 임의로 쓸 수 있는 현금이나 신용카드 사용량이 얼마인지, 고객이 지불할 의향은 있는지 등을 따져가며 두뇌를 최대한 활용하고, 소중한 시간을 잔뜩 허비함으로써 회사에 대한 고객의 예상 수익성을 평가해야 할 것이다. "회사는 아무런 가치도 없는 고객을 걸러낼 필요가 있다"고 또 다른 간부는 설명한다. 다시 말해 오웰의 빅 브라더식 또는 정반대의 판옵티콘 형태인 일종의 '부정적 감시', 즉 주로 바람직하지 않은 자들은 **걸러버리고** 표준적인 자만 남도록 만들어진 체 같은 장치가 필요하다. 말끔하게 이루어진 세척 작업의 궁극적 효과로 재구성되도록 말이다. 회사는 무엇보다 먼저 '결함 있는 소비자' — 소비주의 정원의 잡초, 현금이나 신용카드 그리고/또는 쇼핑에 대한 열정이 부족하며, 그렇지 않으면 상업광고의 감언이설에 영향받지 않는 사람 — 를 배제할 수 있는 정보를 데이터뱅크에 반영할 방식이 필요하다. 부정적 선택을 통해 오직 자원이 풍부하고 열성적인 선수만 소비주의 게임에 남도록 허락될 것이다.

사례 3. 며칠 후 또 다른 편집자는 또 다른 지면에서 독자들에게 영국의 내무부장관 클라크Charles Clarke가 "가장 똑똑한 최고"5만 끌어 모으고, 대부분의 다른 사람은 내쫓고 퇴짜 놓기 위한 '포인트 기반의' 새로운 이민 시스템을 공표했다고 보도했다. 비록 그의 선언의 이 부분은 언론 보도자료에서는 감지하기 어려웠지만 말이다. 모두 **빼버렸거나** 작은

---

5 Alan Travis, "Immigration shake-up will bar most unskilled workers from outside EU"(2006년 3월 8일 자)를 보라.

활자로 가볍게 다루어버렸기 때문이다. 새로운 시스템이 끌어들이려는 사람은 누굴까? 투자할 돈과 돈을 벌 첨단기술을 지닌 사람이다. 그는 이렇게 언급했다. "이 시스템은 써먹을 기술이 없는 사람의 입국은 막고 영국이 필요로 하는 기술의 소유자에게만 입국을 보장해줄 것이다." 그렇다면 그런 시스템은 어떻게 작동할까? 가령 뉴질랜드에서 온 젊은 여성 케이Kay는 석사학위 소지자지만 보수가 낮은 형편없는 직업에 종사 중인데, 이민 자격을 부여하는 75점을 얻는 데 실패했다. 그녀는 우선 영국 회사로부터 근무 제의를 받아야 할 것이며, 그것은 그녀가 가진 것과 같은 종류의 기술이 '영국이 필요로 하는 것'과 일치한다는 증거로 그녀에게 유리하게 기록될 것이다.

클라크는 분명히 진열장에 최고의 상품을 선별해두는 시장의 법칙을 인간을 고르는 데 도입한 것에 대해 독창성을 주장하지는 않으리라. 프랑스에서 그와 동등한 지위에 있으며 차기 대통령으로 유력한 사르코지Nicolas Sarkozy는 이렇게 언급한 바 있다. "선별적 이민은 세계의 거의 모든 민주주의 국가에 의해 실천되고 있다." 이어서 그는 "프랑스는 필요에 따라 자국 이민자를 선택할 수 있어야 한다"[6]고 주장했다.

일상의 각기 다른 분야에서 보고된, 그리고 삶의 전혀 다른 영역에 속한 것으로 간주되는 이 세 가지 사례는 각각 상호 독립된 주체에 의해 감독되고 실천되는 한편 자체에 고유한 일군의 규칙에 의해 지배되고 있다. 앞의 사례들은 겉으로는 너무나 달라 보이고, 출신, 연령, 이해관심이 완전히 다른 사람, 즉 뚜렷이 구별되는 도전에 직면해 완전히 상이

---

[6] 『르몽드 Le Monde』(2006년 4월 28일 자)에 실린 인터뷰에서.

한 문제를 해결하려고 분투 중인 사람과 관련되어 있다. …… 이 사례들을 나란히 놓고 동일한 범주의 표본으로 간주할 어떤 근거가 있는지 질문할 수 있을 것이다. 대답은 그렇다이다. 즉 그것들을 연결할 근거가 존재한다. 그리고 그것은 근거가 될 만큼 아주 강력하다.

주목받기 위해, 그리고 놀이와 같은 사회화를 계속하기 위해 필요한 인정과 승인을 얻고자 하는 바람에서 열렬히, 열광적으로 각각의 잘난 점을 보여주려는 남녀 학생. 더 나은 서비스를 받기 위해 지출 기록과 신용 한도를 늘려야 하는 장래의 고객. 신청서가 고려될 수 있도록 요구되는 능력을 구비했음을 보여주는 증거로 윗사람의 점수를 따서 제공하려고 분투하는 이민 신청자. ― 명백히 너무나 다른 이 세 범주의 사람은 자기가 매력적이고 바람직한 **상품**임을 홍보하도록 유도되고, 슬며시 떠밀리거나 강요되며, 그리하여 최대한 그리고 가용한 최고의 수단을 써서 본인이 파는 상품의 시장가격을 올리도록 재촉받는다. 그리고 그들이 시장에 내놓고 홍보하고 판매하도록 재촉받는 상품은 **자기 자신**이다.

그들은 동시에 상품의 기획자이자 그들이 홍보하는 상품이다. 또한 상품이자 그것의 마케팅 주체이며, 상품이자 출장 판매원이다(이에 덧붙여 어떤 학자건 강의 자리나 연구 자금을 신청해본 적이 있다면 본인 경험으로부터 쉽게 그/그녀의 곤경을 인식할 것이다). 통계표 작성자에 따라 어떤 계층으로 끼어 들어가건 그들은 모두 시장이라는 이름으로 알려진 동일한 사회적 공간에 거주한다. 정부의 기록 담당자나 취재하는 저널리스트에 따라 어떤 항목 아래 관심사가 분류되건 그들 모두가 관련된 (선택이나 필요에 의해서든 또는 가장 일반적으로는 양자 모두든) 활동은 **마케팅**이다. 그들이 몹시 탐내는 사회적 상을 타려면 반드시 통과해야 하는 시험이 있는데, 본인을 상품으로 재주조하는 것이 그것이다. 즉 주목을 끌고, 수요와 고객을 끌어당길 수 있는 제품으로 말이다.

크라카우어는 형체도 없는 일시적 유행과 기벽 속에서 거의 보이지도 않으며 이제 시작 단계인 미래 예시적 흐름의 윤곽에 대한 정보를 끌어모은 묘한 능력의 사상가였다. 생산자 사회에서 소비자 사회로의 임박한 전환이 배아 상태 또는 기껏해야 막 시작 단계에서 보다 덜 주의 깊고 원시안적인 시각을 지닌 관찰자들에게는 간과되고 있던 1920년대 말에 이미 그는 이렇게 지적하고 있었다.

수많은 미용실로 우하고 몰려가는 것은 부분적으로는 실존적 관심사에서 유래하며, 화장품 사용이 꼭 호사스러운 일만도 아니다. 한물간 퇴물로 취급되는 것에 대한 두려움 때문에 신사 숙녀들은 머리를 염색하며 40세에도 날씬함을 유지하려고 운동을 계속한다. '아름다워지는 비결'이 최근에 시장에 나오는 소책자의 제목을 장식하고 있다. 이를 위한 신문 광고들은 그것이 '젊음과 아름다움을 지금도 그리고 영원히 유지시켜주는' 방법을 알려준다고 전하고 있다.7

베를린의 주목할 만한 진풍경으로 막 등장하던 것으로 그가 기록한 1920년대 초반의 새로운 습관들은 이후 산불처럼 번져나가 전 세계에 걸쳐 날마다 하는 일상 행위(또는 적어도 꿈)가 되었다. 80년 후 그리어

---

7 Siegfried Kracauer, Die Angestellen. 원래 1929년에 Frankfurter Allgemeine Zeitung에 연재된 에세이로 1971년에 Suhrkamp에서 단행본으로 출간되었다. Quintin Hoare가 번역한 Siegfried Kracauer, *The Salaried Masses: Duty and Distraction in Weimar Germany*, Verso, 1998, p. 39에서 재인용.

Germaine Greer는 이미 "심지어 중국 북서부의 가장 먼 변방에서조차 여성들이 헐렁한 속옷을 벗어버리고 패드 브라와 관능적인 치마를 입고 있으며, 생머리를 말고 염색하며 화장품을 사려고 돈을 모으는 것"을 관찰할 수 있었다. "그것은 자유화라고 불렸다."[8]

크라카우어가 베를린 여성들의 새로운 열정에 주목해 묘사한 뒤로 반세기가 지난 후 생산자 사회가 막을 내리던 시점에 글을 쓰는 바람에 사후적 이해라는 추가적 이점을 누린 독일의 또 다른 저명한 사상가 하버마스는 "자본과 노동의 상품화"를 자본주의 국가의 주요 기능, 실제로는 존재 이유로 제시했다. 그는 만약 자본주의 사회의 재생산이 구매자 역할을 하는 자본과 상품 역할을 하는 노동 간의 끝없이 반복되는 거래적 만남을 통해 이루어지는 것이라면 자본주의 국가는 그러한 만남이 규칙적으로 이루어지고 목적을 달성하도록 해야 한다고 강조했다. 즉 사고파는 거래 속에서 정점에 도달하도록 말이다.

모든 또는 적어도 상당수의 만남에서 그처럼 정점에 달할 수 있도록 하려면 자본은 상품의 시가를 어쨌든 지불할 수 있어야 하고, 기꺼이 지불하려 해야 하고, 또한 그러한 의지를 따르도록 고무되어야 한다. ― 국가가 보증하는 정책적 보험이 상품시장의 악명 높은 변덕으로 인해 초래되는 위험에 대해 안전책을 강구해 주어야 한다. 다른 한편 노동은 잠재적 구매자의 눈길을 끌고 그에게서 인정받고 그가 보는 것을 구매하게끔 유혹할 수 있도록 말끔한 상태를 유지해야 한다. 노동에 돈을 쓰게끔 자본가를 고무하는 것과 마찬가지로 노동을 자본가와 구매자에게 매력적인 것으로 만드는 것은 국가의 적극적 협조 없이는 보장은커녕

---

8 Germaine Greer, *The Future of Feminism*, Dr J. Tans Lecture, Studium Generale Universiteit Maastricht, 2004, p. 13.

이루어질 것 같지도 않았다. 구직자는 제대로 먹고, 건강하며, 훈련된 행동에 익숙하고, 각자 찾는 직업의 업무 일과에 필요한 기술을 지니고 있어야 했다.

오늘날 상품화라는 과제를 완수하려고 애쓰는 대부분의 국민국가는 권력과 자원의 적자 상태에 시달리고 있다. — 노동 상품화의 가장 중요한, 그리고 아마도 필수적인 도구인 '복지국가'의 급증하는 비용에서 발생되는 적자뿐만 아니라 자본, 노동, 상품시장의 세계화와 지구적으로 확장되는 생산과 교역의 현대적 형태에 따라 점점 더 치열해지는 경쟁에 일국 자본이 노출됨으로써 생기는 적자가 그것이다.

때마침 생산자 사회에서 소비자 사회로 이행하는 과정에서 자본과 노동의 상품화와 재상품화에 관련된 과제들은 아직 불완전하기는 하나 지속적이며, 빈틈없고 또한 돌이킬 수 없어 보이는 규제 철폐와 **사사화** privatization의 동시적 과정을 겪게 되었다.

이 과정의 속도와 가속화되는 추세는 결코 획일적으로 진행되지 않았으며, 또 지금도 여전히 그러하다. 대부분의 국가(전부는 아니지만)에서 그것은 새로운 투기적 사업의 경우 축소보다는 증가세에 있는 정부 재원으로부터 재정 지출을 — 거의 규칙처럼 — 계속 끌어와야 하는 자본의 경우에서보다 노동의 경우에 훨씬 더 급진적으로 진행되어온 것처럼 보인다. 그에 덧붙여 노동을 구매하려는 자본의 능력과 의향은 국가에 의해 규칙적으로 계속 북돋워지는데, 국가는 단체협상과 고용 보호 메커니즘을 해체시키는 것을 통해 그리고 노동조합의 방어 행위에 대한 법적 제동장치를 도입함으로써 '노동 비용'을 억제하려고 애쓴다. 뿐만 아니라 너무도 빈번히 수입품에 관세를 부과하고, 수출품에 대한 세금을 경감시키며, 공적 기금으로 운영되는 정부의 각종 수수료를 통해 주주의 배당금을 보조하는 것으로 회사의 지불 능력을 유지시킨다. 가령 주주 이익을 위협하는 일 없이 휘발유의 소매가를 낮추라는 백악관의 실패한 공약을 떠받치기 위해 부시 행정부는 멕시코만의 공유 수역에서 석유를 시추하는 미국의 석유산업 지원책으로 정부가 2006년 2월에 향후 5년간 70억 달러(일부에서는 향후 4배에 달할 것으로 추정한다)의 사용료를 면제해줄 것이라는 방침을 확정했다(그에 대해 한 하원의원은 "그것은 물고기가 헤엄치는 것을 보조해주는 것과 같다"는 반응을 보였다. "석유와 가스 가격이 이렇게 높은데도 정부가 계속 그러한 회사를 위해 실업수당을 지급하는 것은 도저히 옹호할 수 없는 일이다"9).

지금까지 규제 철폐와 사사화라는 쌍둥이 과정에 의해 큰 영향을 받아온 것은 **노동의 재상품화**라는 과제다. 정부는 노동이 판매 가능하도록 유지하는 데 결정적인 서비스를 공급하는 필수적인 제도의 틀을 전체적으로 또는 일부에 한해 민간 기업에 '하청'줌으로써 그것에 대한 직접적 책임을 대체로 면제받는다(가령 학교 교육과 주택 공급, 노년 세대 부양, 그리고 점점 더 증가 중인 의료 서비스의 경우가 그렇다). 노동의 집단적 판매 가능성을 유지하는 전체적 과제는 남녀 개인의 개인적 고민으로 남겨진다(예를 들면 기술 습득 비용을 사적인 개인 자금으로 전환시키는 것). 또한 그들은 지금 시장에 남아 있기 위해, 시장 가치를 높이거나 또는 떨어뜨리지 않기 위해, 그리고 유망한 구매자에게서 높은 평가를 얻기 위해 자신의 수완과 자원을 이용하도록 정치인들에게서 권고받으며 광고주들에게 회유당한다.

9 Edmund L. Andrews, "Vague law and hard lobbying add up to billions for big oil," *New York Times*(2006년 5월 27일 자).

미국 경제의 가장 선진적인 부문에서 변화하는 고용 패턴을 몇 년 동안 아주 가까운 위치에서(거의 참여자로) 관찰하면서 보낸 혹쉴드는 유럽에서 나타난 것과 놀랍도록 유사하며 볼탄스키Luc Boltanski와 키아펠로 Eve Chiapello가 '새로운 자본주의 정신'으로 매우 상세하게 묘사하는 흐름을 발견하고 기록했다. 자유롭게 유동하고, 어디에도 얽매여 있지 않으며, 유연하고, '박학다식한', 그리고 궁극적으로 쉽게 처분 가능한 피고용자(제한된 분야에만 길들여져 있거나 전문화되어 있기보다는 '다재다능'한 유형)에 대한 고용주의 강한 선호가 두 사람의 연구 결과 중 가장 중요한 것이었다. 혹쉴드 말에 따르면

> 1997년 이후 '제로 드래그zero drag'라는 새로운 용어가 미국의 컴퓨터 혁명의 심장부인 실리콘밸리에 돌기 시작했다. 원래 그것은 스케이트나 자전거 같은 물리적 물체의 마찰 없는 이동을 의미했다. 이후 그것은 금전적 인센티브와 관계없이 다른 일자리를 위해 쉽게 일자리를 포기하는 피고용자에게 적용되었고, 보다 최근에는 '매이지 않은' 또는 '아무런 의무도 지지 않은'이라는 의미를 갖게 되었다. 닷컴 피고용자는 '그는 제로 드래그야'라는 말을 긍정적으로 생각할 텐데, 이 말은 추가 업무를 수행할 수 있고, 긴급 호출에 응답하고, 언제든지 자리를 옮길 수 있음을 의미한다. 실리콘밸리 문화 연구자 브론스톤Po Bronston에 따르면 "제로 드래그가 최선이다. 당분간 새로운 지원자는 농담처럼 '드래그 지수'에 대해 질문받게 될 것이다."[10]

실리콘밸리로부터 먼 거리에 거주하며 그리고/또는 아내와 자식을

---

[10] Arlie Russell Hochschild, *The Time Bind: When Work becomes Home and Home becomes Work*, Henry Holt, 1997, pp. xviii-xix를 보라.

부양하는 것은 지원자의 '드래그 지수'를 높이고 고용 기회를 낮춘다. 고용자는 미래의 피고용자가 걷기보다는 헤엄치기를, 헤엄치기보다는 파도타기를 원한다. 이상적 피고용자는 이전의 유대, 책무 또는 정서적 애착이 아무것도 없어야 하며, 새로운 유대, 책무, 정서적 애착을 피하는 사람이어야 한다. 뚝 떨어지는 어떤 과제라도 해낼 준비가 되어 있고, 본인의 성향을 즉각 재편하고 재조정할 준비가 되어 있으며, 새로운 우선순위를 받아들이고 이전에 습득한 우선순위는 언제라도 포기할 수 있어야 한다. 직업, 기술, 일하는 방식 등에서 '익숙해진' 환경에 '젖어 있는' 사람은 환영받지 못하며, 따라서 그렇게 하려는 것은 현명하지 못한 짓이다. 마지막으로, 앞에서 이야기한 것 못지않게 중요한 것은 더 이상 필요 없어질 때 불평이나 소송 없이 회사를 떠날 사람이어야 한다. 또한 장기적 전망, 견고한 직업 경력과 모든 종류의 안정성을, 그것들이 없는 것보다 더 당황스럽고 두렵게 여기는 사람이어야 한다.

새롭고 갱신된 형태로 노동을 '재상품화'하는 기술을, 다루기 어렵고 악명 높게 복지부동에, 전통에 묶여 변화에 저항하며 툭하면 관행을 내세우는 정부의 관료제로부터 배운다는 것은 어불성설이다. 또한 그것을 육성하고, 가르치고, 고취하기에 관료제는 매우 부적합하다. 그러한 일은 놀랄 만큼 유사한 기술로 고객을 훈련시키는 일을 잘하고 그것에 능숙한 것으로 이미 알려진 — 실제로도 그렇다 — 소비자 시장에 맡기는 편이 더 낫다. 노동의 재상품화라는 과제를 시장에 떠넘기는 것은 국가가 '규제 철폐'와 '사사화'의 숭배자로 개종하는 것이 지닌 가장 심오한 의미다.

노동시장은 개인의 삶이 새겨지는 많은 상품시장 중 하나일 뿐이다.

그리고 노동의 시장가격은 개인적 삶의 추구 대상 중 꼼꼼히 살피고, 주시하고, 계산되어야 할 많은 시장가격 중 하나일 뿐이다. 하지만 모든 시장에서는 다음과 같은 동일한 법칙이 우리를 구속하고 있다.

첫째, 판매를 위해 내놓는 모든 상품의 궁극적 목적지는 구매자에 의한 소비다. 둘째, 구매자는 상품 소비가 욕망의 충족을 약속해주는 경우에만 해당 상품을 소비하기 위해 구매하려 할 것이다. 셋째, 욕망의 충족을 찾는 잠재적 소비자가 제공되는 상품에 지불할 준비가 되어 있는 가격은 그러한 약속에 대한 신뢰성과 그러한 욕망의 강도에 따라 정해질 것이다.

잠재적 소비자와 잠재적 소비 대상 간의 만남은 간단히 '소비자 사회'라고 알려진 인간의 상호 관계의 특이한 망의 구성요소가 되는 경향이 있다. 또는 오히려 '소비자 사회'로 알려지게 된 실존적 환경은 그러한 패턴에 따라 인간의 상호 관계를 소비자와 소비 대상의 관계로 재형성하는 것에 의해 구분된다. 그처럼 대단한 위업은 인간 개인 사이에 뻗어 있는 공간 — 인간을 함께 묶는 끈들이 연결되고, 또한 그것들을 분리하는 울타리가 형성되는 공간 — 이 소비자 시장에 의해 합병되고 식민화됨으로써 이루어졌다.

소비자 사회는 대개 확고하게 데카르트적 **주체**라는 지위를 차지하는 소비자와 데카르트적 **객체**[대상]object 역할을 하는 것으로 상정된 상품 간의 관계를 중심으로 하는 것처럼 묘사되는데, 그것은 소비주의 혁명의 진정한 본질에 대한 심각한 왜곡과 곡해이다. — 비록 그러한 묘사에서 주체-객체의 만남의 중심은 사색의 영역에서 행동의 차원으로 단호히 옮겨지지만 말이다. 행동에 관해 말하자면, **생각하는** (지각하는, 검토하는, 비교하는, 계산하는, 적절성을 부여하는, 이해하는) 데카르트적 주체는 — 사색 중에 그러하듯이 — 다수의 공간적 (지각, 검토, 비교, 계산, 적절성 부여, 이해) 객체와 마주치지만 지금은 추가로 그러한 객체를 **다루는** 업무, 즉 옮기고, 전유하고, 사용하고, 폐기하는 업무에 직면하게 된다.

잘 알려진 대로 소비 행위를 서술할 때 주체에게 부여되는 주체성의 정도는 되풀이해서 질문받으며 의문시된다. 슬래이터가 제대로 지적한 대로, 소비하는 삶에 대한 학술적 묘사 속에 그려진 소비자 모습은 '문화적 봉 또는 얼간이' 그리고 '현대(성)의 영웅'이라는 양극단 사이를 오간다. 첫 번째 극단에서, 소비자는 결코 주권적 행위자로 나타나지 않는다. 대신 사기성 약속에 속아 넘어가고, 노골적이거나 은밀한, 그러나 으레 아무런 관련도 없는 압력에 의해 현혹되고, 유혹되고, 떠밀리고, 꼬드겨지는 모습으로 그려진다. 다른 극단에서, 소비자의 소위 유사성은 합리성, 원기 왕성한 자율성, 자기 규정 능력, 그리고 단호한 자기주장 등 현대(성)이 찬양받기 원하는 모든 미덕을 요약한다. 그러한 묘사들은 "자연과 사회를 변형시키고, 자유롭게 사적으로 선택된 개인의 욕망에 의해 양자를 모두 굴복시키는 영웅적 의지와 재능"[11]의 담지자를 보여준다.

하지만 과대광고에 속아 넘어가는 얼간이로 묘사되건 아니면 자기가 알아서 세상을 지배하러 나서는 추진력 강한 영웅적 실천가로 묘사되건 두 가지 견해 모두에서 핵심적인 점은 소비자가 잠재적 소비 대상의 세계로부터 떼내져 외부에 놓인다는 것이다. 대부분의 묘사에서 소비자 사회에 의해 형성되고 유지되는 세상은 **선택되는** 물건과 **선택자**, 그리고 상품과 소비자로 말끔하게 나뉜 채 지속된다. 소비되는 물건과

---

11 Don Slater, *Consumer Culture and Modernity*, Polity, 1997, p. 33.

그것을 소비하는 인간으로 나뉘는 것이다. 하지만 실제로 소비자 사회는 다름 아니라 그런 분류와는 무관하기 때문에 그러한 성격을 갖는 것이다. 소비자 사회를 다른 유형의 사회와 구별해주는 것은 정확히 앞서 열거한 구분이 흐려지는 것, 궁극적으로 **지워지는** 것에 있다.

소비자 사회에서는 먼저 상품으로 전환되지 않고는 누구도 주체가 될 수 없으며, 판매 가능한 상품에게 기대되고 요구되는 능력을 끊임없이 소생시키고, 부활시키고, 보충하지 않고는 누구도 주체성을 안전하게 지킬 수 없다. '주체'의 '주체성', 그리고 그러한 주체성이 주체로 하여금 이룰 수 있게 해주는 것의 대부분은 자체가 판매 가능한 상품이 되고, 그렇게 유지되려는 끝없는 노력에 집중된다. 조심스럽게 감추어지고 대부분 철저하게 가려져 있긴 해도 소비자 사회의 가장 두드러진 특징은 **소비자를 상품으로 변형시키는** 것이다. 또는 소비자를 상품의 바닷속에 녹여버리는 것이다. 엄청나게 많이 인용되는 짐멜의 명제 중 가장 많이 인용되는 한 구절을 빌리자면, 사물의 각기 다른 의미, "그리하여 사물 자체가 공허한 것으로 받아들여지고" "모두 똑같이 침침한 회색빛으로" 나타난다. 다른 한편 모든 사물은 "부단히 움직이는 돈의 흐름 속에서 각자의 비중에 따라 부유한다."[12] 따라서 소비자의 과제는, 그리고 그로 하여금 부단한 소비 행위에 가담하도록 촉진하는 주된 동기는 그러한 회색의 모두 똑같은 비가시성과 비실체성으로부터 자신을 끌어내고 "각자의 비중에 따라 부유하는" 구별 불가능한 대상의 무리 속에서 자기를 두드러지게 만들어 (둔감한!) 소비자 눈을 사로잡는 것이다. ······

리즈 출신으로, 2005년에 EMI사의 A&R맨과 계약한 27세의 가수

---

12 짐멜Georg Simmel, 『짐멜의 모더니티 읽기』, 김덕영 역, 새물결출판사, 41~42페이지.

래Corinne Bailey Rae의 첫 앨범은 단 4개월 만에 100만 장의 판매기록을 세웠다.13 인디밴드에서의 짧은 활동과 〈소울 클럽Soul Club〉 휴대품보관소에서의 근무 경력 이후 일약 스타덤에 올랐으니 놀라운 사건이었다. 백만 분의 일 또는 일억 분의 일 정도의 가능성으로, 로또의 1등 당첨 성공률보다 결코 크지 않은, 아마도 훨씬 더 적은 개연성의 기회라고 할 수 있다(하지만 매주 수백만 명의 사람이 계속 로또를 산다는 것을 지적하자). "엄마는 초등학교에서 가르치십니다"라고 래는 인터뷰에서 말했다. "엄마가 아이들에게 커서 무엇이 되고 싶은지 물으면 '유명해지고 싶어요'라고 한대요." 그리고 무엇 때문이냐고 엄마가 물으니 그들은 "모르겠어요, 그냥 유명해지고 싶어요"라고 답했다는 것이다.

그런 꿈에서 '유명해지는 것'이란 수천 종의 화려한 잡지의 표지에 실리고 수백 종류의 영화에 등장하는 것, 즉 많은 사람에게 보여지고 주목받고 거론되는 것, 그러므로 욕망의 대상이 되는 것에 지나지 않는다(다름 아니라 바로 그것이다!). 마치 현재 화려한 잡지와 TV 화면에 나타나고, 그에 따라 알려지고, 주목받고, 거론되고, 욕망의 대상이 되는 신발이나 스커트 또는 액세서리 등처럼 말이다. …… "인생에는 미디어보다 더 많은 것이 있다." 그리어는 이렇게 지적한다. "하지만 그렇게 많지는 않다. …… 정보 시대에서 보이지 않는다는 것은 죽음에 필적하는 것이다." 끊임없는, 멈출 수 없는 재상품화는 마치 신진대사가 생물에게 반드시 필요하듯 상품, 따라서 소비자에게 필수적이다.

유명해지고 싶은 꿈 아래에는 또 다른 꿈이, 더 이상 회색의, 정체불명의 무미건조한 상품 더미 속에 용해되고 또한 용해된 채 남아 있지는

---

13 Bryan Gordon's interview, *Observer Magazine*(2006년 5월 21일 자), 20~24페이지를 보라.

않으리라는 꿈이, 유명하고 주목받으며 누구나 탐내는 상품이, 사람 입에 오르내리는 상품이, 상품 더미 속에서 두드러지는 상품이, 간과하거나 조롱하거나 묵살하는 것이 불가능한 상품이 되려는 꿈이 존재한다. 소비자 사회에서 그러한 꿈과 동화는 호감을 얻고, 욕망의 대상이 되는 상품으로 자신이 바뀌는 것을 소재로 만들어진다.

당시 막 싹트고 있던 생산자 사회 내부에서 글을 쓰고 있던 마르크스는 '상품 물신주의'의 오류에 대해 당시의 경제학자들을 비난했다. 마치 인간의 아무런 매개도 없이 상품이 스스로 상호 관계 속에 들어가는 것처럼 고의로든 자동적으로든 인간의 상호작용을 간과하거나 상품의 움직임 뒤로 감추는 그들의 습관에 대해 말이다. 마르크스 주장에 따르면 노동력의 구매와 판매가 '상품 순환'이라는 현상 내부에 숨겨진 '산업적 관계'의 본질이라는 발견은 혁명적이었던 만큼 충격적인 것이었다. 그러한 발견은 점점 더 탈인간화되는 자본주의적 착취라는 현실 속에서 인간 본질을 회복하기 위한 첫걸음이었다.

얼마 후 폴라니Karl Polanyi가 상품 물신주의에 의해 만들어진 환상에 또 다른 파열구를 내게 된다. ― 그렇다, 마치 다른 상품과 같은 상품인 양 노동력은 팔리고 구매되었다. 하지만 그는 이렇게 주장하게 된다. 그렇지 않다. 노동력은 다른 상품과 '같은' 상품이 아니며 그럴 수도 없다고. '노동력'은 소지자와 분리해 구매되거나 팔릴 수 없기 때문에 노동이 그야말로 상품이라는 인상은 실상에 대한 지독한 왜곡일 수밖에 없다. 다른 상품의 경우와 다르게 구매자는 구매품을 '집으로 가져갈' 수 없다. 그들이 구매한 것은 독점적이며 무조건적인 소유가 될 수 없고, 다른 구매품의 경우처럼 자유롭게 사용하거나 남용할 수 없다. 외견상으로 '순전히 상업적인' 거래(19세기 초에 다면적인 인간관계가 텅 빈 '금전적 결합'으로 축소되었다는 칼라일Thomas Carlyle의 불평을 상기하라)는 불가피하게 노동력의 소지자와 구매자를 **상호** 유대와 단단한 **상호** 의존성 속에 묶어놓는다. 노동시장에서 **인간관계**는 모든 **상업적** 거래로부터 태어난다. 각각의 노동 계약은 상품 물신주의에 대한 또 다른 반증이며, 각각의 거래의 여파로 그러한 거래의 거짓, 기만 또는 그에 따르는 자기기만을 드러내는 증거들이 빠르게 나타나고 있다.

만약 **생산자** 사회의 인간적인, 너무나 인간적인 본질을 시야로부터 감추는 것이 **상품 물신주의**였다면 상품화된, 너무나 상품화된 **소비자** 사회의 현실을 감추는 것은 **주체성 물신주의**로의 전환이다.

소비자 사회에서 '주체성'은 생산자 사회에서의 '상품'과 같이 (라투르Bruno Latour의 아주 절묘한 개념을 이용하자면) 페티쉬faitishe ['물신주의'라고 할 때는 fétichisme라고 하지만 라투르는 그것을 사실을 의미하는 fait와 연결시켜 faitiche 또는 faitichisme이라는 말놀이를 하고 있다. 프랑스어로 발음은 동일하다]이다. — 즉, 그것의 출현을 이끌어내고 그러한 출현의 필수불가결한 조건이었던 일련의 인간적 행위와 함께 그것의 인간적인, 너무나 인간적인 기원을 망각하거나 무관하게 만듦으로써 초인적 권위의 지위로 격상된 완전히 인간적인 산물이다. 생산자 사회에서 상품의 경우 생산자의 노동력에 시장가격을 부여함으로써 노동의 산물을 상품으로 만들었던 것은 — 상품들의 자율적 상호작용의 외양에서는 보이지 않는 (필수적인sine qua non) 방식으로 — 생산자의 노동력을 사고파는 행위였다. 소비자 사회에서의 주체성의 경우 최종 산물의 외양에서는 사라지게 되는 것은 정체성 — 실제로는 보드리야르Jean Baudrillard의 '시뮬라크라simulacrum'인 '자아'의 소위 공적인 표현, 즉 재현되는 것으로 가정되는 것을 '재현하는 것'이 대신하는 것 — 의 구성을 위한 교환권의 구매와 판매의 회전이다.

소비자의 '주체성'은 쇼핑의 선택으로 이루어진다. — 선택은 주체와 주체의 향후 구매품으로 이루어진다. 그것에 대한 묘사는 쇼핑 목록 형태를 띤다. 자아의 내적 진실의 구체화로 가정되는 것은 사실 소비자 선택의 물질적 — 객체화된 — 흔적의 이상화다.

언젠가 점점 증가 중인 인터넷 데이트 주선업체 중 하나(parship.co.uk)가 실시한 조사에 따르면, 2005년의 경우 인터넷 데이트 주선업체를 이용하는 독신자(약 360만 명)의 2/3가 인터넷 서비스에 의지하고 있음을 보여준다. '인터넷 데이트 주선 사업'의 수익은 이 해에 1,200만 파운드에 달했고, 2008년에는 4,700만 파운드에 이를 것으로 예상되었다.14 이 조사에 앞선 6개월 동안 인터넷에서 잘 맞는 짝을 만날 수 있으리라고 믿는 독신자 비율은 35%에서 50%로 증가했다. — 그리고 그러한 추세는 여전히 증가 중이다. 웹에 실린 '주목할 만한 글'에서 저자는 그러한 조사 결과에 주목하며 이렇게 언급한다.

그것은 사람들이 개인적 관계를 생각하고 개인적 삶을 조직하도록 고무되는 방식의 근본적 전환을 반영하고 있다. 이제 친밀성은 공적으로 행해지며 자동차, 집, 휴일의 소비에나 관련될 법한 계약적 규범에 종속되게 되었다.15

---

14 "Why today's singles are logging on in search for love at first byte.", *The Times*(2006년 1월 5일 자)를 보라.
15 Jennie Bristow, "Are we addicted to love?." www.spiked-online.com에서.

또 다른 "주목할 만한" 저자16가 표명하는 관점을 공유하면서 이 저자는 장래의 유저들이 "직접 대면 만남의 위험과 예측 불가능성"을 피할 수 있게 해주기 때문에 "보다 안전하고, 보다 통제된 선택"이 될 수 있는 인터넷 서비스에 의지하게끔 장려받게 된다고 믿고 있다. "홀로된다는 두려움이 사람을 컴퓨터 앞으로 보내며 낯선 위험은 실제 삶에서의 만남을 주저하게 만든다." 그러나 그것에는 지불해야 할 대가가 있다. 킨은 "이상적 파트너를 찾아 마치 카탈로그 페이지를 넘기듯 한 웹사이트에서 다른 것으로 넘길 때마다 아무리 피하려 한들 떨쳐지지 않는 불안함과 남용의 끔찍한 느낌"에 대해 지적한다.17

분명히 인터넷 중개업체의 도움에 의지하는 사람은 모든 선택을 안전하게, 모든 거래를 단 한 번에 그리고 의무 없이 만들어줄 것을 약속하는, 즉 '아무런 숨겨진 비용 없이', '더 지불해야 할 비용은 없는', '아무런 조건도 없는', '담당자가 따로 귀찮게 전화할 일이 없는' 것을 약속하는 이용자-친화적 소비자 시장에 의해 애지중지되어 왔다. 하지만 그렇게 애지중지되는 존재 ― 위험을 최소화하고, 책임을 크게 덜거나 내다 버리며, **선험적으로** 무력화된 주인공의 주체성을 지닌 ― 의 부작용(현재 유행하는 표현을 빌려 '부수적 피해'라고 말할 수 있을 것이다)은 상당한 규모의 사회적 탈숙련화deskilling에 의해 입증되었다.

피와 살을 가진 인간 무리는 상품시장의 관행에 따라 적절하게 준비된 인터넷 데이트 주선업체의 통상적 의뢰인을 거북하게 만든다. 그의 사회화 훈련 도구가 되어온 상품은 접촉을 위한 것이지만 접촉할 손이 없고, 검토를 위해 발가벗겨지지만 표정을 다시 보여주지 않으며 다시

---

16 Josie Appleton, "Shopping for love." 앞의 책.
17 John Keane, "Late capitalist nights," *Soundings* (Summer 2006), pp. 66~75를 보라.

보여줄 얼굴을 요구하지도 않고, 따라서 차분하게 고객의 검토에 자신을 노출하면서도 보는 사람의 정밀 조사에 노출되는 것을 자제한다. 자신의 눈, 즉 영혼의 가장 사적인 비밀로 통하는 창문을 조사당할 염려 없이 다른 사람을 낱낱이 검토할 수 있다. 인터넷 데이트 주선업체는 인기 많은 파트너를 잘 훈련된 소비자가 익숙하게 접하며 어떻게 다루는지를 아는 상품으로 재구성해 그의 매력 대부분을 끌어낸다. 보다 노련하고 '성숙한' 의뢰인일수록 상대와 '대면'할 때, 그리고 서로의 모습이 호혜적이어야 하며 '거래'에서 자기가 주체인 동시에 객체[대상]이기도 함을 발견할 때 보다 큰 충격을 받고, 혼란에 빠지며 당황하게 된다.

이 상점에서 상품은 예상 구매자가 구매를 결심하기에 앞서 묻고 싶어 할 수 있는 모든 질문에 대답함으로써 완성되지만 구매자는 상품을 당황스럽게 하기는커녕 점잖게 침묵을 지키며 질문하지 않는다. 상품은 그곳에서 고백되어야 할 모든 것을 고백한다. 더 나아가 호혜주의를 요구하지도 않은 채. 상품은 데카르트적 '객체' 역할 — 다스리고, 형태를 부여하며, 유용하게 사용하는 전지전능한 주체에 완전히 유순하고, 복종적인 것 — 을 고수한다. 더없는 유순함으로 상품은 구매자를 고귀하고, 돋보이게 하며, 자아를 북돋는 절대적 주체 지위로 승격시킨다. 논란의 여지없이 일말의 타협의 여지도 없이 말이다. 확신하기에 충분하도록 완벽하게, 그리고 사실주의적으로 객체 역할을 하는 가운데 시장의 상품은 '주체성 물신주의'를 위한 인식론적이고 행위학적인 근거를 공급하고, 끊임없이 보충한다.

구매자로서 우리는 시장의 관리자와 상업적 대본작가에 의해 주체 역할을 하도록 적절히 준비되어왔다. — '~인 체 하는 것'을 살아 있는 진리로 겪도록 훈련받는 것이다. 어떤 행위를 하는 것을 '실제 삶'처럼 연기하지만 시간이 흐르면서 실제 삶은 밀려나고 그러는 도중에 모든 복귀 기회를 빼앗긴다. 그리고 한때는 쇼핑 네트워크의 중개 서비스라는 호사 없이 어렵게 얻어졌던 생필품이 점점 더 상품화되면서(가령 변함없이 가게 선반에 놓인 생수병을 선택하도록 만드는 수도공급의 민영화) '주체성 물신주의'의 토대는 넓고 견고해진다. 데카르트의 '나는 생각한다, 고로 존재한다'라는 널리 알려진 명제를 수정해서 완성하자면 '나는 쇼핑한다, 고로 존재한다'가 될 것인데, 여기에 '주체'가 추가될 수 있고, 추가되어야 한다. 그리고 쇼핑으로 보내는 시간이 (육체적으로 또는 생각으로, 몸소 또는 전자적으로) 늘어날수록 그것에 주체가 추가되는 경우도 증가한다.

파트너의 선택/구매의 웹으로의 전환은 인터넷 쇼핑을 향한 보다 광범위한 추세를 따르고 있다. 점점 더 많은 사람이 일반 상점보다 웹사이트 쇼핑을 선호한다. 편리함(가정배달)과 석유 경제가 이를 직접적으로 설명해주기는 하지만 그것은 부분적 설명일 뿐이다. 가게 점원을 모니터가 대체함으로써 얻는 정신적 편안함이 더 많이는 아니지만 그와 동등하게 중요하다.

살아 있는 사람과 마주치려면 빗나가거나 적절치 못한 것으로 드러날지도 모를 일종의 사회적 기술이 요구된다. 그리고 대화는 항상 알지 못하는 사람에게 나를 노출하는 것을 의미한다. 마치 운명에 미래를 맡기듯이. 마우스를 쥐고 있는 것은 단지 나의 손바닥이고 버튼에 놓여 있는 것은 단지 나의 손가락이라는 사실은 그런 만큼 더 나를 안심시킨다. 내 얼굴에 의도하지 않은(그리고 통제되지 않는!) 찡그림 또는 잠깐 스쳤을 뿐이지만 그대로 드러나 버린 욕망의 표현이 누출될 일은 더 이상 일어나지 않을 것이다. 또한 대화의 다른 쪽에 있는 사람에게 알려주고자 했던 것보다 더 많은 나의 내면의 생각이나 의도를 무심코 드러내는 일 역시 일어나지 않을 것이다.

『감각의 사회학』에서 짐멜은 다른 사람에게 주는 시선은 좋건 싫건 나 자신을 드러낸다고 지적한다. 그/그녀 생각이나 마음의 상태를 얼핏 엿볼 수 있다는 기대로 타인에게 주는 시선은 자체가 무엇인가를 표현할 수밖에 없으며, 그런 방식으로 보이게 되는 가장 내적인 감정은 쉽게 통제되거나 위장될 수 없다. ― 고도로 훈련된 전문적 연기자가 아닌 한 말이다. 따라서 모래에 머리를 묻는 타조의 행동을 본떠 눈을 돌리거나 아래로 향하는 것은 이해할 만하다. 눈으로 타자를 보지 않음으로써 내적 자아(좀 더 정확히 내적 생각과 감정)를 보이지 않게, 헤아릴 수 없게 만든다. ……

데스크탑, 노트북, 각종 휴대용 장치와 이동전화 등의 시대인 지금 우리 대부분은 주위에 머리를 묻을 아주 많은 모래를 갖고 있다. 표정을 읽는 판매자의 뛰어난 기술과 설득력 또는 우리가 나약함을 드러내는 순간에 대해서는 더 이상 걱정할 필요가 없다. 나의 두려움과 희망, 욕망과 의심은 그것 자체로 남아 있을 것이다. 즉 나의 것, 오직 나만의 것으로 남을 것이다. 나는 각각의 선택에 따른 모든 '장점'과 '단점'을 수집하고, 목록화하고, 숙고하며, 모든 대안적 선택에 다른 '장점'과 '단점'을 비교해 저울질하기 전까지는 '즉시 구매'와 '확인' 버튼을 누르기 위해 서두르지 않을 것이다. 그처럼 조심스러운 태도로 앞으로 나가는 한 계산하는 시간, 결정하는 시간, 반납 불가와 '재고하기에는 너무 늦은', '되돌아갈 수 없는', '재시작이 불가능한' 것에 대한 후회의 시점과 적당한 거리(보다 정확하게 말하자면 키보드를 조작하는 경우 내 손가락 아래)를 유지할 수 있다. 나는 명령을 계속할 수 있고 운전대를 쥐고 있는 유일한 사람이다. 나는 알 수 없는, 그리고 도저히 꿰뚫어 볼 수 없는 타자의 술책과 사기에 대해, 그러나 또한 나 자신에 대해, 무심코 내려지는 결심에 대해, 내가 앞으로 두고두고 — 얼마나 오래될지는 아무도 알 수 없을 것이다 — 후회할 수도 있는 방식으로 '순간적 충동에 따라' 저질러진 행동에 대해 보호받고 있다는 느낌을 갖게 된다. 이런 방식은 자동차나 잔디 깎는 기계, 엔터테인먼트 센터 또는 노트북이나 휴가에도 적용된다. 그러니 파트너 구입에도 왜 적용될 수 없겠는가?

마지막으로, 그렇지만 앞에 이야기한 것과 마찬가지로 중요한 것이 있다. 유혹적인 새로운 것이 숨 막히는 속도로 또 다른 것을 쫓아가고 있는 우리 세계에서, 부단히 새로운 시작이 이루어지고 있는 세계에서 희망에 가득 차 여행에 나서는 것은 어디에 도착하리라는 전망보다도 훨씬 더 안전하며 훨씬 더 황홀한 것으로 느껴진다. 즉 만족스러운 모든 쇼핑에는 즐거움이 있다. 물론 어설프고 난감한 효과와 부작용을 떠안는 부담을 져야 할 경우 어떤 것의 구입 자체는 여러모로 좌절, 슬픔, 후회막심을 불러오지만 말이다. 또한 인터넷 상점은 24시간 열려 있기에 누구든지 앞으로의 좌절에 대한 어떠한 걱정으로도 오염되지 않은 채 만족의 시간을 늘릴 수 있다. 쇼핑이라는 일탈 행동은 더 이상 오랫동안 계획된 외출일 필요가 없다. — 그것은 수많은 즐거운 흥분의 순간으로 쪼개지고, 삶의 다른 모든 추구 위로 마구 뿌려지며, 가장 어둡고 칙칙한 부분에조차 밝은 색채를 더해줄 것이다.

물론 문제는 파트너를 찾는 일이 쇼핑-구매 도식에 잘 들어맞지 않는 것이다. 심지어 인생을 함께할 **삶의 동반자**를 찾는 일에는 더욱더 그러하다.

선택자 사회에서 선택자의 삶을 가득 채우고 있는 위험과 불안에 맞선 끊임없는 선제공격에서 인터넷이 줄 수 있는 도움은 어쩔 수 없이 제한적이고 '어느 정도까지'로 그치고 말 것이다. 검색하는 동안에는 검색자의 불안을 어느 정도 달래줄 수도 있지만 발견의 여행이 가져다줄 것으로, 이끌어 주리라고 기대하며 그것으로부터 매력과 동기를 끌어낼 수 있다고 믿어지는 실현의 순간을 넘어서까지 그렇게 할 수는 없다. 생산자 사회를 사로잡은 상품 물신주의와 마찬가지로 소비자 사회를 사로잡고 있는 주체성 물신주의는 궁극적으로 환상에 기반하고 있다.

생산자의 생산력은 생산자 자체와 분리될 수 없을 것이다. 그것은 양도 불가능한 그의 힘이었다. 따라서 노동의 구매와 판매에 따른 비가시적이지만 과중하고 피할 수 없는 거래 비용은 복잡하고 다면적이며, 무엇보다 **호혜적인** 결합으로, 구매된 노동력이 제공되는 생산 과정 동안 구매자와 판매자를 함께 묶어 주었다. 이 결합은 길고, 아마도 끝없이 이어지는 이해관계의 충돌, 심화되는 적대감 또는 노골적 적의, 일상적 충돌과 인정에 대한 장기전을 일으키는 뻔한 결과를 의미했다. '쾌락력 pleasure force[마르크스의 '노동력'에 빗댄 표현이다]'의 구매와 관련해서도 거의 같은 이야기를 할 수 있다. 아무리 인터넷 데이트 주선업체의 웹사이트에 충분하고 진솔하게 열거되어 있더라도 인터넷 서퍼가 파트너 지망자에게서 찾는, 그리고 그의 선택을 이끌도록 경이로운 기쁨을 주는 **특징**은 그러한 특징을 지닌 **사람**으로부터 분리될 수 없다. 노동력이 그러한 힘을 가진 생산자로부터 분리될 수 없듯이 말이다.

사전에 선택된 일련의 속성을 전자적으로 짜 맞춰 만드는 허구와는 달리 현실 속의 사람에게는 들을 수 있는 귀만큼이나 말할 수 있는 혀가 부여되고, 파트너가 면밀히 살필 수 있도록 자기 눈을 노출할 의향만큼 자기 눈을 들여다보는 파트너 선정자를 소망하며, 상대의 감정을 자극하는 능력만큼 자극되기를 기다리는 감정과, 전기적으로 형성된 성격, 기대, 행복의 모델로 완성된 순전히 자신만의 일대기를 갖고 있다. 막연하게나마 수동적인, 유순한, 순종적인, 순응적인 데카르트적 '객체'를 연상시키는 것은 아무것도 없다. 호혜적인 배우 겸 작가auchorship('배우'와 '작가'의 '불순한' 혼합물. 모든 배우[행위자]의 작가적 능력이 그 이상 축소될 수 없고, 정형화된 움직임의 '순수한 반복'은 거의 불가능하기 때문에 아무리 보아도 그것은 정화될 수 없다)라는 저주는 '순수한 주체성'이라는 환상을 한껏 부풀릴 것이다. 아무리 많은 예방조치를 취하더라도 그러한 사실을 바꾸거나 그러한 저주의 관계를 '씻어줄' 수 없을 것이다. 그러한 저주는 그것을 바꾸려는 명민하고 기발한 연속적 시도 위에 계속 맴돌 것이다. 그러한 시도가 아무리 오래 계속되더라도 말이다.

소비자 사회에 의해 약속된 '소비자 주권'의 신장에는 한계가 존재한다. ─ 넘을 수 없는 한계가. 그리고 모든 인간적 만남에서 그러한 한계는 그 한계를 다시 그리라는 압력에도 불구하고(또는 이 때문에) 강화된 형태로 출현하는 경향이 있다.

주체성 물신주의는 이전의 상품 물신주의와 마찬가지로 거짓말에 기반하고 있다. 그리고 앞서의 물신주의와 마찬가지로 그와 동일한 이유에서 그것에 기반을 두고 있다. ─ 비록 이 두 종류의 물신주의 모두 인간의 실존적 조건에 뿌리내린 주체-객체 변증법과의 정반대 쪽에서 은폐 조작에 집중하고 있지만 말이다. 이 두 종류의 물신주의 모두 동일한 장애에 걸려 넘어진다. 인간 주체의 완고함이 그것으로, 이 주체는 바로 그것의 객관화를 위한 반복적인 시도에 용감하게 저항한다.

소비자 사회에서 주체-객체의 이중성은 소비자-상품의 이중성 하에 포괄되는 경향이 있다. 따라서 인간관계 속에서 주체의 주권은 소비자의 주권으로 재구성되어 재현된다. — 반면 아무리 초보적인 것이더라도 불완전하게 억제된 소비자의 주권으로부터 발생하는 객체의 저항은 잘못 선택된 상품의 부적절함, 부실함, 결점으로 인식되게끔 제공된다.

시장이 주도하는 소비주의는 그러한 종류의 불편을 해결할 수 있는 처방을 갖고 있다. 결함이 있거나 그저 불완전한, 그리고 완전히 만족스럽지 않은 상품을 새롭고 더 개선된 것으로 교환하는 것이 그것이다. 이 처방은 노련한 소비자가 학습되고 내면화된 습관으로부터 자동적이며 거의 비성찰적으로 강구하게 되는 전략으로 재구성되는 경향이 있다. 결국 소비자-상품시장에서 완전히 만족하지 않아서라기보다 '유행이 지난' 그리고/또는 더 이상 원하지 않는 소비 대상을 갈아치우고자 하는 요구는 판매의 지속적 성장을 계산한 생산품의 디자인과 홍보 활동 속에 새겨진다. 제품이 실제로 사용될 때 예상되는 짧은 기대수명과 광고에서 선전되는 유용성은 마케팅 전략과 이윤의 계산에 포함된다. 그것은 새로운 (오늘의) 제안의 신격화와 오래된 (어제의) 것의 폄하를 통해 미리 계획되고, 미리 규정되며 소비자의 관행 속에 주입되는 경향이 있다.

불평을 다루는 소비주의적 방식 중 기본적인 것은 불평을 야기한 대상을 폐기하는 것이다. 소비자 사회는 내구성을 평가절하하며, '오래된 것'을 '유행에 뒤떨어진 것', 더 이상 사용하기에 부적합한 것, 쓰레기 조각이 될 운명인 것과 동일시한다. 높은 폐기율에 의해, 욕구의 생성과 소멸 사이의 시간 거리의 단축에 의해 주체성 물신주의는 그것이 야기하는 끝없는 실망의 연속에도 불구하고 존속되며, 믿을 만한 것이 된다.

소비자 사회는 번성하는 폐기물 처분 산업 없이는 생각할 수 없다. 소비자는 소비할 의도로 얻은 대상에 대해 충성을 맹세하리라고 기대되지 않는다.

기든스Anthony Giddens가 『현대인의 성·사랑·에로티시즘』에서 밝히고 묘사한 바 있는 '순수한 관계'의 점점 더 흔해지는 유형은 그러한 상품-시장을 인간적 유대의 영역으로 이식하는 것으로 해석될 수도 있을 것이다. 대중적 신화와 그것에 대한 대중매체의 재현에서 널리 볼 수 있으며 종종 칭송되기도 하는 '순수한 관계'라는 실천은 소비자가 주권자라는 추정이나 가정과 비슷한 것 속에서 가시화될 수 있다. 파트너-파트너 관계를 일상적 소비재의 구매 행위와 구분하는 것 — 관계가 개시될 수 있게 하기 위해 요구되는 합의의 **상호성**에서 유래하는 다소 심오한 구분 — 이 주는 충격은 그러한 관계를 종결시키기에 충분한, 파트너 중 한쪽의 결정을 가능하게 해주는 유언보충서에 의해 (비록 완전히 무관한 것으로 만들 수는 없더라도) 최소화된다. 차이를 무시하는 **유사성**을 까발리는 조항이 그것이다. '순수한 관계'라는 모델에서 파트너들은 상품시장에서처럼 서로를 소비 대상 다루듯 다룰 권리가 있다. 더 이상 완전한 만족을 가져다주지 못하는 소비 대상을 거부하고 대체하는 허가(또는 규정)가 파트너십 관계에까지 연장되면 파트너들은 소비 대상의 지위에 놓이게 된다. 역설적으로, 그들은 주권적 소비자의 특권을 획득하고 독점하기 위한 투쟁으로 인해 그러한 지위에 놓인 자신을 발견하게 된다.

분명히 유용성과 만족에 초점을 맞추는 '순수한 관계'란 우정, 헌신, 결속, 사랑 등 — 인간적 함께함이라는 건축물에서 시멘트 역할을 하는 것으로 간주되는 모든 '나-너' 관계 — 과는 정반대되는 것이다. 관계의 '순수성'은 궁극적으로는 윤리적 색채가 농후한 구성요소의 부재에 의해 가능된다. '순수한 관계'의 매력은 다음과 같은 질문들(클리마를 인용하자면)의 비정당화에 있다.

> 한편으로는 개인적 행복과 새로운 사랑에 대한 권리, 다른 한편으로는 가족을 해체하고 아마도 아이들에게 상처가 될 것인 무모한 이기심 사이의 경계는 어디인가?[18]

궁극적으로, 그러한 관계의 매력은 인간의 유대를 묶고 푸는 것이 도덕적으로 '관용주의적인'(무관심한, 중립적인) 행위가 되어야 한다는, 그리하여 행위자에게 서로에 대한 책임을 덜어주어야 한다는 선언에 있다. 좋건 나쁘건, 만들고 지키기 위해 사랑이 약속하고 고투하는 무조건적 책임 말이다. "훌륭하고 지속적인 상호 관계를 형성하는 것"은 소비 대상을 통해 즐거움을 추구하는 것과는 엄연히 반대로 "엄청난 노력을 요구한다." — 바로 그것이 '순수한 관계'가 몇몇 다른 가치를 내세워 단호하게 거부하는 것인데, 그러한 가치에서 타자에 대한 윤리적인 근본적 책임은 보이지 않는다. 클리마의 제안에 따르면 만족에 대한 단순한 욕망과 정반대로 사랑은

> 예술작품의 창조와 비교되기를 원한다. …… 그것은 또한 상상, 완전한 집중, 한 사람의 인격의 모든 것을 결합하는 것, 예술가적 측면에서의 자기희생, 그리고 절대적 자유를 요구한다. 그러나 무엇보다 먼저 예술적 창조와 마찬가지로 사랑은 행위를 요구한다. 즉 파트너의 내재적 본성에 대한 계속

---

18 Ivan Klima, *Between Security and Insecurity*, Thames and Hudson, 1999, pp. 60~62.

되는 주목뿐만 아니라 상투성을 벗어난 활동과 행동, 그/그녀의 개성을 이해하며 존중하려는 노력을 말이다. 그리고 마지막으로, 그렇지만 앞서 말한 대로 중요한 것은, 그것이 관용을, 동반자에게 자기 관점이나 이상을 강요하거나 타자의 행복을 방해해서는 안 된다는 인식을 필요로 한다는 것이다.

사랑은 행복과 의미로 쉽게 이어지는 길을 약속하는 것을 삼간다고 우리는 말할 수 있을 것이다. 하지만 소비주의적 실천에 의해 고무되는 '순수한 관계'는 그 길이 쉽고 아무런 문제도 없을 것이라 약속하며, 행복과 의미는 운명에 맡긴다. ― 그리하여 그것들은 창조와 헌신적 노력의 행위보다는 복권 당첨에 더 가까운 것이 된다.

이 서문을 쓰는 동안 소비주의의 많은 측면에 대한 주목할 만한 연구서가 출판되었다.[19] 이 책을 편집한 브루어와 트렌만은 서문에서 이 현상의 연구에 가용한 접근방법을 포괄적으로 조사한 후 다음과 같은 결론을 내렸다.

우리는 현대적 소비의 주목할 만한 풍부함과 다양성에 대해, 그리고 그러한 다양성을 단일한 해석 틀 내에서 수용하는 것의 어려움에 대해 언급하는 것으로 이 장을 시작했다. …… 소비에 대한 어떠한 단일한 내러티브, 소비자에 대한 어떠한 단일적 유형화도, 그리고 소비문화에 대한 어떠한 획일적 견해도 충분치 않을 것이다. ……

---

19 John Brewer and Frank Trentmann(eds), *Consuming Cultures, Global Perspectives*, Berg 2006을 보라.

또한 그들은 우리가 소비자 및 그의 인생 전략에 관해 그처럼 응집력 있는 견해를 가다듬는 것과 같은 녹록하지 않은 과제와 씨름할 때 "시장이란 필연적으로 소비 행위에 구체적 반향과 중요성을 부여하는 복잡한 정치적·문화적 기반 위에 단단히 끼워져 있음을 인식할 것"을 조언하고 있다. "그때야만 현대적 소비가 지닌 모든 힘과 풍부함을 제대로 평가할 수 있을 것이다."

그들 말이 얼마나 옳은가. 아래에서 이어질 논의는 두 사람의 명제의 또 다른 예시일 뿐이다. 지금까지 현대적 소비 현상을 탐사해온 무수한 인식적 관점에 또 다른 논의를 하나 추가해보려는 것이다. 그것들을 대체하는 것은 고사하고 수정하기보다는 보완하려는 시도로, 그것들 못지않게 (바라건대 그 이상은 아닌) 부분적 논의라고 할 수 있다.

이 책에서 나는 소비주의, 소비자 사회, 소비주의 문화라는 세 가지 '이념형'을 제안할 생각이다. 이념형의 방법론적 정초와 인식론적 의의에 관해서는 1장을 참조하라. 다만 이미 여기서 강조되어야 할 것은, '이념형'이란 사회적 현실에 대한 스냅샷이나 유사성이 아니라 그것의 본질적 요소들과 그것들의 성좌를 구성하려는 시도로, 그렇지 않았더라면 무질서하고 여기저기 흩어진 채로 있었을 경험의 증거를 이해하기 쉽게 만드는 것을 목적으로 한다는 것이다. 이념형은 사회적 현실에 대한 묘사가 아니라 그것을 분석하기 위한, ― 그리고 바라건대 ― 이해하기 위한 도구다. 우리가 살아가는 사회에 대한 우리의 상*을 '이해할 수 있도록' 만드는 것을 목적으로 하는 것이다. 그러한 목적을 달성하기 위해 그러한 이념형은 경험적인 사회적 세계, 일상적 경험이 보여주고 우리가 파악할 수 있도록 해주는 것보다 더 큰 동질성, 일관성, 그리고 논리를 상정한다. 이념형의 뿌리는 인간의 일상적 경험과 실천의 토양에 깊게 가라앉아 있다. 하지만 그러한 실천과 그것의 원인 및 동기를 보다 잘 파악하기 위해서는 해당되는 장^{field} 전체를 아우를 수 있도록 해주는 거리가 필요하다. ― 그것으로써 인간의 실천의 모습이 분석가에게 보다 포괄적이고 분명하게 보이게 되며, 또한 바라기로는, 그것이 행위자 자신에게는 어떤 행위를 하는 이유와 동기를 열어 보여줄 것이다.

비록 우리의 공통된 경험이 유용하기는 하지만 현실이 얼마나 '뒤죽박죽'(복잡함, 다면성, 이질성)인지는 나도 잘 안다. 하지만 나는 또한 '의미 수준에서 적합한' ― 아마 베버라면 이렇게 말할 것이다 ― 모델은 모든 이해에서, 즉 혼란스러울 정도로 다양한 경험 뒤에 감추어진 유사성과 차이, 연결성과 불연속성을 인식하는 데 있어 필수불가결하다는 것 또한 안다. 여기서 내가 제안하는 이념형은 '생각의 도구'로 사용되기 위한 것으로, 어떤 것을 '볼 때 사용하는' 도구로 쓰일 수 있을 것이다.

나는 앞에서와 같은 생각을 염두에 두고 '점묘파^{pointilist} 시대', '소비자의 상품화' 또는 '주체성 물신숭배' 같은 일련의 개념을 제안해볼 생각인데, 나는 그것들이 보다 오래된 개념망을 빠져나가는 새로운 또는 이제 막 등장 중인 현상과 과정을 포착하는 데 도움이 되길 바란다. 마지막으로, 하지만 앞서 이야기한 것과 마찬가지로 중요한 것은, 내가 이 책에서 소비주의적 유형의 상호작용과 가치평가가 정치와 민주주의, 사회 분화와 계층화, 공동체와 파트너십, 정체성 형성, 지식의 생산과 사용, 가치 선호 등 겉보기에는 상호 연결되어 있지 않은 사회적 환경의 다양한 측면에 미치는 영향을 기록하려고 한다는 점이다.

상품시장의 기준에 맞추어야 한다는 생각에 의해 고무되고 그것에 맞추어진 세계관과 행동 유형에 의한 인간 관계망의 침략, 정복, 식민화,

그리고 그렇게 점령하는 힘들에 대한 원한, 반대, 간헐적인 저항의 원천이 점령자의 규칙에 대한 (만약 있다 해도) 넘을 수 없는 한계 문제와 함께 이 책의 주요 주제를 이룬다. 우리 시대의 삶의 사회적 형태와 문화가 그것에 비추어 다시 한번 면밀히 조사되고 재해석된다.

여기서 하려는 이야기는 전장으로부터의 모든 보고가 모두 그렇듯이 어쩔 수 없이 결론을 내리지 못하며, 끝이 정해져 있지 않다.

1
소비주의 대 소비

Consuming Life

분명히 소비는 평범하고, 정말이지 하찮은 일이다. 우리는 모두 매일 소비한다. 파티를 할 때, 중요한 사건을 축하할 때 또는 특별히 인상적인 성취에 대해 자신에게 보상해줄 때처럼 종종 무엇인가를 기념하는 방식으로 그렇게 하기도 하지만 대부분의 시간에는 많은 사전 계획이나 두 번의 생각 없이 무덤덤하게 ― 일상적으로 ― 그렇게 한다.

실제로 먹고, 소화하고, 배설하는 신진대사적 순환의 원형적 형태로 환원하자면 소비는 시간과 역사에 모두 구속되지 않는 영구적이며 제거할 수 없는 삶의 조건이자 측면이다. 그것은 생물학적 생존에서 떼어낼 수 없는 요소 중 하나로, 우리 인간은 다른 모든 생물과 그것을 공유한다. 그런 식으로 볼 때 소비 현상은 생물만큼 오래된 뿌리를 갖고 있는 셈이다. ― 그것이 역사적 서사와 민족지학적 보고서로부터 알려진 모든 형태의 삶에서 나타나는 영속적이고 필수불가결한 부분임은 너무나 명확하다. 분명히, 아무리 세상이 변한다 해도 그것은 여전히 동일하다 plus ça change, plus c'est la même chose ……. 인류사의 특정한 시기에 전형적인 것으로 기록된 어떤 형태의 소비라도 별다른 노력 없이 과거의 방식의 약간 변형된 형태로 묘사될 수 있을 것이다. 이 분야에서는 연속성이 법칙인 것처럼 보인다. 단절, 불연속성, 혁명적인 것은 말할 것도 없이 급격한 변화, 분수령이 되는 변형은 질적 변형이라기보다는 전적으로 양적인 변형으로 부인될 수 있을 것이다(그리고 종종 그렇게 되기도 한다). 비록 소비 행위 자체는 독창성과 묘수를 발휘할 여지를 거의 남기지 않지만 소비 활동은 과거의 변형과 현재의 인간의 세계-내-존재의 역동성 속에서 소비가 했고 또 지금도 계속하고 있는 역할에는 적용되지 않는다. 특히 사회적 삶의 스타일과 풍미를 결정하는 요소 중 소비가 차지하는 자리에 대해서는 그리고 인간 상호 간의 관계의 유형을 설정하는 역할(여러 역할 중 하나이거나 가장 중요한 역할)에는 말이다.

인류사 내내 소비 활동 또는 소비 관련 활동(소비물의 생산, 저장, 분배 그리고 처분)은 다양한 형태의 삶과 인간 상호 간의 관계 유형이 만들어질 수 있고, 실제로 만들어진 '원료'를 지속적으로 공급해왔다. — 상상력에 의해 추동되는 문화적 독창성에 힘입어 말이다. 가장 결정적인 사실은 이것이다. 즉 생산 행위와 소비 행위 사이에 확장 가능한 공간이 열림에 따라 이 두 행위가 각각 다른 것으로부터 점점 더 커져가는 자율성을 얻게 된 것이다. — 그리하여 둘 다 상호 독립적인 일련의 제도에 의해 조절되고, 정형화되고, 조작될 수 있었다. 하루하루 먹고사는 채집인의 존재 형태를 종결시키고 잉여와 저장의 시대로 안내한 '구석기혁명'에 이어 역사는 그러한 공간이 식민화되고 행정적으로 관리되는 독창적인 방식이라는 관점에서 기록될 수 있었다.

'**소비주의** — 이렇게 주장할 수 있을 것이다 — 혁명'이라고 당연히 불릴 만한 매우 중대한 구획점이 소비에서 '소비주의'로 이행하면서 천년 후에 나타났다는 주장은 그동안 계속 제기되어 왔다(1장의 나머지 부분에서 이 주장을 하나하나 따라가며 자세히 살펴볼 생각이다). 캠벨 주장에 따르면, 이때 소비가 대부분의 사람의 삶에, "존재의 목적 자체"에 "실제로 중심적이지는 않아도 특별히 중요한" 것이 되었다.[1] 그리고 그때 "원하고", "바라며", "갈구하는" 우리 능력, 특히 그러한 감정을 반복적으로 경험하는 우리 능력이 인간적 함께함의 경제를 실제로 뒷받침하고 있다.

보론: '이념형'의 방법에 관해

논의를 계속해나가기 전에 분석된 현상의 유일무이성이나 보편성 또는 이 문제에 관해서라면 특수성이나 공통성에 대한 불가피하게 해결 불가능한 논쟁을 미연에 방지하기 위해 경고를 하나 해둘 필요가 있다. 인류사에 과거에 선례가 없다는 의미에서 완전히 새로운 것은 아무것도, 거의 아무것도 없음은 논쟁의 여지가 없다. 인과성의 사슬은 항상 무한히 과거로 이어질 수 있을 것이다. 하지만 다양한 삶의 형태에서 심지어 보편적으로 존재함을 보여줄 수 있는 현상조차 어느 정도 상이한 배열 속에 들어온다는 것 또한 논쟁의 여지가 없다. — 여기서 '차이를 만드는 것'은 구성요소의 특이성보다는 배열의 특수성이라고 할 수 있다. 여기서 제시되는 '소비자 사회'와 '소비문화'뿐만 아니라 '소비주의'라는 모델은 막스 베버가 '이념형'이라고 부르는 것들이다. 결코 독특하지 않

---

[1] Colin Campbell, "I shop therefore I know that I am: the metaphysical basis of modern consumerism", in *Elusive Consumption*, ed. Karin M. Ek- ström and Helene Brembeck, Berg, 2004, p. 27 이하를 보라.

은 요소로 구성된 배열의 독특함을 파악하고자 하며, 그러한 배열을 규정하는 유형을 문제의 배열이 다른 배열과 공유하고 있는 다수의 측면으로부터 분리시키려는 추상물이다. 사회과학에서 일상적으로 사용되는 개념 — '자본주의', '봉건주의', '자유시장', '민주주의' 또는 '사회', '공동체', '지방성', '조직' 또는 '가족' — 은 모두는 아니지만 대부분 이념형의 지위를 갖고 있다. 베버 말대로 '이념형'은 (적절하게 구성된다면) 유용하면서도 또한 필수불가결한 인식 도구가 될 수 있다. 비록 특정한 형태의 삶에 본질적이고 필수적인 특징과 덜 또는 그저 임의적으로 관련된 것으로 간주되는 측면은 내버려 두는 반면 의도적으로 묘사된 사회 현실의 몇몇 측면만 조명함에도 불구하고 (또는 아마도 그렇기 때문에) 말이다. '이념형'은 현실의 묘사가 아니다. 현실 분석에 이용되는 도구다. 그것은 사유하는 데 유용하다. 또는 잘 알려진 대로 역설적이지만 추상적 속성에도 불구하고 경험적인 사회 현실을 경험에 대해 가용하고, 묘사 가능하도록 만들어준다. 이 도구는 생각을 이해할 수 있게 만들어주고, 심하게 뒤죽박죽인 인간 경험의 증거를 일관된 서사로 가능하게 하려는 어떤 노력에서도 대체 불가능하다. 하지만 이념형의 구성과 사용을 정당화하는 베버 자신의 가장 우아하고 설득력 있는 사례를 상기하자. — 이 주장은 사회학적 실천에서 주제적 적절성과 연관성을 하나도 잃지 않았기 때문이다.

사회학적 분석은 현실을 추상화하는 동시에 그것을 이해하도록 돕는다. 구체적인 역사적 현상이 어느 정도의 근사치로 어떤 측면에서는 '봉건적'이지만 다른 측면에서는 '관료적'이며 또 다른 측면에서는 '카리스마적'일 수 있는지를 보여줌으로써 말이다. 그러한 용어들에 엄밀한 의미를 부여하기 위해 의미 수준에서 완전한 적절성 덕분에 가능한 가장 높은 수준의 논리적 통합을 이루는 각 사례에서 행위 형태에 부합하는 순수한 이념형을 정식화하는 것이 사회학자에게 필요하다. 하지만 그것이 엄밀히 사실이므로 그렇게 이념적으로 구성된 이념형 중의 어느 하나에 정확하게 부합하는 현실 속의 현상이 발견되는 일은 있다 해도 극히 드물 것이다.[2]

베버의 말을 기억하는 한, 잘 알려진 대로 '순수하지 않은' 현실을 이해 가능한 것으로 만들고 또 이해하려는 노력에서 우리는 동시에 '순수한 이념형'을 '실제 현상'과 쉽게 혼동할 부주의를 기다리고 있는 덫을 피하는 한편 안전하게(조심스럽게라면) '순수한 구성물'을 계속 사용해도 좋을 것이다. 따라서 이제 우리는 그로부터 소비주의 모델, 소비자 사회와 소비주의 문화를 구성하는 쪽으로 나갈 수 있다. — 내가 보기에는 바로 그러한 도구들이 현재 우리가 사는 사회의 결정적으로 중요한 측면을 이해하는 작업, 또한 그러한 주거와 관련해 우리가 공유하고 있는 경험을 일관된 서사로 구성하는 작업에 적합하다.

'소비주의'는 일상적이며 영속적인, 그리고 말하자면 '체제 중립적인' 인간의 욕구와 욕망, 갈망을 사회의 **주요한 추진력과 가동력으로** 재활용하는 데서 유래하는 유형의 사회적 배치라고 할 수 있다. 이 힘이 개인과 집단의 자기-동일시 과정과 개인적 삶의 정책에 대한 선택과 추구에서 주요한 역할을 할 뿐만 아니라 체계적 재생산, 사회적 통합, 사회

---

[2] Max Weber, *Wirtschaft und Gesellschaft*를 보라. 여기서는 A. R. Hen- derson and Talcott Parsons, *The Theory of Social and Economic Organi- zation*, Hodge, 1947, p. 110에서 재인용.

적 계층화와 인간 개체의 형성을 조종한다. 생산자 사회에서 노동이 하던 핵심적 역할을 소비가 이어받을 때 '소비주의'가 도래한다. 더글라스가 주장하듯 "사람이 왜 사치품[생존의 요구를 초과한 상품]을 원하는지, 그리고 그것을 어떻게 사용하는지를 알지 못한다면 불평등 문제를 심각하게 받아들일 리 만무하게 된다."[3]

주로 개별적 인간 존재의 특성과 관련된 **소비**와 달리 **소비주의**는 사회의 속성이다. 사회가 그러한 속성을 획득하려면 원하고, 욕망하고, 갈망하는 철저히 개인적인 능력이 생산자 사회에서의 노동 능력처럼 개인으로부터 분리되고('소외되고'), '소비자 사회'를 작동시켜 인간적 함께함의 특수한 형태로 계속 진행되게 하는 외부적 힘으로 재활용/물화될 필요가 있다. 다른 한편 이 힘은 같은 이유로 효율적인 개인적 삶의 전략에 구체적인 매개변수를 정해주거나 그렇지 않으면 개인적 선택과 행동의 개연성을 조작한다.

하지만 아직 이 모든 것이 '소비주의 혁명'의 **내용**에 대해 말해주는 것은 아무것도 없다. 좀 더 자세히 살펴보아야 할 질문은 소비주의로 이행하는 과정에서, 그리고 그 결과로서 우리가 무엇을 '원하고', '욕망하고', '갈망하는' 것인지, 그리고 우리가 원하고, 욕망하고, 갈망하는 것의 본질은 **어떻게** 변하는지에 관한 것이다.

소비주의 형태의 삶 속에서 주조된 남녀가 원하고 갈망하는 것은 무엇보다 편안함과/또는 그것이 소유자에게 부여해줄 것으로 기대되는 존경의 가치를 지닌 대상의 전유, 소유, 축적이라고 통상적으로 생각되어 왔다(하지만 논란의 여지가 많은 이 주장은 오류다).

---

3 Mary Douglas, *In the Active Voice*, Routledge and Kegan Paul, 1988, p. 24.

편안함과 존경을 보장하는(또는 적어도 보장을 약속하는) 상품의 **전유**와 **소유**는 실제로 생산자 사회에서는 인간의 소망과 열망 뒤에 있는 주요한 동기였을 수도 있다. 그와 같은 종류의 사회에서는 안정적인 안전과 안전한 안정이라는 대의가 주요했으며, 사회 자체의 장기적 재생산은 그러한 동기를 따르도록 설계된 개인적 행위 양식에 의존했다.

실제로 현대(성)의 '단단한solid' 국면의 주요한 사회적 모델이던 생산자 사회는 주로 안전 지향적이었다. 이 안전을 추구함에서 생산자 사회는 신뢰할 만하고 믿음직하며, 질서정연하고, 투명한, 그리고 같은 이유에서 오래가고, 시간에 저항하며 안전한 환경에 대한 인간의 바람에 승부를 걸었다. 실제로 그러한 바람은 '부피는 힘이다', 그리고 '큰 것이 아름답다'가 시대에 도움이 되는 필수적인 종류의 삶의 전략과 행동 유형에 절묘하게 적합한 원료였다. 대량 공장과 대량 군대의 시대, 모든 것을 규제하는 규칙과 규칙에 대한 순응의 시대, 그리고 훈육과 복종을 끌어내려는 노력에서 개인적 행위의 정형화와 일상화에 의거한 관료적이며 판옵티콘적 전략의 시대 말이다.

그러한 시대에 거대하고 무겁고 둔감하며 고정된 많은 양의 소유물은 안전한 미래, 즉 개인적 편안함과 권력, 존경의 지속적 공급을 약속하는 미래의 전조였다. 대량의 소유물은 향후 운명의 변덕으로부터 면제받은 채 단단히 닻을 내린, 내구적으로 보호되고 안전한 존재를 암시했다. 그것은 그렇지 않았더라면 통제 불가능했을 운명의 변덕에 대해 소유주의 삶을 보장해줄 것으로 신뢰를 얻을 수 있었으며, 실제로 신뢰받았다. 장기적 안전이 주요한 목적이자 가치였기에 획득된 상품은 즉각 소비되어서는 안 되었다. 그와 반대로 손상되거나 분산되는 것으로부터 지켜져 온전하게 유지되어야 했다. 요새화된 도시의 거대한 벽이 황폐

한 외부에 도사리고 있을 것으로 의심되는 헤아릴 수 없고 형언할 수 없는 위험으로부터 거주자를 방어해야 했듯이 소유물은 마모와 파손 그리고 조기 폐기처분으로부터 지켜져야 했다.

생산자 사회라는 견고한 현대 시대에 만족감은 쾌락의 즉각적 향유가 아니라 주로 장기적 안전에 대한 약속에 있는 것으로 보였다. 그렇지 않은 만족이라면 그것에 탐닉할 때 죄의식까지는 아니라도 경솔했다는 뒷맛만 남을 것이다. 편안함과 안전을 제공하는 소모품의 잠재력을 전체건 부분이건 다 써버리는 것은 거의 무한히 연기되어야 했다. 그것이 힘들게 준비되어 축적되고 저장되었을 — 당연히 그렇게 남아 있도록 의도된 것이었다 — 때, 소유자가 보기에 주요한 기능을 제공하는 데 실패하는 경우에 대비해 말이다 — 즉 그것에 대한 요구가 생겨나는 한(실제로는 죽음이 우리를 갈라놓을 때까지) 계속 쓰임새가 있도록 유지하는 기능이 그것이다. 오직 정말로 내구적이고, 시간에 내성이 있으며 시간에 면역되어 있는 소유물만이 사람이 갈망하는 안전을 제공할 수 있다. 오직 그러한 소유물만이 양이 줄어들기보다 늘어나는 내적 성향 또는 적어도 그러한 가능성을 지녔다. — 오직 그것만이 소유자에게 신뢰와 신용의 가치를 보여줌으로써 안전한 미래에 대한 기대가 점점 더 내구적이고 신뢰할 만한 토대에 근거할 것임을 약속했다.

20세기 초에 베블렌에 의해 생생하게 묘사된 바 있는 '과시적 소비'는 현재의 과시적 소비와 뚜렷이 구분되는 의미를 갖고 있었다. 즉 부를 공개적으로 과시하되 강조점은 부의 견고성과 지속성에 있었지 획득한 부를 즉시 그 자리에서 다 써버리고, 완전히 소화해 즐기거나, 또는 포틀래치potlatch 방식으로 처리하고 파괴하는 등 쉽게 부를 입증하는 데 있지 않았다. 과시에 따른 이익과 혜택은 과시된 상품의 견고성, 영속성, 그리고 불멸성의 정도에 비례해 증가했다. 과시를 위한 것으로 선호되는 대상인 귀금속과 값비싼 보석류는 시간의 파괴적 힘에 맞서 산화되거나 빛을 잃지 않았다. 그러한 특징으로 영구성과 지속적 신뢰성을 대변했다. 또 멋진 보석류의 지속적 공급을 가능하게 해주고, 팔리거나 저당잡힐 위험으로부터 지켜준 광산, 석유굴착장치, 공장, 철도 등과 함께, 주기적인 공개 전시 사이에 그것들을 보관하던 엄청나게 큰 강철 금고도 그러했다. 또는 보석 주인이 가까운 거리에서 찬탄하도록 ― 질투심으로 ― 중요한 타인들을 초대했던 휘황찬란한 궁전 역시 마찬가지였다. 그것들은 그것들이 대변하는 상속되거나 획득된 사회적 지위와 마찬가지로 내구적이었다. ― 그렇게 바라지고 기대되었다.

생산자 사회에서 이 모든 것이 무슨 의미인지는 명확했다. ― 다시 한번 반복하지만 이 사회는 신중함과 장기적인 주도면밀함에, 내구성과 안전에, 무엇보다 내구적인, 장기적인 안전에 승부를 걸고 있었다. 그러나 안전에 대한 인간의 열망과 궁극적인 '안정적 상태'에 대한 꿈은 **소비자** 사회에서 펼쳐지기에는 적합하지 않다. 소비자 사회로 가는 길에서 안정성에 대한 인간의 열망은 체계의 주요한 자산으로부터 체계의 주요한, 아마도 잠재적으로 치명적인 부채로, 붕괴나 기능 불량의 원인으로 바뀌어야 하며, 실제로 바뀐다. 그럴 수밖에 없는 것이, 소비주의는 이전의 삶의 형태와는 정반대로 (그것의 '공식 성적 증명서'가 시사하곤 하듯이) 행복을 필요의 **충족**보다 **점점 더 증가하는 욕망의 양 및 강도**와 결합시키기 때문이다. 그것은 결국 그러한 욕구를 충족시키도록 의도되고 기대되는 대상의 즉각적 사용과 빠른 대체를 함축한다. 슬레이터가 적절하게 기술한 대로, 요구의 충족 불가능성을 "항상 욕망을 충족시켜줄 물건을 주시하려는" 충동 및 절대 명령과 결합시킨다.[4] 새로운 요구는 새로운 상품을 필요로 한다. 새로운 상품은 새로운 요구와 욕망을 필요로 한다. 소비주의의 도래는 시장에 공급된 물건의 '내재된 진부화' 시대의 전조를 알리며, 또한 쓰레기 처리 산업의 극적 증가를 암시한다. ······

욕망의 불안정성과 욕구의 충족 불가능성, 그에 따른 즉각적 소비 성향과 대상의 즉각적 처분은 삶의 추구가 새겨져 왔고 예측 가능한 미래에 그러한 추구가 이루어질 환경의 새로운 유동성과 잘 맞아떨어진다. 유동적이라는 현대의 환경은 장기적 계획, 투자 그리고 저장에 부적합하다. 실제로 그것은 신중함, 사려분별, 그리고 무엇보다 타당함에 대한 과거의 의미에서의 충족의 연기를 제거해 버린다. 대부분의 귀중한 것은 광채와 매력을 급속히 잃어버리며 혹시라도 꾸물거리는 것이 있다면 심지어 즐겨지기도 전에 쓰레기장에나 적합한 것이 될 것이다. 그리고 만약 이동성의 정도와 쉽게 달아나는 순간적 기회를 움켜쥐는 능력이 높은 지위와 존경의 주요한 요소가 된다면 부피가 큰 소유물은 값비싼 화물보다는 귀찮은 밸러스트[선박의 복원성과 경사 조절을 위해 배의 바닥에 싣는 중량물]처럼 느껴질 것이다.

버트먼은 우리가 우리 사회에 살고 있는 방식을 상징적으로 표현하기 위해 "지금만 있는 문화nowist culture'와 '빨리빨리 문화hurried culture'라는 용어를 고안해냈다.[5] 참으로 적절한 이 용어들은 소비주의라는 유동적 현대의 현상의 본성을 포착하려 할 때마다 특히 유용하다. 유동적 현대의 소비주의는 (지금까지는 독특한) **시간의 의미의 재협상**이라는 측면에서 주목할 만한데, 다른 무엇보다도 더 그것이 중요하다고 할 수 있다.

유동적 현대의 소비자 사회에서 구성원이 체험하는 시간은 지금까

---

[4] Slater, *Consumer Culture and Modernity*, p. 100을 보라.
[5] Stephen Bertman, *Hyperculture: The Human Cost of Speed*, Praeger, 1998을 보라.

지 알려진 다른 사회 구성원에게서와는 달리 순환적이지도 또 선형적이지도 않다. 대신 점묘파적6이라는 마페졸리의 은유를 이용하거나 — 또는 거의 동의어라고 할 수 있는 오베르의 점으로 찍는punctuated 시간7이라는 용어를 빌리자면 그것은 점의 구체적 내용보다는 풍부한 **단절과 불연속성**에 의해, 그리고 연속적인 점을 분리시키고 그것들 사이의 연결을 끊는 간격에 의해 표시된다. 점묘파적 시간은 연속성과 일관성의 요소보다 불일치와 일관성의 결여로 인해 더욱 두드러진다. 그러한 종류의 시간에서 어떤 연속성과 인과적 논리가 연속적인 점을 연결하건 그것은 명료성과 질서를 회고적으로만 찾을 수 있는 저 끝에서 추측되고 또한/또는 해석되는 경향이 있다. 그것은 일반적으로 행위자가 점 사이에서 움직이는 것을 촉구하는 동기에서는 현저히 부재한다. 점묘파적 시간은 다수의 '영원한 순간' — 이벤트, 사건, 사고, 모험, 일화 — 과 자폐된 모나드, 분리된 조각 — 각각의 조각은 비차원성이라는 기하학적 이상에 점점 더 근접하는 점으로 축소된다 — 속으로 부서지거나 또는 심지어 분쇄된다.

학교에서 유클리드 기하학 수업 시간에 배운 내용을 기억하겠지만 점은 길이, 넓이, 깊이를 갖지 않는다. 우리는 그것이 공간과 시간 **이전**에 존재한다고 말하고 싶어질 텐데, 점의 우주에서 공간과 시간은 아직 시작되지 않았다. 하지만 역시 우주론 전문가들로부터 알 수 있듯이 그러한 비장소적이고 비시간적 점은 확대를 위한 무한한 잠재력, 폭발을

---

6 Michel Maffesoli, *L'Instant eternal. Le Retour du tragique dans les sociétés post-modernes*, La Table Ronde, 2000, p. 16을 보라.
7 Nicole Aubert, *Le Culte de l'urgence. La Société malade du temps*, Flam- marion, 2003, pp. 187, 193을 보라.

기다리는 무한한 가능성을 가질 수 있다. 시간/공간의 우주를 출발시킨 '빅뱅'에 선행한 저 중대한 점[특이점]에 의해 입증되었듯이 말이다(만약 우리가 최첨단 우주생성론의 가정을 믿는다면 말이다). 마페졸리의 생생한 이미지를 이용하자면, 최근 "신이라는 관념은 과거와 미래를 동시에 압축하는 영원한 현재 속에서 요약된다." "개인적이건 사회적이건 삶은 단지 현재의 연속, 다양한 강도로 경험되는 순간의 모음이다."[8]

지금 각 시간-점 time-point은 또 다른 '빅뱅'의 기회를 수태할 것으로 믿어지고 있으며, 연속적인 점 또한 계속 그러할 것으로 믿어지고 있다. 이전의 점에 무슨 일이 일어났건 개의치 않고, 또한 대부분의 기회는 잘못 예측되었거나 놓쳐버린 반면 대부분의 점은 아무런 결실도 없었으며 대부분의 조짐도 사산으로 끝났음을 보여주는 경험이 꾸준히 쌓여감에도 불구하고 말이다. 점묘파적 삶의 지도는 만약 그려진다면 상상 속의, 즉 공상적이고 극도로 방치되고 실현되지 않은 가능성의 묘지와 기묘한 유사성을 띨 것이다. 또는 그러한 관점에 따르자면 헛된 기대의 묘지를 제시할 것이다. 점묘파의 우주에서 희망의 유아 사망, 낙태, 유산 비율은 매우 높다.

그것이 아니었다면 텅 비었을 시간의 강바닥을 천천히, 하지만 꾸준히 채우는 인간의 노동 같은, 또는 장기적이고 근면한 노력의 끝을 표시하는 화환으로 마루대가 뒤덮이는 순간까지 기초에서 지붕까지 층층이, 이전에 세워진 층 위에 견고하게 다음 층을 쌓으며 올라가 보다 높고 우아한 건물을 만들어내는 인간의 노동 같은 '진보'의 생각은 점묘파적 시간 모델에는 존재할 여지가 없다. 그러한 이미지는 (로젠츠바이크의 진술

---

8 Maffesoli, *L'Instant eternal*, p. 56.

을 인용하자면) 이상적 목표는 "아마 다음 순간에 또는 심지어 바로 그 순간에 도달될 수 있고 도달되어야 한다"는 믿음으로 대체된다(로젠츠바이크가 앞의 진술을 기록한 20세기 초에 그것은 무장에 대한 호소로 의도된 것이었다. 그러나 21세기 초에 다시 읽으니 보다 예언처럼 들린다).9 또는 역사의 진보와 관련된 현대적 시각에 대한 벤야민의 재해석을 뢰비가 최근 재독한 바에 따르면 "필연성의 시간"이라는 이념은 "가능성의 시간, 즉 어느 순간이건 새것의 예측할 수 없는 침입에 열려 있는 임의의 시간, 기대치 않은 행운과 예기치 않은 기회가 언제라도 나타날 수 있는, 미리 결정되지 않고 열린 과정으로서의 역사라는 개념"10으로 대체되어 왔다. 아마 벤야민은 각 순간이 혁명적 잠재성을 갖고 있다고 말할 것이다. 또는 마지막으로 고대 히브리 선지자의 용어를 떠올리는 벤야민 본인의 말을 빌자면 "미래 속에서는 매초가 언제라도 메시아가 들어올 수 있던 조그만 문을 의미했기 때문이다."11

크라카우어는 그의 대표적 특징인 섬뜩한 예지력으로 시간의 임박한 변형은 잃어버린 시간, 그리고 그것의 사후적 존재 양식에 대한 프루스트의 기념비적 연구에 의해 최초로 탐구된 노선을 따를 것이라고 주장했다. 크라카우어가 발견한 바에 따르면 프루스트는 철저하게 연대기를 중시하지 않았다.

그에게서 역사는 전혀 과정이 아니라 주마등 같은 변화의 뒤섞임 — 무작

---

9 Franz Rosenzweig, *Star of Redemption*, trans. William W. Hallo, Rout- ledge and Kegan Paul, 1971, pp. 226~227.
10 뢰비Michael Lövy, 『발터 벤야민: 화재경보』, 양창렬 역, 난장. 196페이지.
11 벤야민Walter Benjamin, 『역사의 개념에 대해 폭력비판을 위해 초현실주의 외』, 최성만 역, 길, 150페이지.

위로 모였다가 흩어지는 구름 같은 것처럼 보였다. …… 시간의 흐름 같은 것은 존재하지 않는다. 존재하는 것이라고는 상황 또는 세계의 비연속적, 비인과적 연속으로 프루스트의 경우 그것은 어떤 사람의 존재 ― 하지만 어떤 사람의 밑바탕에 있는 동일한 존재를 상정해 정당화될 수 있을까? ― 가 연속적으로 변형되어 들어가는 어떤 것으로 생각되어야 할 것이다. …… 각각의 상황은 자체가 고유한 하나의 독립체로, 이전의 상황에서 유래한 것으로 간주되어서는 안 된다.12

텔로스, 즉 미리 선택되거나 예정된 목적지의 모습은 소급적으로만, 즉 아마 '그 자체에 고유한' 일련의 독립체의 움직임이 종결된 후에야 나타날 수 있을 것이다. 어떤 종류의 논리 ― 만약 그러한 것이 있다면 ― 가 이 독립체를 완전히 다른 논리보다는 이 질서 속에 나란히 놓을지 알 수 있는 방법은 없다. 그처럼 소급적으로만 이해되는 논리가 그 밖의 다른 어떤 것이 되건 그것은 미리 구상된 설계/기획의 산물과 어떤 동기화에 따른 행위의 궤적으로 간주되어서는 안 된다. 현재 유행하는 용어인 '예상치 못한 결과'는 부정확한 용어라고 할 수 있는데, '예상한'을 한정하는 접두사 '않은'이, 현상이 비정상적인 경우 규범으로부터 이탈한 것임을 암시하기 때문이다. 그러나 행위의 결과의 예상치 못한 성격이 **규범**인 반면 **예외**, 우발적 사건, 기이한 사건 같은 개념에 보다 잘 부합하는 것은 행위와 그 결과의 배후에 존재하는 의도들이 겹쳐지는 것이다. 프루스트를 실례로 들어 크라카우어는 이렇게 강조해서 지적한다.

---

12 크라카우어Siegfried Kracauer, 『역사: 끝에서 두 번째 세계』, 김정아 역, 문학동네, 177페이지.

소설의 마지막에서 프루스트와 하나가 된 마르셀은 연결되지 않았던 이전에는 하나도 연관되지 않았던 모든 자아가 실제로는 알지 못한 채 움직여 온 길의 여러 단계 또는 정거장이었음을 발견한다. 그러한 사실을 알게 된 이제야 시간을 따라온 이 길이 목적지를 갖고 있음을 깨닫는다. 그것은 예술가로서의 소명을 위해 그를 준비시키는 단일한 목적을 위한 것이었음을 말이다.

하지만 일련의 과거의 순간(그것 내부에는 밝히지 못했거나 비밀로 해둔 것)이 갖고 있던 의미가 돌연 드러나는 것(탄생하는 것) 또한 하나의 '상황' 속에서 지난 다른 과거의 순간처럼 또 다른 '순간'에 일어났음을 지적하도록 하자. — 비록 (예상치도 못하고 눈에 띄지도 않은) (은밀한) '성숙' 과정에서 그에 앞서는 순간보다는 진전되고, 사물의 숨겨진 의미가 폭발적으로 풀려나는 지점에 근접한 것처럼 보이지만 말이다. 또한 이전과 같이 지금, 이전이나 이후의 다른 순간과 달리 이 순간이 진실의 순간, 의미의 탄생(드러남)의 순간이 될 수 있으리라는 어떤 사전 경고도 없었음을 지적하기로 하자. — 그러한 순간이 도래할 때까지는 그렇게 되리라고 말할 도리가 없는 것이다. 수천 페이지에 달하는 프루스트의 작품 전체에서 그러한 순간이 도래하리라고 암시하는 것은 아무것도 없다. ……

시슬레Alfred Sisley, 시냑Paul Signac 또는 쇠라Georges Pierre Seurat의 점묘화에서 그리고 피사로나 위트릴로Maurice Utrillo의 몇몇 그림에서 형형색색의 점은 의미 있는 형상으로 배열되어 있다. 화가가 캔버스를 완성하면 관람자는 나무, 구름, 잔디, 모래사장, 그리고 강에 몸을 담그려는 사람을 볼 수 있다. 반면 점묘파적 **시간**에서 점을 의미 있는 구성으로 배열하는 것은 각각의 '삶을 살아가는 사람'의 과제가 된다. 점묘파 화가 등의 작품에서와는 달리 그것은 일반적으로 뒤늦은 깨달음 덕분에 이루어지게 된다. 배치는 회고적으로 발견되는 경향이 있다. 사전에 고안되는 경우는 거의 없다. — 만약 그렇더라도 정신의 지도에서 화폭으로 옮겨지는 다채로운 얼룩을 담은 붓이 시각 예술의 위대한 실천가에게 그랬던 것만큼 삶을 살아가는 사람의 눈과 손에 순종하는 경우는 비록 있다 해도 극히 드물다.

바로 그러한 이유에서 '지금만 있는' 삶은 '빨리빨리' 삶이 되는 경향이 있다. 어떤 점이건 그것이 지닐 기회는 그것을 무덤까지 따라갈 것이다. 그처럼 독특한 기회의 경우 '두 번째 기회' 같은 것은 존재할 수 없다. 각 점은 완전하게 그리고 진정으로 새로운 시작으로 경험되어 왔을 수 있겠지만 만약 즉각 행위에 나서게 하는 빠르고 단호한 추진력이 없다면 막이 시작된 후 상당히 시시한 해프닝만 벌어진 후 바로 막이 내릴 것이다. 꾸물거림은 기회의 연쇄살인범이다.

빈틈없는 사람이라면 누구나 쏜살같이 지나가는 기회를 붙잡기를 바라는 누구에게든 아무리 서둘러도 지나치지 않다고 말할 것이다. 모든 주저함은 경솔하기 짝이 없는데, 처벌이 무겁기 때문이다. 모든 순간의 효력이 완전히 검증될 때까지는 뭐가 뭔지에 대한 무지가 계속될 것이므로 오직 서둘러 최대의 노력을 다하는 것만이 무수한 거짓 여명과 거짓 시작을 상쇄할 수 있을 것이다. — 단지 그것만 할 수 있을 뿐이다. 새로운 시작을 위해 준비된 광활한 지역이, 즉 아직 시도되지 않은 '빅뱅'의 잠재력이 아직 신비로움을 하나도 잃지 않았으며, 따라서 (지금까지는) 신뢰를 잃지 않은 다수의 점이 존재하는 광활한 지역이 앞으로 펼쳐지리라 믿어지기에 희망은 조산의 결말로부터 또는 오히려 사산된 시작으로부터 여전히 구원받을 수 있을 것이다.

그렇다, 소비주의 시대 사람의 '지금만 있는' 삶에서 서두르려는 동기가 부분적으로 **습득욕**과 **수집욕**인 것은 사실이다. 하지만 그럼에도 불구하고 서두르라는 명령을 정말 정언명령으로 만드는 가장 절박한 요구는 **폐기**하고 **교체**해야 할 필요다. 무거운 짐을 지고 있는 것, 특히 감성적 집착이나 경솔하게 충성을 맹세한 이유로 버리길 주저하며 일종의 무거운 짐을 지고 있는 것은 성공의 기회를 무로 만들 것이다. '쏟아진 물은 다시 담을 수 없다'는 말은 아직 개척되지 않은 새로운 행복의 기회를 약속하는 모든 광고 뒤에 숨겨진 잠재적 메시지다. 바로 지금, 첫 번째 시도가 이루어지는 바로 이 순간에 빅뱅이 일어나는 것도 또 그처럼 특정한 점에서 서성이는 것도 더 이상 이치에 맞지 않는다. 그냥 그것을 버려두고 다른 것으로 옮겨갈 때다. 빅뱅이 일어나는 장소와 마찬가지로 각각의 시간-점은 나타나자마자 곧 사라진다.

생산자 사회에서 잘못된 시작 또는 실패한 시도 후에 가장 많이 들을 수 있는 조언은 '다시 시도하라, 하지만 이번에는 더 열심히. ─ 더 많은 재주와 뛰어난 응용력으로'였을 것이다. 하지만 소비자 사회에서는 그렇지 않다. 여기서 실패한 도구는 더욱 향상된 기술, 더욱 큰 헌신과 함께 다듬어져 재사용되어, 바라건대 훨씬 더 나은 결과를 낳기보다는 그냥 버려진다. 따라서 어제 욕망한 물건과 과거의 희망찬 투자는 약속을 깨고 기대한 대로의 즉각적이며 완전한 만족을 가져오는 데 실패할 경우 즉각 버려져야 한다. ─ 기대한 것만큼 '크지^{big}' 않은 '꽝^{bang}'을 가져오는 모든 관계와 함께 말이다. 서두름은 (실패한, 실패하려고 하는, 실패가 의심되는) 순간에서 다른 (아직 시험되지 않은) 순간으로 옮겨가려고 할 때 가장 강렬해야 한다. 다름 아니라 가장 즐거운 것이기 때문에 그대로 머물고 영원히 지속되기를 바랐던 바로 그 순간에 영원히 지옥에 머무르는 저주를 받아야 하는 파우스트의 쓰라린 교훈을 경계해야 한다. '지금만 있는' 문화에서 시간이 멈추기를 바라는 것은 어리석음, 나태 또는 기량 부족의 징후다. 그것은 또한 처벌받아 마땅한 범죄다.

소비주의 경제는 상품의 회전을 먹고 산다. 그리고 더 많은 돈이 주인을 바꿀 때 번창하는 것으로 간주된다. 그리고 돈의 주인이 바뀔 때마다 일부 소비 제품은 폐기장으로 이동한다. 따라서 소비자 사회에서 행복 — 돈(벌어들인 돈이나 벌어들일 것으로 기대되는 돈)을 기꺼이 지불하도록 소비자를 부추기는 대대적 광고에서 가장 빈번히 미끼로 들먹여지고 사용되는 목적 — 의 추구는 물건을 **만들거나 전유하는** 것에서(저장은 말할 것도 없고) 그것의 처분으로 관심의 초점을 옮겨간다. — GNP(국민총생산) 증가를 위해서는 바로 그것이 필요하다. 소비주의 경제에서 지금은 대체로 버려진 이전 관심사는 최악의 걱정거리의 전조다. 정체, 연기 또는 구매열의 퇴색 같은 문제가 그러하다. 두 번째 초점이 맞추어지는 것은 그런대로 좋은 징조다. 한 차례 더 쇼핑이 이루어지기 때문이다. 처분하고 폐기하려는 욕구에 의해 보완되지 않는다면 단순한 구매욕과 소유욕은 미래를 위해 문제를 그대로 묻어두게 될 것이다. 소비주의 사회의 소비자는 칼비노의 보이지 않는 도시 중 하나인 레오니아의 거주자들의 별난 습관을 따를 필요가 있다.

레오니아의 풍부함을 측정하게 하는 것은 날마다 제조되고, 팔리고, 구매되는 것에 의해서보다는 새것을 위한 여지를 만들기 위해 날마다 버려지는 것에 의해서다. 따라서 당신은 레오니아의 진정한 열정이 정말로, 그들이 말하듯 새롭고 다른 것의 향유인건지, 아니면 대신 반복되는 불순의 축출, 폐기, 정화의 기쁨인건지 궁금해지기 시작한다.13

'내구재'를 전문으로 판매하는 거대 기업도 그와 똑같은 논리를 받아들이고 있으며, 정말 드물고, 그런 이유로 가장 열렬히 추구되고 높이 평가되는 서비스가 '청소 작업'임을 인정하고 받아들인다. 이 작업의 긴급함은 구매와 소유의 증가에 비례해 늘어난다. 오늘날 기업은 고객에게 **배송비용**을 거의 청구하지 않는다. 하지만 '내구'재의 처분에 대해서는 점점 더 빈번히 큰 액수의 돈을 추가하는데, 이전보다 더 개선된 새로운 '내구'재의 외양이 그것을 기쁨과 자부심의 원천에서 흉물스러운 것과 수치스러움의 낙인이 찍힌 것으로 바꾸어버렸기 때문이다. 이제 '청소 작업'이 행복을 좌우하는 그러한 낙인을 제거하고 있다. 모두가 동의하겠지만 행복에는 대가가 필요하다. 영국으로부터 운송되는 포장 폐기물의 비용만 생각해보라. 시글의 보고에 따르면 그것의 양은 곧 150만 톤 수준을 넘어설 것이다.14

스킨 트레이드skin trades, 즉 고객의 신체에 초점을 맞춘 개인적 서비스를 전문적으로 판매하는 회사들이 그러한 논리를 따르고 있다. 그들이 가장 열심히 광고하며 가장 큰 경제적 이득을 남기고 판매하는 것은 적출, 제거, 폐기 서비스다. 신체적 비만, 얼굴 주름, 여드름, 몸의 악취,

---

13 이탈로 칼비노Italo Calvino, 『보이지 않는 도시들』, 이현경 역, 민음사, 143~144페이지.
14 Lucy Siegle, 'Is recycling a waste of time?" *Observer Magazine*(2006년 1월 15일자)을 보라.

이런저런 'ㅇㅇ후' 우울증 또는 아직까지 명명되지 않은 기이한 유동액이나 마음껏 먹고 즐긴 후 신체 내부에 소화되지 않은 채 부당하게 남아 있어 강제로 쓸어내지 않는 한 사라지지 않는 찌꺼기를 제거하는 서비스가 그것이다.

예를 들어 AOL 인터넷 데이트 서비스처럼 사람을 맺어주는 것을 전문으로 하는 큰 회사의 경우 고객이 만약 회사가 제공하는 서비스를 이용할 때(물론 당연히 이용할 경우에만) 원하지 않는 상대를 제거하거나 제거하기 난감하게 상대가 오래 머무는 것을 방지할 수 있는 특수 기능을 강조하는 경향이 있다. 중매라는 도움을 제공할 문제의 기업들은 온라인 데이트 경험은 **안전함**을 강조한다. — 물론 다른 한쪽으로는 '만약 거북하다면 접촉을 중단하세요. 원치 않는 메시지를 받지 않도록 차단할 수 있습니다'라는 경고를 받지만 말이다. 그러한 '안전한 오프라인 데이트의 주선'을 위해 AOL은 장황한 사항을 늘어놓고 있다.

인간의 행위에 동기를 부여하고 그것을 이끌고 감시하는 새로운 메커니즘을 제공할 뿐만 아니라 위와 같은 모든 새로운 요구, 욕구, 충동과 중독을 제공하기 위해 소비주의 경제는 **과잉**과 **낭비**에 의존해야 한다. 도저히 막을 수 없이 팽창하는 혁신을 억누르고 흡수할 수 있는 전망은 점점 저 희미해진다. — 아마 완전히 불투명해질 것이다. 소비주의 경제가 계속 운용되도록 하려면 이미 어마어마해진 양의 신제품에 추가되는 속도가 이미 기록된 요구의 양에 맞추어진 모든 목표를 초과할 수밖에 없기 때문이다.

소비주의 경제에서는 일반적으로 제품이 먼저 나타나고(R&D 사무실에서 고안되고 우연히 발견되거나 일상적으로 디자인되며), 그런 다음에야 그것은 적용 대상을 찾는다. 그것 중 다수, 어쩌면 대부분이 기꺼이 사용하려는 소비자를 찾는 데 실패하거나 심지어 찾으려고 시도해 보기도 전에 빠르게 폐기장으로 옮겨진다. 하지만 심지어 그것이 적절하게(또는 앞으로 그렇게) 충족시켜 줄 수 있는 것으로 입증된 요구, 열망 또는 바람을 어떻게든 찾아내거나 일깨우는 데 성공한 행운의 소수조차 곧 더 '새롭고 나은' 제품(즉 이전의 제품이 할 수 있던 모든 것을 더 빨리, 더 잘 할 수 있다고 약속하는 제품. — 어떤 소비자도 그때까지 필요하다는 생각을 떠올려보거나 그것을 위해 지불할 생각을 떠올려보지 못한 몇 가지를 해주겠다는 추가 보너스와 함께 말이다)이 되어야 한다는 압력에 굴복하는 경향이 있다. 작동 능력이 미리 정해진 종료일에 다다르기 훨씬 전에 말이다. 삶의 대부분의 측면과 삶에 사용되는 대부분의 도구는 에릭슨 지적대로[15] **기하급수적 비율**로 증가한다. 모든 기하급수적 성장의 경우 제공되는 것이 진정한 또는 억지로 만들어진 요구의 수용력을 초과할 때 하나의 점은 조만간 어떤 지점에 이르게 되기 마련이다. 대개 이 지점은 한층 더 극적인 또 다른 점, 즉 공급의 자연적 한계가 이르는 지점 이전에 나타난다.

상품과 서비스 생산이 기하급수적으로 증가하는 그러한 병적인 (그리고 대단히 낭비적인) 경향은 상상컨대 시간 속에서 한 점으로 표시될 수도 있을 것이다. — 진상이 인식되고, 심지어 치료나 예방 조치가 어떻게든 추진되었을 수도 있다. 만약 **정보 과잉**을 초래한 것이 하나 더 많은 과정이 아니라 여러모로 기하급수적 증가라는 특수한 과정이라면 말이다.

---

[15] Thomas Hylland Eriksen, *Tyranny of the Moment: Fast and Slow Time in the Information Age*, Pluto Press, 2001을 보라.

라모네가 추정하듯이 지난 30년 동안 세계에서는 지난 5천 년 동안보다 더 많은 정보가 생산되어왔다. 『뉴욕타임스』의 일요일판 1부에만도 "18세기 교양인이 평생 소모했을 것보다 더 많은 정보가 실려 있다."[16] 현재 '가용한' 양의 정보를 흡수하고 소화한다는 것이 얼마나 어렵고, 아니 거의 불가능한지는(정보의 대부분을 고질적으로 소모적이고, 실로 사산하게 만드는 환경으로 인해) 가령 "출판되는 모든 사회과학 학술지에 실리는 논문 중 절반 이상이 절대 인용되지 않는다"[17]는 에릭슨의 관찰로부터 알 수 있다. 그것은 연구자에 의해 생산되는 정보의 경우 절반 이상이 익명의 '전문 심사자'와 교열 담당자 말고는 아무도 읽지 않음을 의미한다. 또한 추가하자면 학문적 연구의 상당수 저자가 참고문헌에 결코 읽은 적도 없는 자료를 포함시키므로(학술지에 의해 가장 널리 이용되며 위압적으로 승인되는 참고문헌 인용 시스템은 참조된 글의 실제 내용에 대해 상세하게 밝힐 것을 요구하지 않으며 실제로는 그저 남의 이름만 들먹여도 그만이게 두는데, 그리하여 그러한 절차를 승인하고 매우 용이하게 만든다) 사회과학적 담론 속에 들어오게 된 논문의 내용이 연구 방향에 뚜렷한 영향을 미치는지는 두말할 것도 없이, 얼마나 부실한지는 누구나 짐작할 수 있을 것이다.

"주변에 너무 정보가 많다"라고 에릭슨은 결론짓는다.[18]

정보사회에서 핵심적인 기술은 원치 않는데도 제공되는 정보의 99.99%에 대해 자기를 방어하는 데 쓰인다.

---

16 Ignazio Ramonet, *La Tyrannie de la communication*, Galilée, 1999, p. 184를 보라.
17 Eriksen, *Tyranny of the Moment*, p. 92.
18 앞의 책, 17페이지.

표면상으로는 의사소통 대상인 의미 있는 메시지를 배경 소음, 즉 앞의 메시지의 공인된 적수, 가장 유해한 장애와 구분하는 선은 거의 지워져 버렸다고 말할 수 있을 것이다.

희소자원 중 가장 희소한 것 — 장래의 소비자의 주목을 끄는 것 — 을 놓고 벌이는 치열한 경쟁에서 정보 공급자를 포함한 장래의 소비재 공급자는 아직 쓰이지 않은 소비자의 시간의 부스러기를, 여전히 더 많은 정보로 채워질 수 있는 소비의 순간 사이의 극히 작은 틈을 필사적으로 찾는다. 공급자는 통신 채널을 받는 쪽에 존재하는 익명의 군중의 일부가 필요로 하는 정보 조각을 필사적으로 찾는 가운데 그들은 필요로 하지 않지만 공급자는 받아들이기를 바라는 정보 조각에 우연히 마주치기를 바란다. 그리고 그런 다음 충분히 감동받거나 아니면 그저 피곤해하며 잠시 멈추거나 속도를 늦추다가 원래 찾던 정보 조각 대신 그것을 받아들이기를 바랄 것이다. 그 결과 소음의 파편을 주워 모아 의미 있는 메시지로 전환하는 것은 대체로 무작위적 과정이 된다. 바람직한('수익성 있는'이라고 읽을 것) 관심 대상을 비생산적인('수익성 없는'이라고 읽을 것) 소음으로부터 분리시키기 위한 광고산업의 산물인 '과대광고' — 새로운 영화나 연극 작품의 개봉을 알리는 전면 광고, 신간 도서 발행, 광고주에 의해 전격 지원되는 TV 쇼의 방송, 전시회 개최 등 — 는 몇 분 또는 며칠간 소비하려는 욕망이 선택하는 대상에 관심을 집중시킨다. 짧은 순간 동안 그러한 광고는 강렬하고 연속적이지만 대개 유도되지 않은 채 흩어진 '여과기'를 찾으려고 하는 태도를 어떻게든 전환시키고, [다른 쪽으로] 돌려놓으며, 응집시킨다. 그리고 그처럼 짧은 간격 후에 그것은 조금도 수그러들지 않고 계속되게 마련이다.

하지만 장래의 소비자의 주목에서 일정한 몫을 얻기 위해 입찰하는 경쟁자 숫자 또한 기하급수적 속도로 증가하기 때문에 여과 작업은 여과기가 고안되자마자, 그리고 가동되기도 전에 이미 용량을 넘어선다. 따라서 '수직적으로 계속 쌓아 올려지는' ─ 이 개념은 신곡의 프로모터들이 '음악 시장' 고객의 흡수 능력의 한계를 넘어서까지 과열 경쟁을 벌이면서 유행하는 음악이 놀랄 정도로 쌓이는 현상을 설명하기 위해 마틴이 만든 것이다 ─ 현상이 점점 더 흔해지고 있다. '음악 시장'에서는 거의 얼마 남지 않은 소수의 빈 영역마저 점점 더 물밀듯 밀려오는 신곡이나 재활용 곡으로 가득 채워지기 때문이다. 마틴은 대중음악의 경우 "선형적 시간"과 "진보"의 이미지는 정보 홍수의 가장 두드러진 희생물 중 하나라고 주장한다.19 상상 가능한 모든 복고 스타일이 대중의 기억의 짧은 기대수명을 기대하며 최신곡으로 가장해, 그리고 생각해낼 수 있는 모든 재탕과 재활용과 표절 형식을 이용해 음악팬이 주목할 하나의 한정된 기간 속으로 밀고 들어간다.

그렇지만 대중음악의 경우 소비자 산업에 의해 서비스가 제공되는 삶의 모든 영역에 동일한 정도로 영향을 미치는 거의 보편적 경향의 단 하나의 드러남에 불과하다. 다시 한번 에릭슨을 인용하자면

> 지식이 깔끔하게 줄을 짓도록 정리하는 대신 정보사회는 탈맥락화된 기호들이 무작위로 서로 연결되어 있는 작은 폭포들을 제공한다. …… 이를 다른 식으로 표현하자면, 점점 더 많은 양의 정보가 점점 더 빠른 속도로 분배될 때 서사, 질서, 발전적 연쇄를 만들어내기는 점점 어려워진다. 단편은

---

19 Bill Martin, *Listening to the Future: The Time of Progressive Rock 1968-1978*, Feedback, 1997, p. 292를 보라.

헤게모니를 장악하려고 위협한다. 그것은 넓은 의미에서의 지식, 노동 그리고 생활방식 등과 우리가 관련을 맺는 방식에 일정한 결과를 가져오게 된다.[20]

우리가 지식, 노동 또는 생활방식(실로 삶 자체 그리고 삶이 포함하는 모든 것)에 대해 '둔감함'을 보이는 경향은 이미 20세기 초에 놀라운 선견지명을 지닌 짐멜에 의해 지적된 바 있다. 그는 그것이 마구 뻗어나가는 어마어마하고 혼잡한 현대 도시인 '대도시' 거주자 사이에서 먼저 등장한 것으로 보았다.

> 둔감함의 본질은 사물의 차이에 대한 둔감함이다. 그렇다고 우둔한 사람에게서처럼 그것이 전혀 지각되지 않는다는 뜻이 아니라 사물의 차이들이 지닌 의미나 가치, 나아가 사물 자체를 공허한 것으로 받아들인다는 것이다. 둔감해진 사람에게서 그러한 차이들은 모두 똑같이 침침하고 우울한 색조로 나타나며 다른 것보다 선호될 가치가 있는 것은 아무것도 없게 된다. …… 사물들은 부단히 흐르는 돈의 흐름 속에서 각자의 비중에 따라 부유하면서 동일한 수준에 놓이게 된다.[21]

점점 더 두드러지게 되는 이 현상은 짐멜이 '둔감함'이라는 이름으로 발견하고 분석한 것과 놀랍도록 유사하다. 그처럼 독특한 통찰력을 가진 이 사상가가 막 시작된 초기 단계에서 포착하고 기록한 경향이 성숙해 완전히 발달된 이 버전은 현재 '멜랑콜리'라는 이름으로 논의되고

---

20 Eriksen, *Tyranny of the Moment*, pp. 109, 113.
21 짐멜, 『짐멜의 모더니티 읽기』, 김덕영 역, 새물결, 41~42페이지.

있다.

오늘날 이 용어를 사용하려는 저자들은 짐멜의 전조와 불길한 예감을 우회해 훨씬 더 뒤로 돌아가, 아리스토텔레스 같은 고대인들이 남겨둔 지점이나 피치노^{Ficino}나 밀턴 같은 르네상스 사상가들이 재발견하고 재검토한 지점으로 직행하려고 한다. 먼로 말을 빌리자면 현재 사용 중인 '멜랑콜리' 개념은 "미결정 상태, 즉 이 길을 갈지 아니면 다른 길을 갈지의 선택 사이에서 갈팡질팡하는 것이라기보다 그러한 구분 자체로부터 뒷걸음치는 것을 나타낸다." 그것은 "어떤 구체적인 것에 애착을 갖는 것"으로부터 "풀려나는 것"을 대변한다. "멜랑콜리해진다는 것"은 "연관성의 무한성을 지각하지만 아무것에도 연결되지 않는 것"이다. 요약하면, "멜랑콜리는 내용 없는 형식, 이것인지 저것인지 아는 것에 대한 거부"를 나타낸다.[22]

나는 '멜랑콜리'라는 생각이 소비자(소비자 사회의 법령에 따라 선택하는 인간$^{homo\ eligens}$)의 포괄적인 고통에 대한 최후의 설명을 대신한다고 제안하고 싶다. 그것은 선택해야 하는 의무와 강요/선택하는 것에 대한 중독, 그리고 선택할 수 없는 무능력 사이의 치명적 만남으로부터 유래하는 장애다. 짐멜이 사용하는 어휘에서 그것은 자극의 밀물 위를 표류하며, 그것 밑으로 가라앉고 다시 떠오르는 사물의 태생적 일시성과 인위적인 비실체성을 대변한다. 그것은 무차별적이고 잡식적인 폭식으로서의 소비자의 행동 코드에서 다시 튀어 오르는 비실체성을 대변한다. 그것은 최후의 삶의 전략의 가장 근본적이고 궁극적인 형태로, 시간의 '점묘화'에 의해, 그리고 무관한 것에서 유관한 것을, 소음에서 메시지를

---

22 Rolland Munro, "Outside paradise: melancholy and the follies of mod- ernization", *Culture and Organization*, 4(2005), pp. 275~289.

구분해낼 수 있는 신뢰할 만한 기준의 비가용성으로 특징지어지는 삶의 환경 속에서 양다리를 걸치고 있다.

　인간 존재가 항상 불행보다는 행복을 선호해왔음은 지극히 진부한 관찰이며, 보다 정확하게는 불필요한 이야기다. '행복'이라는 개념은 가장 흔한 용법에서는 사람이 일어나기를 바라는 상태나 사건을 가리키는 반면 '불행'은 피하려고 하는 상태나 사건을 가리키기 때문이다. '행복'과 '불행'이라는 개념은 모두 현재의 상태와 바라는 상태 사이에 거리가 있음을 암시한다. 이 때문에 공간적 또는 시간적으로 분리된 방식으로 살고 있는 사람이 경험하는 행복의 정도를 비교하려는 모든 시도는 완전히 잘못된 생각으로, 궁극적으로 아무짝에도 쓸모가 없다.

　실제로 A라는 사람이 B라는 사람이 산 것과는 다른 사회적·문화적 환경 속에서 살았다면 A와 B 중 누가 더 행복했을 것이라고 선언하는 것은 헛되고 주제넘은 짓일 것이다. 행복 또는 그것의 부재의 감정은 학습된 습관뿐만 아니라 희망과 기대로부터 생겨난다. 그리고 그것들은 모두 사회 환경에 따라 다르기 마련이다. — 가령 A라는 사람이 좋아하는 맛난 육류가 B라는 사람에게는 역겹고 유해한 것으로 여겨질 수도 있는 것이다. 만약 두 사람이 A가 행복해질 것으로 알려진 조건에 옮겨진다면 B는 견딜 수 없을 정도로 비참하게 느낄 것이다. 반대도 마찬가지다. 그리고 프로이트로부터 알게 된 것처럼 치통의 급작스러운 사라짐은 환자를 놀랍도록 행복하게 만들 수 있겠지만 아프지 않은 치아라면 결코 그럴 일이 없는 것이다. …… 공유되지 않은 경험이라는 요소를 무시한 잘못된 비교로부터 우리가 기대할 수 있는 최고의 것은, 불평하는 성향과 고통을 참아내는 것의 선택성, 그리고 시간 구속적 성격 또는 장소 구속적 성격에 대한 정보다.

따라서 유동적 현대의 소비주의 혁명이 가령 현대의 견고한 생산자 사회 또는 현대 이전 시대에 산 사람보다 지금 사람을 더 행복하게 또는 덜 행복하게 만들었는지는 하나의 주제로는 일고의 가치가 없으며(궁극적으로는 논란의 여지가 많을 것이며), 영원히 그렇게 남을 개연성이 크다. 어떤 평가가 내려지건 그것은 오직 **평가자의** 특수한 선호의 맥락에서, 상상의 한계 내에서만 설득력 있게 들릴 것이다. 축복과 골칫거리의 명부는 분명히 행복을 가져온다고 생각되고/또는 기대되는 것의 목록이 만들어질 때 지배적인 행복과 불행의 개념에 따라 구성될 것이다.

평가자와 평가 대상의 입장, 경험, 인지적 관점, 가치 선호는 이중적으로 그리고 절망적으로 일치하지 않기 마련이며, 어떤 단일한 관점의 어떤 가능성에도 의구심을 제기한다. 평가자는 평가 대상에게는 평범한 조건하에 **산** 적이 결코 없다(여행기간 동안 방문자/관광객으로서 특별한 지위를 유지한 채 짧게 한 방문을 별개로 하면 말이다). — 반면 평가 대상은 평가에 응할 기회를 가졌을 리 없을 것이다. 비록 그러한 (사후적) 기회를 가졌더라도 직접 경험하지 못한, 전혀 익숙하지 않은 환경의 상대적 장점을 판단할 수 없었을 것이다.

따라서 소비자 사회가 행복을 창출할 수 있는 역량의 상대적 (빈번한) 장점 또는 (드문) 단점에 대해 우리가 듣거나 읽게 되는 판단에는 인지된 가치가 없으며(그것들이 해당 저자의 솔직한 또는 암시적인 가치에 대한 통찰로 다루어지는 경우를 제외하고 말이다), 그리하여 우리는 비교를 통한 평가를 삼가도록 권고받는다. 대신 그 **자체**의 약속에 부응하는 해당 사회의 역량을 일정하게 조명해줄 자료에 초점을 맞추어야 한다. 다시 말해 **사회 자체가** 수월한 획득을 약속하면서 촉진하는 가치에 의해 수행

여부를 평가하는 것에 말이다.

소비자 사회의 가장 특징적인 가치는, 실로 그것과 관련해 다른 모든 가치가 자기 가치를 정당화하기 위해 요구되는 최고 가치는 행복한 삶이다. 실제로 소비자 사회는 아마 인류사에서 **세속적 삶**, 그리고 **지금 여기서의 행복**을, 모든 연속적인 '지금'에서의 행복을 약속하는 유일한 사회다. 요컨대 즉각적이고도 영구적인 행복을 말이다. 또한 (범죄에 대한 '정당한 응보'로 범죄자에게 가해지는 고통을 제외하고는) 어떤 종류의 불행도 **정당화하는** 그리고/또는 **합법화하는** 것을 완고하게 삼가고, 불행을 인내하는 것을 거부하며, 그것을 처벌과 보상을 요구하는 혐오스러운 것으로 표현하는 유일한 사회다. 실제로 라블레의 [『팡타그뤼엘』에 나오는 이상향인] 텔렘Thélème이나 버틀러Samuel Butler의 [『에레혼Erewhon』에 나오는 이상향인] 에레혼에서처럼 소비자 사회에서 불행이란 처벌할 수 있는 범죄, 너그럽게 봐준댔자 그러한 불행을 달고 다니는 사람으로부터 사회의 진정한 구성원 자격을 박탈하기에 충분한 죄가 되는 일탈이다.

그러므로 '당신은 행복한가?'라는 질문이 유동적 현대의 소비자 사회의 구성원에게 주어질 때 그것의 지위는 그와 동일한 약속과 헌신을 하지 않았던 사회 구성원에게 주어진 동일한 질문과는 확연히 다르다. 소비자 사회는 구성원의 행복에 의해 흥하고, 망한다. — 지금까지 기록된 다른 어떤 사회에도 알려지지 않고 이해되기 힘들 정도로. '당신은 행복한가?'라는 질문에 대한 소비자 사회 구성원의 대답은 이 사회의 성공과 실패에 대한 궁극적 시험이라고 봐도 무방할 것이다. 수많은 국가에서 실시된 수많은 조사를 통해 수집된 그러한 대답이 암시하는 판결은 전혀 아첨하고 있지 않다. 그것도 두 가지 이유에서 그렇다.

먼저 레이어드Richard Layard가 행복에 관한 저서에서 수집한 증거를 근거로 주장하듯이 행복의 감정을 느낀다고 보고하는 사례가 소득 증가와 함께 늘어간다는 것은 단지 어떤 경계선을 넘어서야만 해당되는 이야기일 뿐이다. 이 경계선은 '본질적' 또는 '자연적' '생존 욕구' — 소비자 사회가 원초적이고, 미성숙하고 또는 지나치게 전통주의적인 것으로(실로 행복과는 본질적으로 조화를 이룰 수 없는 것으로) 폄하하며, 보다 유연하고 포괄적인 **욕망**, 그리고 보다 공상적이고 충동적인 **바람**으로 대체하거나 적어도 그것에 의해 주변화하고자 애쓰는 소비 동기를 지닌 것 말이다 — 가 충족되는 지점과 일치한다. 그처럼 상당히 소박한 경계선을 넘어서면 부(그리고 아마도 소비 수준)와 행복 간의 관련성은 사라진다. 더 나아가 소득 증가는 행복의 양을 늘리지 않는다.

이 연구 결과는 높은 곳으로부터의 약속이나 대중적 믿음과는 반대로 소비는 행복한 상태의 동의어도, 또 행복에 도달하도록 만들어줄 행위도 아님을 보여준다. 레이어드의 독특한 어휘에서 '향락을 좇는 쳇바퀴'로 간주되는 소비는 점점 더 많은 양의 행복을 만들어내는 전매특허 기계가 아니다. 그와 반대가 사실인 것 같다. 연구자들에 의해 꼼꼼하게 수집된 보고들이 암시하듯이 이 '향락을 좇는 쳇바퀴'에 올라타는 것은 그것을 일삼는 사람 사이에서 만족의 총합을 늘리는 데 실패하고 만다. 행복을 증대시키는 소비의 능력은 상당히 제한되어 있다. 그것은 (매슬로우Abraham Maslow에 의해 정의된 '존재의 욕구'와 구별되는) 기본적인 '실존의 욕구'의 만족 수준을 넘어서까지 늘어나기는 쉽지 않다. 그리고 매슬로우의 '존재의 욕구'나 '자아실현'에 관한 한 대개 소비는 '행복 요인'으로서는 완전히 불운함이 입증된다.

두 번째로 소비의 전반적(또는 '평균적') 양의 증가와 함께 '행복을 느낀다'고 보고하는 사람 숫자 또한 늘어난다는 어떠한 증거도 없다. 『파이낸셜 타임즈』에서 오스왈드Andrew Oswald는 그와 정반대의 경향이 기록될 가능성이 더 크다고 주장한다. 그는 소비 주도적 경제를 통해 고도로 발전한 부유한 국가의 거주자들이 부유해진 것만큼 더 행복해지지 않았다고 결론을 내린다.[23] 다른 한편 스트레스나 우울증, 장시간 또는 정규시간 외 근무, 관계 악화, 자신감 결여, 그리고 안전하게 정착해 '제대로 된 자리에 있는' 느낌이 들지 않아 신경 쓰이는 일 등 부정적 현상과 불편함 및 불행의 원인이 빈도와 양과 강도 면에서 모두 증가하고 있음을 지적할 수 있다.

소비 증가가 내놓는 주장 즉 그것이 보다 큰 행복에 이르는 왕도라는 주장은 완결은커녕 입증되지도 않았다. 어느 것 하나 결정된 바가 없다. 미결 상태에서 관련 사실이 숙고됨에 따라 원고 측에 유리한 증거는 더욱 의심스러워지고 희박해진다. 재판이 진행될수록 반대증거가 쌓여, 원고 측 주장과는 반대로 소비 지향적 경제는 불만을 적극적으로 조장하고, 확신을 점차 무너뜨리며, 불안감을 심화시켜 자신이 치유하거나 몰아낸다고 약속한 주변의 공포의 원천이 곧 본인임이 입증되거나 최소한 강력하게 제시되고 있다. ― 유동적인 현대적 삶에 속속들이 배어들어 유동적 현대의 다양한 불행의 주요 원인이 되는 공포가 그것이다.

소비자 사회는 과거의 어떤 사회도 도달할 수 없었을 만큼, 도달할 꿈을 꿀 수도 없었을 만큼 인간의 욕망을 충족시켜주겠다는 약속에 의거하고 있다. 그런데 충족의 약속은 단지 욕망이 **충족되지 않은 상태에서**만 유혹적이다. 보다 중요하게는, 고객이 '**완전히** 만족하지 **않은**' 한, 즉

---

23 여기서는 George Monbiot, "How the harmless wanderer in the woods became a mortal enemy", *Guardian*(2006년 1월 23일 자)에서 재인용.

만족의 추구에 동기를 부여해 행동하게 하고 소비주의 실험을 촉발시킨 욕망이 진정으로 그리고 완전히 만족되었다고 믿어지지 않는 한에서 말이다.

쉽게 만족하는 '전통적 노동자' — 관습적인 삶의 방식을 지속하는 데 필요한 것 이상으로 일하는 것에 동의하지 않을 사람들 — 가 당시 싹트고 있던 '생산자 사회'의 악몽이었던 것처럼 어제의 익숙한 욕망에 이끌려, 오래된 일과를 따르고 자신의 습관을 고수할 수 있도록 상품시장의 감언이설과 미끼에 대해 기꺼이 눈을 감고 귀를 막는 '전통적 소비자'는 소비자 사회, 소비자 산업 그리고 소비자 시장에 조종을 울릴 것이다. 꿈에 대한 낮은 경계선과 그러한 경계선에 가닿기에 충분한 상품에의 용이한 접근, 그리고 '진정한' 필요와 '현실적' 욕망은 협상이 어렵거나 불가능하다는 객관적 한계에 대한 믿음. 그것들이 소비 지향적 경제의 가장 무시무시한 적이며, 따라서 망각하도록 도와야 한다. 욕망의 불만족과 함께 그것의 충족을 향한 각각의 연속적 시도는 전부 또는 부분적으로 실패해왔고 더욱 커진 갈망으로 남았으며 전보다 더 나아지리라고 여기는 확고부동하며 지속적으로 갱신되고 강화되는 신념이야말로 소비자를 겨냥한 경제의 진정한 플라이휠^{flywheel}[관성을 이용해 회전 속도를 일정하게 제어하게끔 장치된 바퀴]이다.

구성원의 **불만족**(또한 따라서 불행)을 어떻게든 **영구적으로** 만들어내는 한 소비자 사회는 번성한다. 그런 효과를 달성하는 명확한 방법은 소비 상품을 과대 광고해 소비자의 욕망의 세계에 집어넣은 직후 폄하하고 평가절하하는 것이다. 하지만 동일한 것을 한층 더 효과적으로 실행하는 또 다른 방법은 반쯤만 드러나 있으며 날카로운 탐사취재 기자에 의하지 않고는 좀처럼 세상의 이목을 받지 않는다. 즉 소비자가 새로운 욕구/열망/바람을 만들어내지 않을 수 없게 하는 유행 방식으로 모든 욕구/열망/바람을 총족시키는 것이다. 어떤 욕구를 충족시키려는 노력으로 시작된 것은 강박이나 중독으로 끝나야만 한다. 그리고 실제로 문제에 대한 해결책 그리고 고통, 불안의 경감책을 상점에서, 오직 상점에서만 찾으려는 충동이 단지 허용될 뿐 아니라 명확한 대안이 없는 습관이나 전략이 되어버리도록 간절히 권장되는 행동의 한 측면으로 지속되는 한 그것은 강박이나 중독으로 끝난다.

약속과 그것의 이행 사이에 생기는 큰 격차는 기능불량의 신호도, 또 소홀함의 부작용 또는 잘못된 계산의 결과도 아니다. **대중적 믿음과 소비자의 삶의 현실 사이에 길게 펼쳐진 위선의 영역은 소비자 사회가 제대로 기능하기 위한 필수조건이다.** 만약 충족을 추구하는 것이 계속되고 새로운 약속이 매혹적이며 끌리는 것이 되어야 한다면 이미 한 약속은 일상적으로 깨져야 하고 충족의 희망은 규칙적으로 좌절되어야 한다. 상품의 탐색이 서서히 멈추거나 그에 대한 열의(그리고 또한 그것의 강도)가 공장 라인에서 상점, 그리고 쓰레기통으로 이어지는 상품의 순환이 계속되게 하는 데 필요한 정도 이하로 떨어지지 않도록 각각의 약속은 기만적이어야 하거나 적어도 과장**되어야만 한다**. 욕구의 반복적 좌절 없이는 소비 수요는 곧 고갈되고, 소비자를 겨냥한 경제는 활력을 다할 것이다. 따라서 약속의 총합의 **과잉**은 각각의 약속이 지닌 불완전함이나 결함에 따른 좌절을 상쇄하고, 그러한 좌절 경험의 축적이 만족 추구의 궁극적 유효함에 대한 확신을 무너뜨리지 않게끔 해준다.

소비주의는 과잉과 낭비의 경제인 데 덧붙여 그러한 이유로 또한 **기만의 경제**다. 그것은 모든 것을 완전히 꿰뚫고 있는 소비자의 냉철한 계산이 아니라 **비합리성에 내기를 건다**. 즉 이성을 함양하는 것이 아니라 소비주의적 감정을 부추기는 것에 말이다. 과잉과 낭비와 마찬가지로 기만은 소비자 경제의 기능불량을 나타내는 것이 아니다. 그와 반대로 그것은 이 경제가 양호한 건강 상태를 유지하고 있으며, 꿋꿋하게 올바른 길을 걸어가고 있다는 징후다. 또한 소비자 사회의 존속을 보장해줄 유일한 체제의 식별 표식이다.

이미 자극된 욕망 그리고 계속해서 생성되도록 유도되는 다른 욕망을 충족해주리라고 기대된(약속된) 소비 제안이 연속적으로 폐기되면 엄청난 기대가 산처럼 치솟는다. 기대의 사망률은 높다. 적절하게 기능하는 소비자 사회에서 그것은 꾸준히 상승해야 한다. 희망의 예상 수명은 매우 짧고, 오직 그것의 생식력과 터무니없이 높은 출생률의 강렬한 신장만이 쇠약하고 절멸되는 것으로부터 그것을 구할 수 있다. 기대가 계속 살아남고, 이미 신빙성을 잃고 폐기된 희망이 남긴 공백을 새로운 희망이 즉각 채우도록 하려면 상점에서 쓰레기통으로 이어진 길은 짧아지고 이동은 한층 더 빨라져야 한다.

소비자 사회의 또 다른 결정적 특징은 능숙하고 효과적인 '패턴 유지'와 '긴장 관리'(파슨스의 '자기 균형 체제'의 전제조건을 떠올려보자면)를 위한 기존의 모든 배치 ― 그중 가장 기발한 것을 포함해 ― 로부터 이 사회를 구분시킨다.

소비자 사회는 다른 유형의 사회와 마찬가지로 불가피하게 만들어지는 모든/어떠한 종류의 반대의견도 흡수하면서, 그런 다음 그것을 자신의 재생산, 재활성화, 확장의 원천으로 재활용하는 능력을 전례 없을 정도로 발전시켜왔다.

소비자 사회는 이 사회가 전문적으로 생산해내는 불만으로부터 반감과 추진력을 이끌어낸다. 그것은 최근 매티슨이 "조용히 침묵하도록 만들기silent silencing"24라는 말로 묘사한 과정에 대한 훌륭한 사례를 제공한다. 즉 "체제에 의해 생성되고 확산된 이의와 저항을 미연에 방지하도록 '흡수'하는 책략을 이용해 그렇게 침묵시킨 것이다. — 그것은 원래는 "초월적인" 즉 체제를 외파 또는 내파시키겠다고 위협하는 태도와 행위가 "지배적인 이해가 계속 관철되는 방식으로 당대를 지배하는 질서에 통합된다"는 것을 의미한다. "이런 식으로 이의와 저항은 지배적 질서에 위험하지 않은 것이 된다." 나라면 이렇게 덧붙일 것이다. 즉 이의와 저항은 이 질서의 강화와 지속적 재생산의 주요한 자원으로 전환된다고 말이다.

그러한 효과가 반복적으로 달성되는 주요한 방식은 소비주의 사회와 문화라는 유동적 현대의 환경이 아니라면 상상할 수 없을 것이다. 이 환경은 인간의 행동에 대한 훨씬 더 진전된 규제 완화와 일상의 해체에 의해 특징지어지는데, 그것은 직접적으로 — 종종 '개인화'로 언급되는 — 인간적 유대의 약화와/또는 붕괴와 직접적으로 관련되어 있다.25

쇼핑하는 삶의 주요한 매력은 풍부한 새로운 시작과 부활('다시 태어날' 기회)의 제안이다. 종종 그러한 제안이 아무리 사기성을 띠며 궁극적으로 좌절을 가져오는 것으로 느껴지더라도 시장에서 공급되는 정체성 키트의 도움으로 자아정체성을 형성하고 재형성하는 것에 지속적으로 관심을 기울이는 전략은 '인생 전체의 기획'과 장기적 계획이 현실주의

---

24 Thomas Mathiesen, *Silently Silenced: Essays on the Creation of Ac quiescence in Modern Society*, Waterside Press, 2004, p. 15.
25 Zygmunt Bauman, *Individualized Society*, Polity, 2003, and *Liquid Love*, Polity, 2004를 보라.

적인 명제가 아니며 합리적이지 않고 전혀 어울리지 않는 것으로 지각되는, 만화경적으로 변화무쌍한 환경에서나 따를 수 있는 유일하게 신뢰 가능하거나 '합리적인' 전략으로 남을 것이다. 이와 동시에 흡수하고 재활용하는 마음의 능력을 뛰어넘어 그러한 능력을 잠재적으로 무력화시킬 정도로 지나치게 많은 '객관적으로 가용한' 정보는 실제 사용하며 시험해보거나 정밀하게 검토하거나 평가할 수 있는 환생의 숫자보다 많은 삶의 선택의 지속적 과잉으로 되돌아온다.

충분히 훈련되고 노련한 소비자의 삶의 전략은 '새로운 여명'이라는 비전에 의해 감싸여 있다. 그러나 학생이던 마르크스가 사용한 비유에 따르면 그러한 비전의 매력은 나방이, 지금은 지평선 너머로 감추어진 전 세계적 태양의 섬광보다 국지적 램프의 빛에 끌리는 것과 같다. 유동적인 현대 사회에서 유토피아는 연대와 협력을 요구하는 수많은 다른 모든 집단적 과제의 운명을 공유한다. 그것은 사사화되고, 개인적 관심사와 개인의 책임에 양도('하청화')된다. 새로운 여명이라는 비전에서 현저하게 누락된 부분이 있다면 풍경의 변화다. [하지만] 그것은 단지 보는 사람의 개인적 위치가 그렇게 되어 있어서 일 뿐이다. 풍경의 경이로움과 매력은 즐기는 반면 덜 매력적이거나 지독히 혐오스럽고 당혹스러운 풍경, 즉 변하고 — 대부분 확실하게는 — '개선되리라' 예상되는 풍경은 피할 수 있는 기회도 마찬가지이다.

20여 년 전 널리 읽히고 매우 큰 영향을 끼친 한 책에서 다울링^{Colette Dowling}은 안전해지고, 따뜻해지고, 보살펴지기를 원하는 것은 "위험한 감정"이라고 선언한 바 있다.[26] 그녀는 다가오는 시대의 신데렐라에게

---

26 Colette Dowling, *Cinderella Complex*, PocketBook, 1991.

그것의 덫에 빠지는 것을 주의하도록 경고한다. 타인을 보살피려는 충동과 타자들이 보살펴주었으면 하는 욕망 속에서 의존이라는, 즉 현재 서핑에 가장 유리한 조류를 선택할 수 있는 능력, 그리고 조류가 방향을 바꿀 때 한 파도에서 다른 파도로 신속히 뛰어넘을 수 있는 기량을 상실할 위험이 어렴풋이 나타난다. 혹쉴드가 언급한 대로 "다른 사람에게 의존할지 모른다는 두려움은 미국의 카우보이, 즉 홀로, 남들과 떨어진 채 말과 함께 자유롭게 배회하는 이미지를 떠올리게 한다. …… 그러면 신데렐라의 잿더미에서 포스트모던 카우 걸이 부활한다."27 오늘날 가장 인기를 끌고 있는, 공감하고/조언하는 베스트셀러는 "독자에게 이렇게 속삭인다. '감정적 투자자를 조심하라'." …… 다울링은 여성에게 "일인 기업으로서의 나에게 투자하라"고 주의를 준다. 혹쉴드의 고찰에 따르면

> 내밀한 삶의 상업적 정신은 …… 상처 입는 데 대해 철저하게 방어된 자아를 이상으로 제안하는 것에 의해 …… 불신이라는 패러다임의 길을 닦는 이미지로 구성된다. …… 자아가 행할 수 있는 영웅적 행위란 …… 타자를 떼어내고, 떠나고, 덜 의존하거나 덜 필요로 하는 것이다. …… 현대의 수많은 멋진 저서에서 저자들은 우리의 돌봄을 필요로 하지 않는 사람, 그리고 우리를 돌보지 않는 또는 돌볼 수 없는 사람에 대해 준비할 수 있도록 해준다.

이 세계에 사람을 보다 많이 돌보고, 돌보는 사람이 보다 많이 늘어나도록 만들 가능성은 소비주의 유토피아에서 그려진 파노라마에서는

---

27 Arlie Russell Hochschild, *The Commercialization of Intimate Life*, University of California Press, 2003, p. 21 이하를 보라.

나타나지 않는다. 소비주의 시대의 카우보이, 카우걸의 사사화된 유토피아는 대신 엄청나게 확장된 '자유로운 공간'(물론 내 자신으로부터 자유로운)을 보여준다. 그것은 1인극, 오직 1인극에만 열중하는 유동적 현대의 소비자가 항상 더 많이 요구하지만 결코 충분하게 가질 수 없는 일종의 텅 빈 공간이다. 유동적 현대의 소비자가 필요로 하는, 그리고 사방에서 그것을 획득하기 위해 싸우고 필사적으로 방어하도록 권고되는 이 공간은 오직 다른 인간 존재 — 특히 돌보고 또는 돌봐주기를 필요로 하는 인간을 추방함으로써만 정복될 수 있다.

소비시장은 견고한 현대적 관료제로부터 무관심화라는 과제를 인계받았다. '무엇을 위한 존재'라는 독을 '함께하는 존재라는' 추가접종으로부터 짜내는 과제가 그것이다. 레비나스는 아래와 같이 숙고하던 중년시기 그런 사실을 암시한 바 있다. 즉 '사회'는 타고난 이기주의자(홉스가 주장하듯)에게 평화롭고 우호적인 인간적 함께함을 달성하게 해주는 기묘한 장치가 되기보다 체질적으로 도덕적인 인간에게 자기중심적, 자기참조적, 이기주의적 삶에 도달하게 만들어주는 술책이 되는 것이 낫다는 것이다. — 타자의 얼굴이 나타날 때마다 태어나는 '타자에 대한 책임'을 잘라내고, 무효화하고 또는 침묵시키는 것을 통해 말이다. 실로 인간적 함께함으로부터 분리 불가능한 책임이다. ……

모트 지적대로 〈헨리예측센터Henley Centre for Forecasting[장래의 소비자의 변화하는 여가시간 활용 패턴에 관한 정보를 소비 산업에 제공하는 영국의 마케팅 조직]의 분기별 보고에 따르면 선호되고 가장 갈구되는 즐거움의 목록에서 아래 오락거리가 최근 20여 년간 변함없이 가장 높은 순위를 차지해왔다.

주로 시장에 기반한 공급 형태에 의해 가용해진 개인 쇼핑, 외식, DIY, 그리고 비디오 감상. 목록의 맨 끝에는 정치가 자리하고 있다. 정치 집회는 영국인이 가장 하지 않을 것 중 하나로, 서커스 구경과 같은 순위를 차지했다.28

---

28 Frank Mort, "Competing domains: democratic subjects and consuming subjects in Britain and the United States since 1945", in *The Making of the Consumer: Knowledge, Power and Identity in the Modern World*, ed. Frank Trentmann, Berg, 2006, p. 225 이하를 보라. 모트는 〈헨리센터〉의 보고서 *Planning for Social Change*(1986), *Consumer and Leisure Futures*(1997), *Planning for Consumer Change*(1999)에서 재인용하고 있다.

2

소비자 사회

Consuming Life

|

 만약 소비주의 문화가 소비자 사회의 구성원이 삶의 목적으로 간주하는 것, 그리고 그것에 도달하는 적절한 수단으로 믿는 것에 대해, 그러한 목적과 관련된 사실과 행위를 그것과 무관한 것으로 제쳐둔 사실과 행위로부터 어떻게 구분할지에 대해, 그를 흥분시키는 것과 그를 미온적으로 또는 무관심하게 놔두는 것, 그를 끌어당기는 것과 쫓아버리게 하는 것, 그를 행위로 유도하는 것과 그를 피하도록 슬며시 내모는 것, 그가 갈망하는 것, 두려워하는 것, 그리고 두려움과 갈망이 어느 지점에서 균형을 이룰지에 대해 행동하려고 생각하는 또는 '비성찰적으로', 달리 말해 생각하지 않고 행동하려는 독특한 방식이라면 — 소비자 사회란 대부분의 남녀가 어떤 다른 문화보다도 소비주의 문화를 수용할, 그리고 대부분의 시간에 능력이 닿는 한 최대한 이 문화의 수칙에 복종할 개연성이 높은 일련의 독특한 실존적 조건을 나타낸다.

 '소비자 사회'는 구성원을 주로 **소비자로서의 능력** 속에서 (한때 유행했던 알튀세르의 용어를 상기시키자면) '호명하는' 사회다(즉 말을 걸고 소리치고 부르고 호소하지만 또한 방해하고 '가로막는다'). 그렇게 하는 가운데

'사회'(또는 강요의 무기와 설득 수단으로 무장된 어떤 인간 행위자가 이 개념이나 이미지 뒤에 숨어 있든 말이다)는 사람이 듣고 귀 기울이고 복종하기를 기대한다. 그리고 호명에 대한 반응의 신속함과 적절함에 따라 구성원을 평가하고 보상하고 처벌한다. 그 결과 소비주의의 수행에서의 우월함/기량 부족이라는 축 위에서 획득하거나 배정된 위치는 사회적 존중과 낙인, 그리고 공적 주목에서의 몫의 분배를 인도할 뿐만 아니라 계층화의 가장 중요한 요소이자 포섭/배제의 주요한 기준으로 바뀐다.

다시 말해 '소비자 사회'는 소비주의적 생활방식과 삶의 전략의 선택을 촉진하고, 장려하거나 강요하며 모든 대안적 문화의 선택을 혐오하는 사회를 나타낸다. 소비자 문화의 수칙을 채택하고 엄격히 따르는 것이 모든 실천적 의도와 목적에 대해 의문의 여지없이 승인된 유일한 선택인 사회다. 그러한 선택이 실현 가능하고, 따라서 또한 그럴듯한 선택이며, 그것이 구성원의 조건이다.

그것은 현대사의 과정에서 나타난 주목할 만한 전환, 실로 분수령이다. 이제 막 출현하던 사회 현실을 묘사하기 위해 현대 사상가들이 연달아 사용한 어휘에서 소비와 소비자라는 개념이 차지하는 장소를 재추적하기 위한 철저하게 놀라운 연구로부터 트렌트만이 발견한 바로는

> 소비자는 18세기 담론에서는 사실상 부재했다. 의미심장하게도 온라인에 올려놓은 18세기의 150,000편의 작품 중 그것은 고작 7번 등장한다. 개인 고객으로 두 번 …… 한 번은 식민지 상품에 대한 수입관세를 지불하는 고객으로 한 번, 상인들의 높은 가격에 고통 받는 고객으로 한 번 …… 시간에 대한 언급('시간의 신속한 소비자')으로 두 번.[1]

모두가 볼 수 있듯이 이 모든 사례에서 소비와 소비자는 하찮고 다소 기이한 성격의 이름으로 나타난다. 분명히 일상적 삶 전체는 고사하고, 경제학의 주류와 겨우 간접적으로 관련해서만 말이다. 다음 세기 동안 이 점에는 어떤 근본적 변화도 일어나지 않았다. 판촉 활동, 광고, 전시와 진열 기술, 그리고 마지막으로 가장 중요하며 현대적인 쇼핑몰의 원형인(리처George Ritzer가 적절하게도 '소비의 신전'으로 명명한) 아케이드에 관해 여러 문헌에서 풍부하게 기록되고 그것들이 극적으로 증가했음에도 불구하고 말이다. 그리고 1910년에야 비로소 "『브리태니커 백과사전』 11판에서 겨우 '소비'에 관한 짧은 항목이 필요함"을 발견했는데, 그것은 "물리적 의미에서 낭비하는 것으로 또는 효용성의 파괴와 관련한 경제학에서 '기술적 용어'로 규정되었다."

현대사에서 보다 좋았던 시기에(즉 거대한 산업 공장과 대규모의 징집병 시대 내내) 사회는 구성원의 절반인 남성 대부분을 주로 생산자와 군인으로, 그리고 다른 절반(여성)의 거의 대부분을 무엇보다도 약속에 따른 서비스 공급자로 '호명했다.'

따라서 명령에의 복종과 규칙에의 순응, 귀속된 지위의 감수, 그것을 부인할 수 없는 것으로 받아들이는 것, 끊임없이 계속되는 고역의 인내, 단조로운 일상에 대한 무덤덤한 복종, 기꺼이 만족을 미루는 태도, 노동 윤리(기본적으로 의미가 있건 없건 노동을 위해 노동하는 것에 동의하는 것을 의미한다)[2]의 감수. ― 그것들은 그와 같은 구성원을 대상으로 가장

---

1 Frank Trentmann, "Genealogy of the consumer", in *Consuming Cultures, Global Perspectives*, ed. Brewer and Trentmann, p. 23 이하를 보라.
2 Zygmunt Bauman, *Work, Consumerism and the New Poor*, Open University Press,

빈틈없이 훈련되고 주입되며, 또한 배우고 내면화할 것으로 기대되는 주요한 행동 유형이었다. 가장 중시된 것은 노동자 또는 군인이 되려고 하는 사람의 **신체**였다. 반면 **정신**은 침묵해야 했다. 정신은 일단 무감각해지고 '비활성화'되면 중요하지 않은 것으로 버릴 수 있는 것, 따라서 대부분의 목적을 위해 정책과 전략적 움직임을 계산할 때 무시될 수 있는 것이었다. 생산자/군인 사회는 대부분의 구성원을 그들을 대상으로 한 자연 서식지 — 작업장과 전장 — 에서 거주하고, 행동하기에 적합하도록 만들기 위해 신체의 관리에 초점을 맞추었다.

생산자/군인 사회와 극명하게 구분되게 소비자 사회는 아동기 초기부터 일생 동안 구성원에게 가해지는 훈련과 강제적 압력을 **정신의 관리**에 집중한다. — 신체의 관리는 정신적으로 훈련되고 강제된 개인에 의해 개인적으로 감독되고 조정되며 개인적으로 수행하는 DIY 노동에 맡겨진다. 상품을 찾고, 발견하고, 얻는 쇼핑몰 그리고 상점에서 얻은 상품이 소유자에게 가치를 부여하게끔 공개적으로 전시되는 거리로 둘러싸인 새로운 자연 서식지에 구성원이 거주하고, 행동하기에 적합해지면 초점의 그와 같은 변경은 불가결하게 된다. 일리노이대학교의 쿡은 새로운 트렌드를 이렇게 요약한다.

> 어린이의 소비문화를 둘러싸고 벌어지는 전쟁은 범위를 점점 확대해가는 상업의 맥락에서 개인의 본성과 인간성의 범위에 관한 전쟁과 다를 바 없다. 상업 세계에서 발생하고 이 세계를 참조하며 이 세계와 얽혀 있는 물자, 미디어, 이미지, 그리고 의미에 대한 어린이의 관여는 우리 시대의 삶에서

2005, 1장을 보라.

개인과 도덕적 입장을 형성하는 데서 중심적 부분을 차지한다.3

읽기를 배우자마자, 어쩌면 더 이전부터 아이들의 '가게 의존'은 시작된다. 소년과 소녀를 위한 별도의 훈련 전략은 존재하지 않는다. 생산자와 다르게 소비자 역할은 한쪽 성에 국한되지 않는다. 소비자 사회에서는 **누구든지** 소명에 의한(즉 소비를 소명으로 간주하고 다루는) 소비자가 될 필요가 있고, 되는 것이 당연하고, 되어야만 한다. 그와 같은 사회에서 소명으로 간주되고 여겨지는 소비는 하나의 보편적 인권, 그리고 보편적 인간의 의무다. 그것은 예외를 모른다. 이 측면에서 소비자 사회는 (아무리 반사실적이더라도) 연령이나 성별의 차이를 인정하지 않고, 양자를 감안하지 않을 것이다. 또한 (노골적으로 반사실적으로) 계급적 구별 또한 인정하지 않는다. 정보 고속도로의 전 세계적 네트워크의 지리적 중심에서부터 비록 빈곤할지라도 가장 먼 주변부까지

> 가난한 자들은 총체적인 사회적 굴욕을 모면하기 위해 그들이 가진 몇 푼 안 되는 돈이나 자원을 기본 생필품보다는 무의미한 소비재에 쓰거나, 아니면 놀림 받고 웃음거리가 될 가능성에 직면하거나 둘 중 하나를 선택해야 하는 상황으로 내몰린다.4

소비주의의 소명은 궁극적으로 개인의 수행에 의존한다. 개인의 수

---

3 Daniel Thomas Cook, "Beyond either/or", *Journal of Consumer Culture*, 2(2004), p. 149.
4 N. R. Shrestha by Russell W. Belk, "The human consequences of consumer culture." in *Elusive Consumption*, ed. Karin M. Ekström and Helene Brembeck, Berg, 2004, p. 69에서 재인용.

행이 순조롭게 진행되도록 허용하는 데 필요할 수 있는 것으로 시장이 제공하는 서비스의 **선별** 또한 개인 소비자의 관심사로 간주된다. 즉 **개인적으로** 획득한 소비자의 기술과 행위 유형의 도움으로 **개인적으로** 떠맡고 해결해야 할 과제로 말이다. 갈망하는 사회적 지위를 얻고 유지하며, 사회적 의무를 수행하고, 또한 자존감을 지킬 수 있기를 원한다면 상점에서 공급하는 이런저런 물건을 마련할 필요가 있다는 — 또한 이 모든 것을 하는 것으로 간주되고 인정된다. — 제안이 사방에서 쏟아져 들어오기 때문에 그와 같은 요청에 즉각 응답하지 않는 한 모든 성, 연령, 사회적 지위의 소비자는 왠지 자기가 부적합하고, 결함 있고, 불량하다고 느낄 것이다.

동일한 이유로(즉 '사회적으로 적합하다'는 쟁점을 개인의 책임과 관심사로 전가하기 때문에) 소비자 사회에서 배제주의적 실천은 생산자 사회에서보다 훨씬 더 엄격하고, 가혹하고, 단호하다. 생산자 사회에서 '비정상'으로 묘사되고, '병약한 자'로 낙인찍히는 사람은 생산/군인 능력 시험에 부합하지 못하며 그것을 통과할 수 없는 남성이다. 이어 그들은 하나의 대안으로 다시 적합하게 만들어 '대오'로 복귀시킬 수 있으리라는 희망에서 치료 대상 또는 집단에 복귀하는 것에 저항하는 것을 막기 위한 처벌 정책의 대상으로 분류된다. 소비자 사회에서 배제(항소가 허용되지 않는 최후의, 취소 불가능한 배제)가 예정된 '병약자'는 '결함 있는 소비자'다. 생산자 사회의 부적응자(실업자와 병역이 거부된 자)와 달리 그들은 돌봄과 지원을 받을 만한 사람으로 여겨질 수 없다. 소비자 문화의 수칙을 따르고 수행하는 것은 (노골적으로 반사실적으로) 영구히, 보편적으로 이룰 수 있는 것으로 추정되기 때문이다. 원하는 모든 사람에 의해 채택되고 적용 가능하기 때문에(사람은 필요한 기술을 갖고 있음에도 불구하고 직업을 거절당할 수 있다. 그러나 '요구에 대한' '공산주의적' 독재를 거론하지 않는 한 가격을 지불할 돈만 갖고 있다면 소비 상품을 거절당할 리 없다) 수칙을 따르는 것은 오직 개인의 의향과 실천에 달린 것으로 믿어진다. 그와 같은 추정 때문에 배제에 따른 모든 '사회적 무효성'은 소비자 사회에서는 단지 개인적 결함의 결과가 될 수 있다. 실패의 원인이 '외부'에 있다는, 즉 초개인적이며 사회에 뿌리를 두고 있을지도 모른다는 모든 의심은 처음부터 제거되거나 적어도 의문시되어 유효한 방어로서의 자격을 박탈당한다.

따라서 '소비하기'는 자기 자신의 사회적 자격에 투자하는 것을 의미한다. 그리고 이 자격은 소비자 사회에서는 '판매 가능성saleability'으로 번역된다. 이미 시장의 요구가 존재하는 특성을 갖추는 것 또는 수요가 계속 창출될 수 있는 상품이 소유하고 있는 특성을 상품으로 재생하는 것이 그것이다. 소비시장에서 제공되는 대부분의 소비 상품은 열성적 소비자를 끌어모을 매력과 힘을 상품의 진정한 또는 추정된, 그리고 명확하게 선전된 또는 모호하게 암시된 **투자** 가치로부터 끌어낸다. 구매자의 매력을, 따라서 시장가격을 높여준다는 상품의 약속은 크고 작은 활자로 또는 적어도 행간에 모든 제품 — 표면상으로는 주로 또는 오로지 소비자의 순수한 기쁨을 위해 구매될 제품을 포함해서 말이다 — 의 사용설명서에 기재된다. 소비는 개인의 '사회적 가치'와 자존감을 위해 중요한 모든 것에 대한 투자다.

소비자 사회에서 소비의 핵심적인, 아마도 결정적인 목적(비록 많은 단어로 확실하게 설명되지 않고, 심지어 공적으로 논쟁되는 일은 드물더라도 말이다)은 욕구, 욕망, 바람의 충족이 아니라 소비자의 상품화 또는 재상품화다. 즉 소비자 지위를 판매 가능한 상품의 지위로 끌어올리는 것이다. 궁극적으로 소비자 시험의 통과가 시장 모습으로 재편된 사회에 입장하는 데서 타협 불가능한 조건인 것은 이 때문이다. 그와 같은 시험을 통과하는 것은 '소비자 사회'라고 불리는 관계망을 엮고, 그것으로 엮이는 모든 **계약적** 관계의 **비계약적** 전제조건이다. 하나의 집합을 이루는 판매자와 구매자 간의 거래를 상상된 총체성으로 용접해 붙이는 것이 그와 같은 전제조건으로, 그것에는 어떤 예외도 허용되지 않고 어떤 거부도 용납되지 않는다. 또는 보다 정확하게, 그것은 그와 같은 집합을 뒤르켐적 의미의 '사회적 사실' 상태로 전가되는 것을 허용하는, '사회'라고 불리는 총체성 — '요구를 만들어내고' 행위자에게 그것에 복종하도록 강요하는 능력을 떠맡을 수 있는 독립체 — 으로 경험되는 것을 허용한다.

소비자 사회 구성원은 그 자체가 소비 상품이다. 그리고 그를 이 사회의 진정한 구성원으로 만들어주는 것이 소비 상품으로서의 특성이다. 판매 가능한 상품이 되고 그러한 상태를 유지하는 것은 소비자의 관심의 가장 강력한 동기다. 비록 명확하게 표명되기는커녕 대개는 잠재적이며 의식되는 적도 없지만 말이다. 소비 상품 — 소비 행위를 촉발하는 소비자의 욕망의 현재적 또는 잠재적 대상 — 의 매력은 소비자의 시장 가격을 높여주는 효력에 따라 평가되는 경향이 있다. '자기를 판매 가능한 상품으로 만드는 것'은 DIY 작업이자, 개인적 의무다. 아래와 같은 점을 지적하도록 하자. 즉, 단순히 **되는** 것이 아니라 자기를 만드는 것은 도전이자 과제다. 누구도 완전하게 인간으로 태어나지 않으며, 완전한 진짜 인간이 **되려면** 많은 것을 해야 한다는 관념은 소비자 사회의 발명품도, 심지어 현대의 발명품조차도 아니다. 하지만 안더스가 1956년에 '프로메테우스의 수치'[5]로 묘사한 것, 즉 자기가 지금까지 '되어온 것'과

다르게(아마 더 낫게) 자기를 만드는 의무에 실패한 수치는 그러하다.

안더스에 따르면 '프로메테우스적 도전'은 "자기를 포함해 다른 어떤 사람(또는 어떤 것)에 어떤 것도 빚지기를 거부하는 것"이다. 반면 '프로메테우스적 **자부심**'은 "자기를 포함해 모든 것을 자기 덕으로 돌리는" 데 있다. 프로메테우스 방식의 세계-내-존재에 대한 우리 시대의 번역(또는 오히려 프로메테우스적 야망에 대한 현시대의 의역/비틀기/곡해)에서 논란거리이자 쟁점, 그리고 가장 큰 상은 분명히 자기, '**자기 자신**'이다. 우연히 엄마로부터 잉태되고 태어나는 결과로서 그저 '되는 것'은 아닌 것이다.

'그저 존재하기'는 그와 같은 책략의 잠재적 완성 직전에 멈추어야 한다는 것이 현대의 계몽주의 시대가 시작된 이래 보편적으로 구속력 있는 (비록 보편적으로 받아들여지지 않더라도) 세계관의 공리가 되어왔다. 이성으로 무장한 인간 존재는 자연 상태^{Nature}를, 또한 세계-내-모습의 근원으로 '되기' 과정을 결정한 '본성^{nature}', 즉 **자신의 본성**을 개선할 수 있고, 개선해야 하고, 개선하려 할 것이다. 그리하여 프로메테우스적 위업은 더 이상 단 한 번의 전설적인 반신반인의 업적이 아니라 인간의 세계-내-존재의 양식, 운명 자체였다. 세계의 형상 — 그것의 '완벽함'의 정도 — 은 이제 인간의 관심과 인간의 합목적적 행위 문제가 되었다. 그리고 다소 간접적으로이긴 하지만 모든 개인적 인간의 형상, 그/그녀의 완벽함의 정도도 마찬가지였다.

따라서 프로메테우스적 도전과 자부심이 프로메테우스적 수치를 낳

---

5 Günther Anders, *Die Antiquiertheit des Menschen*, vol. 1: *Über die Seele im Zeitalter der zweiten industriellen Revolution*, C. H. Beck, 1956; 여기서는 Encyclopédie des Nuisances, 2002년에 출간된 불어본 37페이지 이하에서 재인용.

으려면 일보를 더 내디뎌야 했다. 나는 그처럼 운명적인 걸음이 ― 규범적 규제라는 관리 정신, 노동의 분업과 조정, 순응을 낳는 감독과 감독받는 것에 대한 복종을 특징으로 하는 ― 생산자 사회에서 ― 가끔은 강압적이고도 자발적인 개인화, 이 개인화의 관심사와 과제의 자기 참조적 성격, 과제를 처리하는 방식과 그렇게 처리하는 데 따를 결과에 대한 책임 등을 가진 ― 소비자 사회로의 이행이었다고 주장한다. 그러한 단계는 다른 모든 것은 왜소화하면서 세계를 다시 만들기 위한 주요 대상이자 주요 주체로서 '자기 자신'만 과장해 강조하는 전조가 되었다. 그러한 의무의 달성과 실패에 대한 책임의 주요한 **대상**이자 주요한 주체로서뿐만 아니라 말이다. 그것은 개인적 자아를 동시에 프로메테우스적 존재 양식의 감시인이자 피감시자로서 강조하는 것이기도 했다.

생산자 사회는 구성원에 대한 지배력, 그리고 개인과 '집단'의 이익이나 야망에 대한 '사회'의 우선권을 공공연히 얻으려고 함으로써, 또한 같은 이유로 이성에 의해 인도되는 인간 행위에 의해 만들어진 인공물로 간주되는 세계의 원작자 역할을 떠맡음으로써 계획적으로든 자연스럽게든 '집합적 프로메테우스' 역할을 맡았다. ― 그리하여 제품의 질에 대한 개인적 책임은 규범에 대한 복종으로 대체되었다. 소비자 사회는 프로메테우스적 역할을 그것을 수행할 책임과 함께 개인에게 '아웃소싱하고', '외주화하며', '하청준다.' 프로메테우스적 수치는 프로메테우스적 도전이나 자부심과 달리 철저히 개인적 감정이다. '사회'는 결코 부끄러워 하지 않으며 수치스러워할 수도 없다. 수치심은 오직 개인적 상태로만 생각해볼 수 있는 것이다.

사회는 이전에 주장했던 프로메테우스적 지위를 명시적으로 또는 적어도 실천에서는 포기하고 버리게 되면서 이제 자신의 책략 뒤로 숨고 있다. 우월한 존재 — 그것은 한때 독특하고 조바심 내면서 지키는 '인간 사회'의 소유물이었다 — 에서 기인하는 권위와 특권은 인간의 이성, 창의성, 기량의 물질적 자취인 인간의 생산품 몫이 되었다. 생산품은 어찌할 수 없는 우연적 속성의 단순한 부작용으로서 '여성에게서 태어난 사람'은 오히려 망쳐버리거나 어쨌건 수치스럽게 열등한 방식으로 수행할 업무를 완벽하게 또는 완벽에 가깝도록 수행할 수 있는 유일한 것이다. 소비 산업의 생산품 형태 속에서 매일 마주치는 책략이 지금 완벽의 귀감이자 (뻔히 실패할 것처럼 보이는) 경쟁을 위한 노력의 유형으로 모든 개인의 머리 위에 높이 솟아올라 맴돌고 있다.

안더스에 따르면 사물res의 우월성을 받아들인 "인간은 자기의 물화의 미완성을 패배에 해당하는 것으로 간주하고 거부한다." 처음부터 마지막까지 완벽하게 제작되는 대신 태어나서 '되는' 것은 이제 수치스러워해야 할 이유가 되었다. 프로메테우스적 수치심은 "남녀가 자기 스스로 만들어낸, 굴욕적으로 높은 품질의 물건을 보고 압도되는" 감정이다. 니체를 인용해 안더스는 오늘날 인간의 몸(즉 자연의 우연에 의해 우리가 받게 된 것으로서의 몸)이 '극복되고' 내버려야 하는 어떤 것이 되었다고 주장한다. '맨몸', 아무것도 꾸미지 않은, 다시-만들지 않고 가공되지 않은 몸은 부끄러워해야 할 어떤 것이 되었다. 그것은 눈에 거슬리며, 항상 아쉬움이 많은 것, 무엇보다 의무의 실패에 대한, 아마도 '자아'의 기량 부족, 무지, 무력과 무책에 대한 살아 있는 증거다. '벌거벗은 몸', 즉 '소유자'에 대한 예의와 존중의 이유로 공개적으로 노출되어선 안 되는 것으로 모두가 동의하는 대상은 오늘날 '옷을 입지 않은 몸'을 의미하는 것이 아니라 '아무 손도 대지 않은 몸' — 불충분하게 '물화된' 몸을 의미한다고 안더스는 말한다.

소비자 사회의 일원이 된다는 것은 벅찬 과제이자 결코 끝나지 않는 힘겨운 투쟁이다. 이 사회의 요구에 따르지 못하는 것은 아닐까 하는 두려움은 부적격자가 아닌가 하는 두려움에 의해 밀어내져 왔지만 그러한 이유로 덜 마음속에 끊임없이 떠오르는 것은 아니다. 소비자 시장은 그와 같은 두려움에 편승하기 위해 열심이고, 소비 상품을 생산하는 회사들은 그러한 도전에 대처하기 위한 고객의 끊임없는 노력 속에서 가장 신뢰할 수 있는 안내자와 조력자 지위를 차지하려고 경쟁한다. 그들은 '도구', 즉 개인적으로 수행되는 '자가-제작' 작업에 필요한 도구를 제공한다. 그러나 상품공시법에 근거해 고소당할 수도 있다. 의사 결정에서 개인적 용도의 '도구'가 되게끔 만들어지는 상품은 실제로는, 안더스 주장대로, "미리 내려진 결정"[6]이기 때문이다. 그것은 개인이 결정할 의무(기회로 제시된다)에 직면하기 한참 전에 이미 만들어져 있다. 안더스 말대로, 그와 같은 도구의 목적이 개인적 선택이 될 수 있다고 생각하는 것은 터무니없다. 그러한 수단은 저항할 수 없는 '필수품'의 결정체이다. ― 이전과 마찬가지로, 사람은 그것에 대해 배우고, 복종하고, 그리고 복종하기를 배워야만 한다. 자유롭기 위해서는 ……

　『가디언』의 통찰력 있는 통신원 에이켄헤드가 코츠월드Cots-wolds에서 인터뷰한 16~17세 소녀 중 한 명은 이렇게 고백한다.

　음, 만약 제가 지금 입은 채(청바지와 티셔츠 차림)로 나간다면 사람들은 좀 더 특별하고 성적으로 도발적인 옷을 입지 그래? 라는 식으로 빤히 쳐다보고 지나갈 거예요. 13살 때 우리는 그렇게 입고 다녔어요. 그런 게 바로

---

6 앞의 책, 16페이지.

유행에 맞게[패셔너블하게] 입는 거죠..7

20세가 넘은 이 집단의 또 다른 소녀는 "섹시한 몸이 어떻게 보이는지를 상기시켜 주는 것은 도처에 있어요. 나이가 들수록 어떻게 기대에 부합할지 점점 더 걱정돼요"라고 덧붙인다. "성적으로 도발적인 옷"과 "섹시한 몸의 모습"의 의미는 모두 현재의 패션에 의해 결정된다(패션은 변한다, 그것도 빨리. 16~17세 소녀들은 "'예비 섹시녀Trainee Babe' 같은 구호가 쓰인 10대 초반 청소년의 티셔츠는 단지 1990년대에만 유행했다는 사실을 알지 못하며, 한때 소녀들이 다르게 옷을 입었다는 사실에 놀라는 것 같다." 그들 중 한 명은 "1970년대에는 소녀들이 겨드랑이털을 밀지 않았다"는 이야기를 듣고 "믿을 수 없어 했다"고 에이켄헤드는 지적한다). 최신 유행의 옷을 입수하고, 외양을 다듬고, 구식인 형태를 교체하거나 다시 손보는 것은 인기를 끌고 유지하기 위한 조건이다. 돈이 오가건 그렇지 않건 적극적 소비자를 알아낼 만큼 바람직하게 남아 있기 위한 조건이다. 영국산업연맹CBI 총재직을 물러나는 존스Digby Jones가 완전히 다른 노동시장을 거론하며 지적한 대로, "인기 있는 상품"이 되고 싶은 사람에게 요구되는 유일한 조건은 "어떤 고용주도 감히 나가라고 말하거나 푸대접을 못하도록 아주 잘 적응하고 훈련되어 가치 있어지는 것"8이다.

지배적인 '휘그당'['진보주의적'] 버전에서(즉, 학자들의 기술과 대중의 상상 모두에 의해 일상적으로 복제되는 '공식 기록물'에서) 인류의 역사는 개인의 자유와 합리성을 향한 대장정으로 제시된다.

7 Decca Aitkenhead, "Sex now", *Guardian Weekend*(2006년 4월 15일 자).
8 Anne Perkins, "Collective failure." *Guardian Work*(2006년 4월 22일 자)에서 재인용.

그것의 최근 단계, 즉 생산자/군인 사회에서 소비자 사회로의 이행은 개인이 '선택권 없음'과 나중의 '제한된 선택권'이라는 본래의 조건으로부터, 미리 정해진 시나리오와 의무적 일상으로부터, 미리 규정되고 정해져 협상의 여지가 없는 결합으로부터, 그리고 강제적인 또는 적어도 반박할 수 없는 행동 패턴으로부터 점진적으로, 궁극적으로는 완전히 해방되는 과정으로 묘사된다. 요컨대 그와 같은 이행은 제약과 무자유의 세계로부터 개인의 자율성과 자제를 향한 또 하나의, 아마 결정적인 도약으로 묘사된다. 그와 같은 이행은 대개 자기-주장 — 그것은 주로 얽매인 데가 없는 주체의 분할 불가능한 주권으로 이해되며, 이 주권은 자유로운 선택에 대한 개인의 권리로 해석되는 경향이 있다. — 에 대한 개인의 권리의 최종 승리로 그려진다. 소비자 사회의 개별 구성원은 다른 무엇보다도 **선택하는 인간**$^{homo\ eligens}$으로 규정된다.

다른 잠재적 사본, 즉 좀체 모습을 드러내지 않으며 항상 감추어져 있어 보이지 않지만 첫 번째 사본을 촉진하는 데서는 없어서는 안 되는 사본은 동일한 이행을 상당히 다른 관점에서 보여줄 것이다. 그러한 이행은 개인이 수많은 외적 강제로부터 궁극적 해방을 향해 가는 단계라기보다 상품시장에 의한 삶의 정복, 병합, 식민화로 제시될 수 있을 것이다. — 그와 같은 정복과 식민화의 (비록 억압되고 은폐되지만) 가장 심오한 의미는 시장의 성문법과 불문법이 삶의 수칙이라는 등급으로 격상되는 데서 찾을 수 있다. 그와 같은 수칙은 오직 규칙을 어기는 사람 본인이 위험을 무릅쓸 때만 — 그는 배제에 의해 처벌되는 경향이 있다 — 무시될 수 있다.

시장의 법칙은 물건을 선택한 사람뿐만 아니라 선택된 물건에도 동등하게 적용된다. '제품'의 입구로건 '고객'의 입구로건 오직 상품만 정당하게 소비의 신전에 입장할 수 있다. 이 신전 내부에서는 숭배 대상과 숭배자 모두 상품이다. 소비자 사회 구성원은 자체가 상품화의 생산물이다. 이 구성원이 규제 철폐와 사사화를 통해 생활정치의 상품화 영역으로 내맡겨지는 것이 소비자 사회를 다른 형태의 인간적 함께함과 구분해주는 주요한 차이점이다. 마치 칸트의 정언명령의 섬뜩한 패러디인 양, 소비자 사회 구성원은 소비 대상이 복종하기를 바라는 것과 동일한 행동 양식을 따를 것을 강요받게 된다.

소비자 사회에 진입해 영구 거류 허가증을 발급받으려면 남성과 여성은 시장의 기준에 의해 규정된 적격 조건에 부합해야만 한다. 자기를 시장에서 가용한 것으로 만들고 나머지 구성원과의 경쟁에서 가장 유리한 '시장 가치'를 추구할 것으로 기대되어야 한다. 소비 상품을 찾아 시장을 탐험하면서(그것이 그가 거기 존재하는 표면적 목적이다) 자기를 '소비되기에 적합하게', 그리고 시장에 어울릴만하게 만드는 데 사용할 수도 있는 (그리고 사용해야만 하는) 도구와 원료를 찾을 가능성에 의해 상점으로 이끌려야 한다.

소비는 소비자의 '상품화'의 주요 메커니즘이다. — 사회적으로 수행되고 국가가 관리하는 다른 많은 과제와 마찬가지로 이 과제는 규제 철폐되고, 사사화되고, 소비자에게 '외주화되거나' '하청되어' 왔으며, 남녀 개인이 돌보고 관리하고 책임질 일로 남겨졌다. 소비자의 행동을 추동하는 힘은 최적의 판매가, 더 높은 등급으로의 승격, 이런저런 성적표(다행히도 주위를 지켜보고 희망적으로 고를 순위표는 아주 많다)에서 더 높은 순위에 도달하며 더 높은 지위로 올라가는 것에 대한 개인의 추구다.

소비자 사회의 모든 구성원은 요람에서 무덤까지 **법률상** de jure 소비자다. — 비록 그를 소비자로 규정한 법은 어떤 국회에서도 투표된 적도 또 어떤 법전에도 기록된 적이 없지만 말이다.

'법률상 소비자'인 것이 모든 실천적 의도와 목적을 위한 '비-법적 토대'인데, 그것이 시민의 권리와 의무를 규정하고 명시하는 모든 법적 공표에 선행하기 때문이다. 시장에 의해 수행된 기초 작업 덕분에 입법자는 입법 대상이 이미 자격을 제대로 갖춘 완성된 소비자임을 당연시할 수 있다. 어디 있건 소비자가 되는 조건을 법적 구성물이 아니라 자연의 산물로 — 모든 실정법이 존중하고, 주목하고, 복종하고, 보호하고 봉사해야 하는 '인간 본성'과 인간의 타고난 강한 선호의 일부로 — 간주할 수 있다. 실제로 모든 **시민적** 권리의 기초인 원초적 인권처럼, 기본적이고 일차적인 권리를 신성불가침한 것으로 재확인하며, 그것을 완전히, 진정 난공불락으로 만드는 것이 주요 과제인 이차적 권리다.

제1차세계대전 이후 이어진 연속적 발전, 마침내 소비자 사회의 확립으로 이어진 발전을 연구하고 재구성한 쿡은 이렇게 결론 내렸다.

> 아이들이 소비할 '권리'는 법적으로 제정된 다른 권리를 여러모로 예시하며 그것에 선행한다. 1989년에 〈UN아동권리협약〉과 같은 맥락에서 권리가 주장되기 수십 년 전에 소매업의 현장에서, '디자인해 이름을 붙여라'는 콘테스트에서, 의복 선택에서, 마케팅 전문가의 조사 설계에서 아이들에게 '목소리'가 주어졌다. 아이들이 행위자로서, 즉 욕망을 가진 사람으로 상품 세계에 참여한 것이 현재 그들이 권리를 보유한 개인으로 부상 중인 과정을 뒷받침하고 있다.[9]

9 Daniel Thomas Cook, *The Commodification of Childhood*, Duke University Press, 2004, p. 12.

어린이들의 소비주의의 역사와 20세기에 일어난 아동기의 상품화(또는 쿡이 만들어낸 용어를 사용하자면, 어린이를 겨냥한 시장에 의해 이루어졌으며 '부모 관점'으로부터 '아동의 시각pedioculariry'으로의 전환으로 이루어진 '코페르니쿠스적 혁명', 즉 디자인과 마케팅 전략을 지금은 욕망과 선택권의 주권적 주체로 인정되는 아동의 관점에 맞추는 것)에 초점을 맞추어 연구하던 쿡은 초창기의 발전뿐만 아니라 자기-재생산과 확대 과정에서도 여전히 소비자 사회가 따르는 보편적 양식을 발견하게 되었다. 소비자의 생산과 소비자 사회의 재생산에 관한 분석에서 사람들은 19세기의 악명 높고도 저명한 박물학자 헤켈Ernst Haeckel이 했다는 주장, 즉 '개체발생은 계통발생을 반복한다'(개체적 배아의 발전 단계는 종이 역사적으로 진화하면서 거쳐 온 단계의 축약되고 압축된 요약이라는 의미이다)는 주장을 다시 펼쳐보고 싶은 유혹을 느낄 것이다. 비록 거기에는 한 가지 결정적 단서가 붙지만 말이다. 즉 일방향적 인과관계를 함축하는 대신 그와 동일한 연속적 사건이 개별 소비자의 삶의 경로에 계속되는 소비자 사회의 재생산 속에서 무한히 반복되는 경향으로 부과된다고 제안하는 것이 (해결 불가능하기에 쓸모없기로 유명한 '닭이 먼저냐, 달걀이 먼저냐' 식의 논쟁을 피하기 위해) 타당하고 적절하다.

오늘날의 성숙한 소비자 사회의 일상적 작동 속에서 '아동의 권리'와 '시민의 권리'는 유능한 소비자의 진정한 또는 추정된 능력에 근거를 두며, 그것 위에 가로놓인다. ― 그것이 출현해 성숙하는 과정에서 그랬던 것처럼 말이다. 이 두 가지의 연속적 사건은 서로를 확고히 하고 보강해주며 서로를 '자연화하고', 서로가 '지배적 개념들' 지위에, 보다 중요하게는 믿음doxa(있다 해도 거의 드물지만 사람이 생각할 때 하는 추정) 또는 아주 간단히, 상식의 보고寶庫에 놓이도록 서로를 돕는다.

공식적 권리 — 이 권리를 부여하는 데서 '수단에 대한 시험'은 공식적으로 다시 허용되지 않는다 — 와 반대로, 필요한 자격을 갖춘 시민권의 혜택에 대해 실천적이고 실질적인 자격을 부여하거나 거부하는 — 솔직하게 표명되지는 않지만 결정적인 — 조건은 개인의 소비주의 역량이자 그것을 사용하는 능력이다. 상당한 숫자의 **법률상** 소비자가 **사실상** 소비자를 위해 비공식적으로, 하지만 너무나 분명히 정해져온 시험에 실패한다. 시험에 실패한 사람은 '실패한 소비자'로, 어떤 때는 '실패한 망명 신청자'나 '불법 이민자'로, 다른 때는 '언더클래스underclass'로 하위 범주화된다. 그러나 대체로는 '가난한 사람들' 또는 '빈곤선 이하의 사람'의 통계에서 익명으로 분산되어 있다. — 짐멜의 고전적 규정에 따르면, 소비자 사회의 나머지 구성원처럼 식견 있는/선택하는 주체라기보다 자선의 대상이다. 만약 주권자의 궁극적인, 즉 그를 정의하는 특권이 면책권이라는 슈미트Carl Schmitt의 명제에 동의한다면 **소비자 사회에서 주권의 진정한 소지자는 상품시장임**을 받아들여야만 한다. 바로 거기서, 즉 판매자와 구매자가 만나는 곳에서 버려진 자와 구원 받은 자, 외부자와 내부자, 배제된 자와 포함된 자(또는 보다 중요하게는 알맞고 적절한 소비자와 결함 있는 소비자)의 선별과 분리가 일상적으로 이루어진다.

우리는 소비 상품시장이 정치학 논문 독자에게 친숙한 것과는 완전히 구별되는, 특이하고 기이한 주권자를 만들어낸다는 것을 받아들여야 한다. 이 이상한 주권자는 재판소는 말할 나위도 없고 법기관도, 행정기관도 — 당연히 정치학 교과서에서 탐구되고 묘사되는 진정한 주권자의 필수불가결한 장비로 간주되는 것들 — 갖고 있지 않다. 그 결과, 이 시장은 말하자면, 훨씬 더 많이 광고되며 열심히 자기를 선전하는 정치적 주권자보다 더 주권적이다. 시장은 배제의 판결을 내리는 것에 덧붙여 어떤 항소 절차도 허용하지 않기 때문이다. 시장의 선고는 비공식적이며 암묵적이고, 문서로 명백히 적시되는 바가 거의 없는 만큼이나 확고하고, 변경 불가능하다. 주권 국가의 기관들에 의한 면책은 반대에 부딪히고 저항의 대상이 될 수 있으며, 따라서 취소될 가능성이 있다. ― 그러나 주권적 시장에 의한 퇴출은 그렇지 않다. 시장에서는 어떤 재판장도 임명될 수 없고, 항소장을 받아줄 어떤 접수원도 보이지 않으며, 우편물을 보낼 어떤 주소도 주어지지 않는다.

시장의 판결에 따를 수 있는 항소를 받아들이지 않기 위해 정치가들은 '대안은 없다TINA'라는 검증된 공식을 갖고 있다. ― 거의 자가-충족적인 진단이자 자가-입증적인 가설이다. 이 공식이 보다 자주 반복될수록 국가의 주권을 소비 상품시장에 넘기는 일은 그만큼 더 철저해지며, 시장의 주권은 그만큼 더 가공할 만하고 다루기 힘들게 된다.

실제로 약화되고, 부식되고, 쇠약해지고 있는 또는 '고사 중인' 것은 국가, 심지어 국가의 집행 권력이 아니라 국가의 주권이다. 배제되는 자와 포함되는 자를 구분하고, 후자를 갱생시켜 재복귀시킬 권리를 완비하고 있는 국가의 특권 말이다.

부분적으로 그와 같은 주권은 이미 어느 정도 제한되어왔다. 그리고 (지금까지는 부분적이고 기초적인 수준에서) 법률 기관에 의해 지지되는 글로벌한 구속력을 지닌 법률의 출현의 압력하에 아마 간헐적으로 계속 축소되리라고 추측할 수 있을 것이다. 하지만 이 과정은 시장의 새로운 주권이라는 쟁점과는 단지 이차적이고 파생적으로만 관련되며, 주권적 결정이 내려지고 합법화되는 방식은 거의 바뀌지 않는다. (적어도 그것이 실천한다고 가정되거나 간주되는 원리에서) 주권은 비록 '더 상위'로, 즉 초국가적 제도로 옮겨지지만 여전히 권력에 정치를 혼합하며 권력을 정치의 감독에 종속시킨다. 가장 중요하게 권력은 고정된 주소를 갖고 있는 덕분에 이의가 제기되고, 개선될 수 있다.

훨씬 더 혁명적인 (그리고 현대의 시기 동안 형성된 만큼 국가에 잠재적으로 치명적인) 또 다른 경향이 있는데, 그것은 국가 주권을 훨씬 더 철저하게 약화시킨다. 많은 기능과 특권을 위쪽보다는 옆쪽으로 옮겨 그것을 시장의 비인격적 권력에 양도하는 약화된 국가의 성향이 그것이다. 또는 유권자가 선호하고 지지하는 정책에 대응하며, 정책의 적절성에 대한 평가기준과 궁극적 심판자라는 지위를 시민들로부터 넘겨받는 시장의 힘의 협박에 점점 더 국가를 통째로 넘기는 경향이 그것이다.

이 두 번째 경향이 등장한 결과로 인해 **행사할 수 있는 권력**—그것은 지금 시장을 향해 떠내려가고 있다—과 **정치**가 점차 분리되고 있는데, 정치는 비록 국가의 영역으로 남아 있지만 점차 계획을 변경할 여지와 함께 규칙을 정하고 게임의 중재자가 될 수 있는 권력을 박탈당하고 있다. 실로 그것이 국가 주권의 약화의 근본 원인이다. 비록 면제 또는 퇴출 선고를 계속 명확히 하고, 명시하고, 집행하고 있지만 국가 기관은 '면제 정책'의 기준이나 적용 원리의 기준을 결정하는 데서 더 이상 자유롭지 않다. 입법 부분과 사법 부문을 포함하는 전체로서의 국가는 시장 주권의 집행자가 되고 있다.

가령 정부의 한 장관이 새로운 이민 정책은 '국가가 원하는' 사람이 보다 많이 영국으로 오도록 하고, '국가가 필요로 하지 않는' 사람은 막는 것을 목표로 하고 있다고 선언할 때 그는 '국가의 필요'를 규정하는 권리, 그리고 국가가 무엇을(누구를) 필요로 하는지 그리고 무엇을(누구를) 필요로 하지 않는지 결정할 권리를 시장에 암묵적으로 부여한다. 따라서 장관이 마음먹고 있는 것은 모범적 소비자거나 곧 그렇게 될 사람은 환대하지만 소비 패턴 — 소득 사다리의 맨 밑에 있는 사람, 수익성이 적거나 수익이 나지 않는 소비재에 집중하는 사람의 특성을 나타내는 것 — 이 소비 경제의 바퀴를 더욱 빨리 돌아가도록 촉진하지도 또 기업 이윤을 이미 달성된 수준 이상으로 신장시키지도 않을 사람에게는 환대를 보류하는 것이 될 것이다. 외국인에 대한 승인이나 거부의 이면에서 사람을 이끌고 있는 사고와 추론의 원리들을 한층 더 강조하기라도 하듯 앞의 장관은 이렇게 지적한다. 즉 지역에 필요한 소비재 생산의 계절별 요구(호텔이나 식당 종업원 또는 과일 수확)에 맞추기 위해 일시적으로 입국이 허용될 수 있는 후자의 범주에 속하는 극소수 사람이 버는 수입은 모국으로 보내질 것이며(가족이 그들을 따라 영국으로 오는 것이 허용되지 않을 것이므로), 따라서 국내의 소비재 순환을 활성화하지 않으리라는 것이다. 결함 있는 소비자, 즉 소비시장의 '환영 인사', 보다 정확히는 유혹적 통행증에 적절하게 응답하기 위해 맘대로 쓸 수 있는 자원이 너무 적은 사람은 소비자 사회가 '필요로 하지 않는' 사람이다. 그들이 없다면 소비자 사회는 더 번성할 것이다. 성패가 GNP 통계(즉 사고 파는 거래 속에서 환전되는 돈의 총합)에 의해 가늠하는 사회에서 그러한 기능 장애의, 결함 있는 소비자는 부채로 치부된다.

이 모든 추론의 기저에 깔린 암묵적 가정은 다시금 '상품이 아닌 소비자는 없다'는 공식이다. 상품화가 소비에 선행하며 소비자 세계로의 입장을 통제한다. 소비자의 권리를 행사하고 의무를 다하는 합당한 가능성을 위해 우리는 먼저 상품이 될 필요가 있다. 시장과 마찬가지로 '국가'도 상품을 필요로 한다. 하나부터 열까지 소비시장에 결정권을 넘겨주는 나라는 이미 상품이거나 신속하고 저렴하게 상품이 될 수 있는 거주자를 필요로 한다. 어떤 것을 진정한 상품의 범주로 배정할 것인가는 물론 시장이 결정할 문제다. '이처럼 특수한 종류의 상품의 구매자가 존재할까?'라는 질문이 입국 체류 신청서가 국가 관리에 의해 심사될 때마다 맨 처음 그리고 마지막으로 던져지는 것이다.

정부는 유동적 현대라는 기획의 광범위한 실천에 따라 소비주의 사회의 일상적 삶 속에 이미 확립되고 자리 잡은 유형과 규칙을 인계해 국가 정책의 원리로 고쳐냈다. 그와 같은 실천에 대한 철저한 연구에서 오베르가 발견한 대로, 거대한 자본주의 기업의 인사 정책은 "고용자 자체가 가능한 최단 시일 내에 파악되고, 사용되고, 재생되는 '제품'인 양 수행된다."[10] 신규 사원은 고용된 첫날부터 전속력으로 전력을 다해 업무를 수행하리라 기대된다. '자리 잡고' '뿌리내리고', 하나가 되어 회사에 대한 충성심 그리고 다른 고용자와의 연대를 발전시킬 시간은 없다. 요구되는 업무의 속성이 적응 시간을 허락하기에는 너무 빨리 변하기 때문이다. 너무 긴 신규 채용 과정과 적응, 그리고 사내 훈련은 완제품을 회사 창고 안에 과잉 비축하고 있는 것과 같이 시간과 자원 낭비로 간주된다. 선반 위에 올려져 있을 때 제품은 아무런 수익도 가져다주지 않으며 아무짝에도 쓸모가 없다. 신규 채용, 통합, 훈련을 위한 비축과 시간 모두는 최소한의 것으로 줄일 필요가 있다.

모든 영속적인(즉 성공적으로 자기를 재생산하는) 사회 체제의 비밀은 '기능적 전제조건'을 행위자의 행동 동기로 재구성하는 것이다.

---

10 Aubert, *Le Culte de l'urgence*, p. 82 이하.

다시 말해 모든 성공적인 '사회화'의 비밀은 체제가 자기를 재생산하도록 하는 데 **필요한** 것을 개인이 하게 원하도록 만드는 데 있다. 그것은 '생산자 사회'에서는 공공연히, 그리고 **노골적으로** 이루어질 수 있을 것이다. 즉 현대(성)의 '단단한solid' 단계에서 통상 이루어지는 대로 '정신적 동원', '시민 교육' 또는 '사상의 교화' 등으로 다양하게 불리는 과정을 통해 국가state나 국민nation 같은 '전체'의 공표된 이익에 대한 지지를 동원하고 강화하는 것에 의해서 말이다. 또는 그것은 은근하고도 **간접적으로** 이루어질 수도 있을 것이다. 즉 특정한 문제 해결 양식뿐만 아니라 특정한 행동 유형을 공공연히 또는 은밀히 강요하거나 반복해서 가르침으로써 말이다. 그와 같은 유형은 일단 수용되어 준수되면(대안적 선택은 희미해져 사라지기 때문에 그것을 실천하는 데 필요한 기술을 점진적이지만 가차 없이 잊는 것으로 그것이 준수되어야 한다) 사회의 단조로운 재생산을 이어가게 해줄 것이다. ― 소비자 사회의 시대이기도 한 현대(성)의 '유동적' 단계에서 통상 그렇듯이 말이다.

생산자 사회에 전형적인 '체계적 전제조건'과 개인적 동기를 함께 묶는 그러한 방식은 '지금', 특별히 즉각적 만족, 보다 일반적으로는 향유(또는 프랑스인들이 '주이상스jouissance'[희열, 즐거움, 쾌락으로 번역되기도 하지만 라캉은 생물학적, 성적 욕구 충족과 관련한 쾌락원리를 넘어 죽음원리를 포함한 복합적 성격을 가진 정신분석 용어로 사용했다]라는 거의 번역 불가능한 개념으로 의미하는 것)에 대한 평가절하를 요구했다. '현재'는 '미래'의 들러리 역할로 강등되어야 했다. 그리하여 인질로서의 현재의 의미를 아직 열리지 않은 역사의 전환에 인도하면서 말이다. 그와 같은 전환은 정확히 현재의 법칙에 대한 인식, 그리고 그와 같은 법칙의 요구에 굴복함으로써 길들여지고, 지배되고, 통제될 것으로 믿어졌다. '현재'는 단지 항상 미래 속에 있는, 항상 '아직은 아닌' 행복에 이르기 위한 목적의 수단일 뿐이었다.

동일한 이유로 체계적 전제조건을 개인적 동기와 조화를 이루도록 하는 그러한 방식은 역시 필연적으로 지체를 조장하고, 특히 '만족'을 '지연하거나' 포기하라는 수칙을 왕좌에 앉혀야 했다. — 즉 모호한 미래의 혜택이라는 미명하에 상당히 구체적인, 당장 유용한 보상을 희생하라는 수칙 말이다. 또한 곧 때가 되면 모두를 위한 더 나은 삶을 얻을 수 있으리라고 믿으면서 '전체'(사회, 주, 국가, 계급, 젠더 또는 단지 고의적으로 덜 구체화된 '우리')의 혜택을 위해 개인적 보상을 희생하라는 수칙이기도 했다. 생산자 사회에서는 '장기'가 '단기'보다 선호되었고, '전체'의 요구가 '부분'의 요구보다 우선시되었다. 다수의 황홀함이 소수의 곤경보다 중시되는 한편 '영원하고' '초개인적' 가치에서 얻어지는 기쁨과 만족이 개인의 찰나적 황홀함보다 우월한 것으로 제시되었다. — 유혹적이지만 허위이고, 인위적이며, 기만적이며 궁극적으로는 격이 떨어지는 '순간의 즐거움' 중에서 그것만이 오직 진정하고 가치 있는 만족으로 간주되었다.

나중에야 깨닫는 바, 우리(유동적 현대를 배경으로 삶을 꾸려나가는 남녀)는 대개 체계의 재생산을 개인적 동기에 들어맞도록 만드는 그와 같은 방식을 낭비적이고, 터무니없게 비싸며, 무엇보다 지독하게 강압적이라고 묵살하는 경향이 있다. — 인간의 '타고난' 성향에 어긋나기 때문이다. 프로이트는 그것을 지적한 최초의 사상가 중 하나였다. 심지어 그처럼 절묘하다고 할 수 있을 만큼 상상력이 풍부한 사상가조차 — 실제로 그는 대량 산업과 대량 징병이 한창이던 사회에 살았던 삶으로부터 자료를 모아야 했다 — 본능의 강제적 억압에 대한 대안을 떠올릴 수 없었으며, 따라서 모든 문명 — 어떤 문명이라도 마찬가지이다 — 의 필연적이고 불가피한 특성들의 총칭적 지위, 즉 문명 '자체'[11]를 자신이 관찰한 것의 결과로 간주할 수밖에 없었지만 말이다.

프로이트는 이렇게 결론 내린다. 어디에서도, 또 어떤 경우에도 본능을 포기하라는 요구는 기꺼이 받아들여지지 않을 것이다. 상당히 많은 다수의 사람은 "오직 외부 압력을 받아야만" 많은 필연적인 문화적 금지나 수칙에 복종한다. 가령 노동 윤리(즉 물질적 보상이 무엇이건 노동을 위해 노동하라는 계명과 연결된 여가에 대한 총체적 비난)나 '네 이웃을 네 몸처럼 사랑하라'라는 계명으로 제시된 평화로운 공동생활의 윤리(프로이트는 수사적으로 이렇게 묻는다. "만약 그것의 수행이 타당한 것으로 권고될 수 없다면" "도저히 이성적이라고 생각할 수 없는 명령을 그토록 엄숙하게 선언해 봤자 무슨 소용이 있는가?")와 같이 필수적인 문명화의 선택을 촉진하고, 고취하고, 안전하게 하기 위해 "얼마나 많은 강제가 필요한 것인가를 생각하고 지레 겁먹을 수도 있다."

모든 문명이 똑바로 유지되기 위해 필요한 강제적 발판에 관한 프로이트의 나머지 주장은 너무나 잘 알려져 있어 자세히 재론할 필요는 없을 것이다. 잘 알려진 대로 전체적 결론은 모든 문명 — 어떤 문명이라도 마찬가지이다 — 은 억압에 의해 지탱되어야 한다는 것이다. 지속적으로 끓어오르는 반대와 산발적이지만 반복적인 반란, 뿐만 아니라 그것들을 제압하거나 미연에 방지하기 위한 지속적 노력은 불가피하기 때문이다. 불평과 반란은 피할 수 없다. 모든 문명은 인간 본능의 억압적 봉쇄를 의미하며, 모든 제약은 불쾌한 것이기 때문이다.

---

11 지그문트 프로이트, 『문명 속의 불만』, 김석희 역, 열린책들, 175페이지.

개인의 힘이 공동체의 힘으로 대치되면 문명은 결성적 걸음을 내딛게 된다. 문명의 본질은 개인적으로는 만족을 얻을 수 있는 가능성을 전혀 제한하지 않았던 사람이 공동체 구성원으로는 그러한 가능성을 제한한다는 사실에 있다.[271페이지]

항상 이미 '공동체의 구성원'이 아니라 '개인'이 만인에 대한 만인의 **투쟁**을 벌이는 홉스의 전(前)사회적 야만인보다 한층 더 신화적인 형상일 수 있거나 또는 그저 프로이트가 후기 저작에서 발명하게 되는 '원초적 부친살해' 같은 주장을 위한 수사적 장치에 불과하다는 경고는 제쳐두자. 하지만 앞의 메시지를 그렇게 특정한 단어를 통해 전달하도록 선택한 이유가 무엇이건 메시지의 본질은 이렇다. 즉 일반 대중은 초개인적인 집단의 이익을 개인의 성향과 충동 위에 두며, (노동 윤리의 경우에서처럼) 장기적 결과를 즉각적 만족 위에 두라는 계명을 기꺼이 인정하고, 받아들이고, 복종할 것 같지 않기에 모든 문명(또는 보다 간단히 말해, 모든 혜택과 함께 인간이 평화롭고 협조적으로 공동생활을 하는 어떤 유형)은 강제 또는 적어도 본능적 충동에 부과된 제약이 정확하게 준수되지 않는다면 강제가 가해지리라는 현실주의적 위협에 의존**해야만** 한다는 것이다. 문명화된 인간적 함께함이 지속되려면 무슨 수를 써서라도 '쾌락원리'에 대한 '현실원리'의 우위가 확보되어야 한다. 프로이트는 모든 유형의 인간적 함께함(회고적으로 '문명'으로 다시 명명된다)에 위의 결론을 재투사하며, 그것을 인간적 함께함의, 모든 사회-속의-삶 ― 알다시피 그것은 **인간적 삶** 자체와 거의 구분되지 않는다 ― 의 **보편적** 전제조건으로 제시한다.

그러나 본능의 억압이 정말로 인류사와 경계선을 같이했으며 영원히 그러할지에 대한 질문에 어떤 답이 주어지건 확실히 이렇게 주장할 수 있을 것이다. 즉 겉으로는 시간을 초월한 듯한 그와 같은 원리는 현대의 여명기 외의 다른 어떤 시대에도 발견되고 명명되며 기록되거나 이론화될 수 없었으리라는 것이다. 보다 중요하게는, 다른 시기가 아니라 바로 그것에 선행한 구체제^{ancien régime}의 해체 직후에 말이다. '자연의' 질서 또는 '신의' 질서라는 관념 뒤에 숨어 있던 인간이 만든 인공적 산물^{artifice}을 폭로하고, 그리하여 '주어진 것'의 범주부터 '과제들'의 범주까지 질서라는 현상을 재분류할 것을 강요했으며, 따라서 '**신의 창조라는 논리**'를 **인간적 힘의 업적**으로 재-재현한 것이 그와 같은 해체였다. 즉 **관습적 권리**와 **의무**의 재생산을 대체로 단조롭고 대개는 사실적으로 지탱해온 관습적 제도가 붕괴시켰던 것이다.

하지만 이 문제의 요점은 이렇다. 비록 현대라는 역사적 시기가 등장하기 전에 강제의 여지가 현대적 질서의 형성 과정에서 그랬어야 할 (그리고 그러했던) 것 못지않게 충분했더라도 벤담이 한편으로는 법에 대한 복종과 다른 한편으로는 어떤 대안적 선택도 있을 수 없도록 확실히 해두는 것 사이에 방정식 부호를 집어넣을 수 있었고, 실제로 그렇게 했던 자기-확신과 사실성을 위한 여지는 거의 없었다는 것이다. ─ 판옵티콘적 감시로부터의 탈출구를 잠그는 동시에 '노동 아니면 죽음'을 선택해야 하는 상황으로 수감자를 몰아넣는 것을 통해서 말이다. 로티는 그와 같은 경향을 한 문장의 함축적 명제로 이렇게 요약한다.

> 헤겔과 함께 지식인들은 영원과 접촉하는 환상으로부터 더 나은 미래를 구성하는 환상 쪽으로 전환하기 시작했다.[12]

'공동체', 특히 인위적으로 구성된 공동체, 즉 문명이나 국가의 형성 과정에서 생겨난 공동체의 '힘'은 공동생활을 실천 가능하고 존속 가능하게 만들기 위해 '개인의 힘'을 **대체**하지 않아도 되었다. 공동체의 힘은 그것의 절박함은커녕 필요성이 발견되기도 훨씬 **전**에 존재했기 때문이다. 실제로 그와 같은 대체가 힘 있는 ― 집단이건 개인이건 ― 행위자에 의해 여전히 수행되고 있는 과제라는 생각은 '개인'이나 '공동체'에게 일어날 것 같지도 않았다. 공동체의 존재와 그것의 너무 명백한 힘이 말하자면 '빛 속에 감추어져 있는' 한 말이다. **너무 명백해 알아차려지지 않는 것이다.** 공동체는 이를테면 **문제가 없는 것**으로, 그리고 (모든 과제가 그렇듯이) 완수되거나, 완수에 실패하거나 하는 **과제가 아닌 것**으로 남아 있는 한 개인에 대한 권력(그리고 '모든 것을 포함한' 총체적 종류의 권력)을 유지할 수 있었다. 간단히 말하자면, '공동체를 이루고 있음'을 인식하지 못한 채 살아가는 한 개인은 공동체 손아귀에 있었다.

'공동체'의 권력에 대한 개인적 권력의 종속을 '충족되기를' 기다리는 '필요'로 바꾸고, 의도적으로 수행되는 조치를 요구하면서 현대 이전 사회 형태의 논리는 뒤집혔다. 비록 그와 동시에 실제로는 역사적 과정이었던 것을 '자연화하는 것'에 의해 그것의 정당성, 그리고 '기원', '탄생' 또는 '창조'라는 병인病因적 신화를 일거에 만들어냈지만 말이다. 자유롭게 떠돌고, 고독하며, 서로 의심하고 적대적인 개인의 집합체를, 안정된 공동생활의 요건에 반하는 것으로 드러나거나 선언된 개인적 경향

---

12 Richard Rorty, "The end of Leninism and history as comic frame", in *History and the Idea of Progress*, ed. Arthur R. Melzer, Jerry Weinberger and M. Richard Zinman, Cornell University Press, 1995, p. 216을 보라.

을 쳐내고 제압하는 권위를 성공적으로 획득할 수 있는 '공동체'로 재구성하고, 통합하고, 압축하는 행위나 과정의 신화를 말이다.

간단히 말하자면, **공동체**는 인간성humanity만큼이나 오래된 것일지도 모른다. 그러나 인간성의 **필수불가결한** 조건으로서의 '공동체'라는 관념은 오직 인간성의 위기를 경험하는 것과 함께만 태어날 수 있었다. 이 생각은 자기를 재생산하던 이전의 사회 환경 — 후일 회고적으로 구체제라고 불리었으며 '전통 사회'라는 이름의 사회과학적 용어로 기록되게 되었다. — 의 해체에서 유발된 공포들로 짜깁기되었다. 현대의 '문명화 과정'(바로 이 이름으로 불리는 유일한 과정)은 불확실 상태에 의해 촉발되었는데, 공동체'의 해체와 불능이 그것을 설명해주는 원인 중 하나로 제안되었다.

'국민nation', 이 대단히 현대적인 혁신은 '공동체'를 닮은 모습으로 그려졌다. 그것은 새롭고 더 큰 공동체, 뚜렷한 공동체, 새롭게 상상된 '총체성'의 거대한 스크린에 투영된 공동체여야 했다. — 그리고 설계된 공동체, 새롭게 확장된 인간의 상호의존과 교환의 네트워크에 맞춰 구성된 공동체여야 했다. 이후 '문명화 과정'이 가리키는 발달이 이미 서서히 멈추고 있거나 명백히 반전되고 있을 때 자기를 재생산하는 현대 이전 시대의 이웃들의 동질화 압력에 더 이상 종속되지 않게 된 인간의 행동을 재규칙화하고 재형성하려는 부단한 시도에 그와 같은 이름이 주어지게 되었다.

표면상 회고적으로 '문명화'라는 이름이 붙여지게 된 과정은 개인에게 초점이 맞추어져 있었다. 새로운 자율적 **개인**에 의한 새로운 자기 통제 능력이 더 이상 유효하지 않은 **공동체의 통제**로 행해지던 작업을 인

수해야 했다. 그러나 그러한 움직임에서 진짜 관건이 된 것은 개인의 자기 통제 능력을 보다 높은 수준에서 '공동체'를 다시 만들거나 재구성하는 데 쓰이도록 동원하는 것이었다. 몰락한 로마제국의 유령이 봉건 시대 유럽의 자기-구성$^{self-constitution}$ 위를 맴돌았듯이 사라진 공동체의 유령은 현대적 국민의 구성^{constitution}[국체國體] 위로 솟아올랐다. 국가 건설은 애국심 — 동일한 일을 할 자세를 갖춘 다른 개인과 공유하고 있는 관심사를 위해 개인적 관심사를 기꺼이 희생하도록 유도된(배우고 학습된) 준비 상태가 그것이다 — 을 주요 원료로 이용해 이루어져야 했다. 르낭$_{Ernest Renan}$은 그와 같은 전략을 이렇게 요약한 것으로 유명하다. 즉 국민은 구성원의 일상적 플레비사이트^{plebiscite}[중요한 정치적 사건을 국민 투표로 결정하는 정치체제]이며 또는 오직 그것에 의해서만 살아 있고 존속할 수 있다는 것이다.

문명이라는, 시간을 초월한 프로이트 모델에 역사성을 복원하는 작업에 착수하면서 엘리아스$_{Norbert Elias}$는 외적 강제와 그것의 압력의 내면화에 의한 현대적 자아(자신의 '내적 진실'에 대한 인식. 그것은 자기주장에 대한 자신의 책임과 짝을 이룬다)의 탄생을 설명했다. 국가 건설 과정은 초개인적인 판옵티콘적 권력, 그리고 그와 같은 권력이 배치한 필수적 장치를 수용할 수 있는 개인의 능력 사이에 뻗어 있는 공간 속에 새겨졌다. 새롭게 획득한 (자아정체성의 선택을 포함한) 개인적인 **선택의 자유** — 그것은 사회적 배치가 전례 없이 결정되지 않고 규정되지 않은 결과에 따른 것으로, 이어 다시 전통적 연대의 종말 또는 급격한 약화에 의해 초래되었다 — 는 '새로운 총체성' — 국민국가 같은 공동체 — 에 해로운 것으로 간주되는 **선택**을 **억압**하는 데 동원되게 되었다.

실용적 장점이 무엇이건 행위의 개연성에 대해 요구되고 의도되는 조작, 그리고 이어지는 일상화를 달성하는 판옵티콘 유형의 '훈육, 처벌, 규칙'이라는 방식은 거추장스럽고, 대가가 크고, 갈등을 일으키는 것이었다. 또한 불편했으며, 분명히 권력을 쥔 자들에게 최고의 선택은 아니었다. 그들이 묘책을 부릴 자유에 심각하고 협상 불가능한 제약을 가했기 때문이다. 하지만 그것이 '사회질서'라는 이름으로 더 잘 알려진 체제의 안정을 이루고 확고하게 할 수 있는 유일한 전략은 아니었다.

문명을 중앙집중화된 강압과 교화(나중에 그것은 푸코의 영향 아래 강압이라는 한쪽 날개로만 축소되었을 뿐이다) 체제와 동일시함으로써 사회과학자들에게는 '포스트모던 조건'의 등장(소비자 사회의 확립과 동시에 일어난 발전)을 '탈문명화 과정'의 산물로 — 오해의 소지가 많게 — 묘사하는 것 말고는 달리 선택의 여지가 없게 되었다. 하지만 실제 일어난 일은 다음과 같은 것이었다. 즉 행동의 개연성을 조작하는 (권력자에게는 덜 복잡하고, 대가도 적고, 갈등에 덜 시달리며 무엇보다 먼저 더 많은 자유를, 따라서 더 많은 권력을 제공해주는) 대안적 방법 — 사회질서로 인정되는 지배 체계를 유지하기 위해 필요했다 — 의 발견, 발명 또는 출현이었다. 또 다른 종류의 '문명화 과정'으로, 그와 같은 과정의 과제가 추진될 수 있고, 발견되고, 배치될 수 있도록 해주는 대안적이고 분명히 보다 편리한 방식이었다.

유동적 현대의 소비자 사회에 의해 실천되고 있는 이처럼 새로운 방식은 새로운 **의무**(선택해야 하는 의무)를 선택의 **자유**로 제시하는 방편 덕분에 반대나 저항 또는 반란을 거의 일으키지 않는다. 많은 사람이 숙고하고, 비난하고, 매도해온 루소의 신탁 같은 발언 — "인간은 자유롭게 되도록 강요된다" — 이 수 세기 후에 실현되었다고 말할 수도 있을 것이다. 비록 루소의 열렬한 추종자와 혹독한 비판자 모두가 실현되리라고 기대한 형태는 아니지만 말이다. ······

최근까지 확고한 것으로 간주되어온 '쾌락'원리와 '현실'원리 간의 대립은 이런저런 식으로 기각되어왔다. '현실'원리의 단호한 요구에 굴복하는 것은 쾌락과 행복을 추구할 의무의 성취로 번역되고 있으며, 따라서 자유의 행사이자 자기주장 행위로 체험된다. 잘 알려져 있다시피 논란의 여지가 많은 헤겔의 공식, 즉 자유는 '이해된 필연성'이라는 공식은 자기충족적인 것이 되어왔다고 말하고 싶을 것이다. ─ 비록 아이러니하게 필연성의 압력을 자유의 경험으로 재활용하는 것에서 '이해^{un}derstanding'를 약간 제외시킬 수 있는 메커니즘 덕택일 뿐이지만 말이다. 처벌하는 힘은 만약 가해지더라도 좀처럼 드러나지 않는다. 그것은 이런저런 '잘못된 조치' 또는 어쨌건 잃어버린(간과한) 기회의 결과로 위장하게 된다. 그것은 개인적 자유의 숨겨진 한계를 드러내 밝히기는커녕 한층 더 안전하게 숨긴다. 행복의 개인적 추구에서 주요한, 아마 심지어 유일한 ─ 효과적인 조치와 효과적이지 않은 조치, 승리와 패배 간의 ─ '차이를 낳는 차이'의 역할에서 (이미 선택했건 아직 하지 않았건) 개인적 선택을 간접적으로 축소함으로써 말이다.

대개 개인이 충성을 유지하고 복종하는 '총체성'은 더 이상 삶 속에 들어가 개인적 자율성에 대한 거부 형태나 보편적 징병 같은 의무적 희생, 나라와 국가적 대의를 위해 목숨을 바칠 의무로 그를 대면하지 않는다. 대신 그것은 월드컵이나 크리켓 국제 우승 결승전을 맞아 열리는 대단히 재미있고, 예외 없이 즐거우며, 모두가 즐기는 공동체적 함께함과 소속의 축제 형태로 드러난다. '총체성'에 순응하는 것은 더 이상 마지못해 받아들이고, 성가시며, 너무 자주 부담스러운 의무가 아니라 '패트

리어테인먼트patriotainment[애국심과 엔터테인먼트의 합성어]', 열렬히 추구되며 대단히 즐거운 축제적 흥청거림이다.

바흐친이 인상 깊게 주장한 대로, 카니발은 매일의 일과에 대한 중단이자 따분한 일상성이 하루하루 연속적으로 이어지는 가운데 잠깐의 짜릿한 간격, 그리고 세속적 가치의 위계가 일시적으로 전복되고, 현실의 가장 끔찍한 측면이 잠시 연기되며, '정상적' 삶에서는 금지되고 부끄럽게 여겨지는 행동이 보란 듯 행해지고 거리낌 없이 자행되는 중지 상태 같은 것이 되는 경향이 있다.

구식의 카니발은 일상의 삶에서 부정되는 개인적 자유를 무아지경으로 향유할 기회를 주었다. 지금 사람들에게 몹시 아쉬운 기회는 '보다 큰 전체'에 자신을 용해시키고, 그것의 규칙에 몸과 마음을 쾌히 내맡겨 짧지만 강렬한 공동체의 떠들썩한 놀이를 즐김으로써 부담을 덜고 개인성의 고통을 묻어버리는 것이다. 유동적 현대의 카니발의 기능(그리고 유혹적 힘)은 황홀경에 빠져드는 함께함의 순간적 소생에 있다. 그와 같은 카니발은 사람이 함께 모여 손을 맞잡고 사망한 공동체의 유령을 지하세계로부터 다시 불러내기 위한 회합이다. 그러한 회합이 지속되는 동안은 말이다. — 손님은 초대한 것보다 오래 머물지는 않을 것이며, 단지 잠깐 들렀을 뿐 회합이 끝나는 순간 즉각 다시 사라지리라는 것을 알기에 안심한 채 말이다.

이 모든 것은 개인의 '정상적인' 평일의 행동이 모두 임의적이고, 짜여져 있지 않고, 조정되지 않았음을 의미하는 것은 아니다. 그것은 단지 개인적으로 이루어지는 행위의 비-임의성, 규칙성, 조정력이 견고한 현대의 강제 장치보다, '부분의 총합보다 더 큰 것이 되려고' 하며 규율을

'인간이라는 단위' 속으로 훈련시켜 주입하려고 열중하는 총체성에 의해 사용되는 감시와 일련의 명령보다는 다른 수단에 의해 달성될 수 있고, 일반적으로 그렇게 된다는 것을 의미한다.

유동적 현대의 소비자 사회에서는 **무리**swarm가 지도자, 권위의 위계, 서열을 지닌 **집단**group을 대체하는 경향이 있다. 무리는 그것이 없다면 집단이 형성될 수도, 또 생존할 수도 없을 모든 덫 놓기와 계략 없이도 지낼 수 있다. 무리는 생존 도구로 인한 부담을 질 필요가 없다. 그들은 이 경우, 저 경우마다 매번 다르고 언제나 바뀌는 관련성에 인도되어, 계속 바뀌고 움직이는 목표에 이끌리며 모이고 흩어지고 다시 모인다. 움직이는 목표의 유혹적인 힘은 일반적으로 그들의 움직임을 조정하기에 충분하므로 '1인자로부터'의 어떤 명령이나 다른 강제는 불필요해진다. 사실상 무리는 '1인자'를 두지 않는다. 그저 다른 무리가 '뒤따를' '선도자' 위치에 자가 추진적인 일부 무리의 단위를 배치한 현재의 비행 방향이 있을 뿐이다. — 특정한 비행시간 동안 또는 일부 기간에만 말이다. 그보다 더 길지는 않다.

무리는 팀이 아니다. 그들은 분업에 대해 아는 바가 없다. 그들은 (진짜 집단과 달리) 순전히 (뒤르켐의 논의를 다시 수정하자면) 동일한 행동유형의 복제 속에서 동일한 방향으로 움직이는 것으로 나타나는 '기계적 연대'에 의해 결합된 '부분의 총합'이거나, 보다 정확하게는 자가-추진적인 단위의 집합에 지나지 않는다. 그들은 원본도 없이 또는 사용 후 폐기되어 추적하고 회수하기가 불가능한 원본으로 무한히 복제된 워홀Andy Warhol의 이미지들로 가장 잘 그려질 수 있을 것이다. 무리의 각 단위는 다른 모든 단위가 수행한 움직임을 재연한다. 처음부터 끝까지, 그리고 모든 부분에서 무리가 하는 일 전체를 홀로 수행하면서 말이다(소비하는 무리의 경우 그렇게 수행되는 일은 소비하는 일이다).

무리 속에는 전문가도, 다른 단위들이 일을 완수하도록 해주거나 지원해주는 또는 개별적 결함이나 무능함을 보완해주는 것을 임무로 하는 독립적인(그리고 희귀한) 기술과 자원의 보유자도 없다. 각 단위는 '팔방미인'이며, 완수해야 하는 일 전체를 위해 필요한 일군의 도구와 기술을 완비할 필요가 있다. 무리에는 교환, 협업, 상호 보완이 존재하지 않는다. ― 단지 현재의 움직임의 물리적 근접성과 대충 조정된 방향뿐이다. 인간이라는 느끼고 생각하는 단위의 경우, 무리 속에서의 비행의 편안함은 **숫자**에 대해 갖는 안도감에서 비롯된다. 즉 인상적일 정도로 큰 무리가 따르고 있는 만큼 비행 방향이 틀림없이 제대로 선택되었으리라는 믿음, 느끼고, 생각하고, 자유롭게 선택하는 그토록 많은 인간이 동시에 속아 넘어갈 수는 없으리라는 가정이 그것이다. 자기-확신과 안도감이 지속되는 만큼, 경이롭게 조직된 무리의 움직임은 집단의 지도자의 권위를 대체하는 차선책이며 그에 못지않게 효율적이다.

무리는 집단과 다르게 반대자나 반란자에 대해 아는 바가 없다. ― 말하자면 오직 '탈영병', '얼간이' 또는 '독불장군' 밖에 알지 못한다. 비행에서 본대로부터 떨어져 나가는 단위들은 그저 '길을 잃거나', '길을 헤매거나' '중도 포기한' 것이다. 그들은 스스로 먹이를 찾게 마련이지만 혼자만의 독립적 삶은 오래 지속되지 않는다. 그것은 자력으로 현실주의적 목표를 찾을 기회는 무리를 따를 때보다 훨씬 더 적으며, 비현실적이고 무용한, 그리고 위험한 목표를 쫓을 경우 사라질 위험이 커지기 때문이다.

소비자 사회는 집단을 깨뜨리거나 대단히 취약하고 분열 생식하게 만드는 대신 무리의 즉각적이고 신속한 형성과 해산을 선호하는 경향이 있다.

소비는 지독히 고독한 행위다(아마도 심지어 고독의 원형일 것이다). 심지어 사람들 속에서 이루어질 때도 마찬가지다.

소비 활동 속에서는 어떤 지속적인 결합도 나타나지 않는다. 소비 행위 속에서 어떻게든 묶인 결합은 그와 같은 행위보다 더 오래 지속될 수도 있지만 그렇지 않을 수도 있다. 비행하는 동안 무리를 단합시킬 수도 있지만(다음 목표로 바뀔 때까지는), 장담컨대 그것은 특정한 경우에 한정되며, 그렇지 않으면 얇고 빈약해 단위의 이어지는 움직임에는 — 혹시 있더라도 — 관계가 없으며, 단위의 지나간 역사를 이해하는 데 거의 아무런 도움을 주지 않는다.

나중에야 깨닫게 되는 것이지만, 우리는 가족 구성원을 가족의 식탁에 둘러앉게 하고, 가족의 식탁을 견고하게 결합된 집단으로서 가족을 통합하고 재천명하기 위한 도구로 만든 것은 적잖이 소비가 지닌 **생산적 요소였음**을 추측할 수 있다. 먹을 준비가 된 음식은 다른 어디에서도 아닌 가족 식탁에서 찾을 수 있었다. 공동의 저녁 식탁으로 모여드는 것은 부엌에서, 심지어 그것을 넘어 가족의 장이나 작업장에서 시작된 기나긴 생산적 과정의 마지막 (분배) 단계였다. 식사하는 사람을 하나의 집단으로 결합시킨 것은 앞선 생산적 노동 과정에서 수행되거나 기대되었던 협력으로, 생산된 것의 소비를 나누는 것은 그것으로부터 비롯되었다. '패스트푸드', '포장 음식' 또는 'TV 디너[전자레인지에 데우기만 해서 먹을 수 있는 조리된 포장식품]'의 '의도치 않은 결과'(또는 오히려 그것들의 '잠재적 기능', 그리고 막을 수 없는 인기 상승의 진정한 원인)는 가족이 식탁으로 모여드는 것을 불필요하게 만들어 소비의 공유를 끝내거나, 아니면 사람을 결합시키고, 결합을 재확인하는 부담스러운 성격의 친교 행위 ― 과거에는 그랬지만 유동적 현대의 소비자 사회에서는 쓸모없고 심지어 달갑지 않은 것이 되어버린다 ― 에 의한, 즉 함께하는 소비에 의한 손실을 상징적으로 지지하는 것이라고 추정할 수 있다. '패스트푸드'는 외로운 소비자의 고독을 막아주기 위해 있는 것이다.

소비자 시장에의 적극적 참여는 소비자 사회 구성원(또는 내무장관이라면 이렇게 표현하는 것을 더 좋아했을 텐데, '국가가 필요로 하는' 사람)에게 기대되는 주요한 미덕이다. 결국 GNP로 측정되는 '성장'이 침체될 위기에 처할 때 또는 심지어 0 아래로 떨어지려고 할 때 한층 더 수표책 또는 그보다 나은 신용카드에 손을 뻗쳐 '경제를 활성화하도록' 기대되고 꼬드겨지고 슬쩍 떠밀리는 것은 소비자다. ― '나라 경제가 불황에서 벗어나도록 하기 위해' 말이다.

물론 그와 같은 희망과 호소는 단지 은행계좌에 돈이 들어 있고 신용카드로 가득 찬 지갑을 갖고 있는 사람에게, 즉 '고객에 귀를 기울이는' 은행이 들으려 하고, '미소 짓는 은행'이 미소를 보내고, '네'라고 대답하길 좋아하는 은행이 '네'라고 대답하는 '신용도가 좋은 사람'에게 보낼 때만 통할 수 있다. 놀랍지도 않지만, 사회 구성원을 신용도가 좋은 사람으로, 그리고 제공받을 신용을 최대한 사용하도록 만드는 과제는 사회화라는 애국적 의무와 노력의 목록에서 정상으로 계속 이동한다. 영국에서 신용대출로, 따라서 빚을 지고 살아가는 것은 지금까지 정부에 의해 설계되고, 승인되고 보조금이 지급되는 전 국민적 커리큘럼의 일부가 되었다. 미래의 '소비 엘리트'로 기대되며, 따라서 앞으로 몇 년 내에 소비 경제에 가장 큰 이익을 가져다줄 것을 약속하는 국민의 일부로서 고등 교육을 받는 학생들은 돈을 빌리고 신용대출로 사는 기술과 용법에 대해 3~6년간의 훈련을 받는데, 이름만 아니지 그것은 거의 의무적인 훈련이다. 바라기로는 의무적으로 빚지는 삶은 습관이 될 정도로 오랫동안 지속되어 소비자 신용 기관으로부터 마지막까지 남아 있을지도 모를 모든 (생산자 사회의 가계부로부터 이월된) 오명의 흔적을 지워야 할 것이다. 그리고 빚은 절대 상환하지 않는 것이 현명하고 사리 분별 있는 삶의 전략이라는 믿음이 '합리적 선택'과 '현명함'의 대열로 격상되고 그것을 더 이상 의문시될 수 없는 삶의 지혜의 공리로 만들 만큼 충분히 오랫동안 말이다. 실제로 '신용대출로 살아가기'가 제2의 본성으로 재생되기에 충분할 정도로 길게 말이다.

그러한 '제2의 본성'은 정부 지원 훈련을 바짝 쫓아갈 수 있을 것이다. '자연재해'나 다른 '운명의 장난'에 대한 면역은 그렇지 않겠지만 말이다. 시장 경영자와 정치인 모두가 환호하는 가운데 생계를 꾸려가기 시작하기도 훨씬 전에 젊은 남성과 여성은 '진지한 소비자' 대오에 합류할 것이다. 왜냐하면 지금 20세면 조금의 어려움도 없이 일련의 신용카드를 손에 넣을 수 있기 때문이다(그리고 소중한 상품이 되어야 하는 도전, 즉 점점 더 많은 돈을 요구하는 과제가 '직업 시장'에 받아들여지기 위한 예비 조건임을 고려할 때 그것은 전혀 놀랄 일이 아니다). 그러나 영국의 〈금융감독원Financial Services Authority〉과 브리스톨대학교의 공동 후원하에 진행된 최근 연구는 18~40세까지의 세대(즉 완전히 발달한 소비자 사회에서 양육되고 성장한 최초의 성인 세대)가 빚을 감당하고 있지 못하거나 '놀랄 만큼 낮은' 수준의 저축 말고 쌓아둔 것이 거의 없음을 보여주었다. 이 세대의 오직 30%의 개인만이 미래의 구매를 위해 일정 금액을 모아두고 있었다. 반면 42%는 앞으로 연금 지급을 보장받기 위해 필요한 어떤 일도 하고 있지 않으며, 24%의 젊은이(하지만 50세 이상은 11%, 60세 이상은 6%에 불과하다)의 은행계좌는 초과 인출 상태다.13

    신용대출로, 즉 빚으로 살고 한 푼도 모으지 않는 것이 모든 수준에서, 즉 국가 정치 수준뿐만 아니라 개인의 삶의 정치 수준에서도 인간사를 꾸려가는 옳고 적절한 방법이라는 생각이 말하자면 지금까지 '공식화되어' 왔다. ─ 오늘날 소비자 사회의 가장 성공적이고 성숙한 사람을 근거로 해서 말이다. 외견상 세계에서 가장 강력한 경제를 가진 미국은 만족하고 즐길 수 있는 삶의 궁극적 예를 찾는 지구의 대부분의 거주자가 따르는 성공 모델로 떠받들어지고 있지만 아마 역사상 어느 나라보다 많은 부채를 떠안고 있다. 크루그먼은 "지난해 미국은 세계 시장에서 벌어들인 것보다 57%를 더 지출했다"고 지적하면서 "미국인들은 어떻게 지금까지 분수에 넘치는 생활을 해올 수 있었을까?"라고 묻고는 이렇게 답한다. "일본, 중국, 그리고 중동의 석유 생산국에 빚을 잔뜩 짐으로써."14 미국의 지배자와 시민들은 수입된 석유에 중독되고 의존하는 것만큼이나 외화 수입에 몰두하고 있다. 최근 백악관은 300조 달러에 달하는 연방정부 적자액에 대해 그저 수백조 달러에 달했던 지난해 적자(그런데 이 계산은 올해의 예산 연도가 가기 전에 아마 거짓으로 밝혀질 가능성이 아주 크다)보다는 몇십조 달러를 줄였다는 이유만으로 뭔가 자랑스러워할 만한 것으로 환호한 바 있다. 소비자의 빚처럼 국가의 차용은 투자가 아니라 소비를 재정적으로 지원하기 위한 것이다. 조만간 갚아야 하

---

13 Patrick Collinson, "Study reveals financial crisis of the 18-40s." *Guard- ian*(2006년 3월 6일 자)을 보라.
14 Paul Krugman, "Deep in debt, and denying it", *International Herald Tribune* (2006년 2월 14일 자)을 보라.

는 외화 수입은 (비록 현 행정부가 기한을 지키지 않고 ad calendas graecas 연기하기 위해 무진 애쓰지만) 잠재적으로 이득을 가져올 수 있는 투자에 지출되기보다는 소비 활황에, 따라서 유권자의 '낙관적 여론'을 지탱하는데, 그리고 (민간 부문 지원 예산은 점점 더 혹독하게 삭감하고 있음에도 불구하고) 부유층에 대한 계속되는 감세에 의해 지금처럼 규칙적으로 악화되는 연방정부의 재정 악화를 막기 위한 자금조달에 지출된다.

'부자 감세'는 잘나고 힘센 자들을 더 행복하게 만들거나, 턱없이 많은 비용이 드는 선거전이 한창일 때 정치가들에 의해 생겨난 부채 탕감 방안도 아니다. — 어쨌든 그것만은 아니다. 감세 정책은 아래와 같은 두 가지 중 어느 한쪽으로도 설명하기에 충분하지 않다. 먼저 대부분 부유층 출신인 정치가의 선천적 성향에 의한 것으로 설명하는 것이 그것이다(아마 가장 악명 높고, 또한 결국 아무 소용도 없었지만 대중에게 가장 널리 알려진 사례로 체니 부통령이 [미국의 자원개발업체인] 홀리버튼사를 후원한 데서 볼 수 있듯이 말이다. 선거 출마 전에 그는 이 회사 CEO를 역임했으며, 부통령 임기가 끝나면 다시 경영할 수 있기를 바라고 있었을지도 모른다). 아니면 그보다 하층 출신으로 본성상 일시적인 **정치적** 성공을 보다 지속적이고 신뢰할 만한 **경제적** 자산으로 재생하고픈 유혹을 견디지 못할 정치인의 부패 가능성에 의해서 말이다.

현재의 경향을 만들고 유지하는 데서 확실히 나름의 역할을 해온 이 모든 요소에 덧붙여 부자 감세는 생산자 사회에서는 과세의 '자연스러운' 기반이던 **소득**으로부터 소비자 사회에서 마찬가지로 '자연스러운' 기반인 **지출**로 과세를 전환하는 전체적 경향의 핵심 부분이다. 이제 개인과 사회 전체 사이의 핵심적 접점을 제공한다고 추정되는 것은 생산자가 아니라 소비자의 행위다. 이제 시민의 지위를 규정하는 것은 주로 생산자가 아니라 소비자의 능력이다. 따라서 세금을 부과하고 징수하기 위해 일상적으로 환기되는 권리와 의무의 상호작용의 초점을 소비자의 주권적 선택에 다시 맞추는 것은 상징적인 만큼이나 실질적으로도 옳고 적절하다.

 소득세와 달리 부가가치세는 소비자 사회의 상식에서 개인의 주권과 인권의 의미를 정의하는 저 (소비자) 선택의 자유에 초점을 맞춘다. 소비자 사회를 관장하고 있는 정부는 그와 같은 자유를 일종의 서비스로 마음대로 휘두르고 과시하는데, 이 서비스의 마련이 정부 권력이 필요로 하는 모든 정당성을 제공해준다.

3
소비주의 문화

Consuming Life

|

한 유명 잡지사에서 펴내는 것으로 영향력도 크고 구독자도 아주 많은 한 패션 안내서는 2005년 가을/겨울 시즌을 대비해 '앞으로 몇 달간' '당신을 유행 집단의 선두로 만들어줄' '6가지 핵심 룩'을 제안했다. 이 약속은 사람들의 관심을 끌기 위해 적절하게, 그리고 교묘하게 계산된 것이었다. 정말 아주 교묘했는데, 짧고 산뜻한 문장으로 소비자 사회에서 야기되고 소비되는 삶에서 태어나는 모든 또는 거의 모든 불안한 염려와 욕구를 담아내고 있기 때문이다.

첫째, '남보다 앞서고 계속 그것을 유지해야 한다'('유행 집단' — 즉 준거 집단, '의미를 규정하는 타자들', 즉 '중요하며' 그들의 선택과 거부에 의해 성공과 실패가 갈라지는 '다른 사람' — 의 선두가 되어야 한다)는 걱정이 존재한다. 마페졸리 말에 따르면 "내가 나인 것은 다른 사람이 그렇게 인정하기 때문이다." 반면 "경험적인 사회적 삶이란 연속적인 소속감의 표현에 지나지 않는다."[1] — 그것이 아니라면 자기 방식을 강요하고, 주장하

---

[1] Maffesoli, *L'Instant eternal*, pp. 40~41.

거나 인정받는 데 실패한 대가로 주어지는 처벌로 연속적 거부나 궁극적 배제가 대안이 될 뿐이다.

그러나 인간의 유대가 소비재 시장에 의해 인도되고 중재되는 소비자 사회에서 소속감은 사람들이 열망하는 '유행 집단'에 의해 관리되고 감독되는 절차를 따르는 것으로 얻어지는 것이 아니라 그것을 열망하는 사람이 자신을 이 '집단pack'과 환유적으로 동일시하는 것을 통해 얻어진다는 점을 기억할 필요가 있다. 즉 일반적으로 상점에서 구입할 수 있는 가시적 '소속의 표식'의 도움으로 자기-동일시를 추구하며, 그 결과를 드러내는 것이다. '포스트모던 부족'(마페졸리는 소비자 사회의 '유행 집단'을 이렇게 부르는 것을 더 선호한다)에서는 '상징적 인물'과 그의 가시적 표식(의상 그리고/또는 행동 규범을 암시하는 단서)이 원래의 부족 '토템'을 대신한다. 유행 집단의 상징적 인물의 상징을 자랑스럽게 드러내는 데서 앞서가는 것은 열망하는 사람의 존재를 인식한 경우 자기가 선택한 유행 집단이 자기가 바라던 인정과 승인에 정말로 부합한다는 확신을 얻는 데 필요한 유일하게 신뢰되는 처방이다. 그리고 계속 **남보다 앞선 상태를 유지하는** 것은 그렇게 열망하는 기간 동안 '소속'의 인정을 확실하게 만들 수 있는 유일한 방법이다. ― 즉 입장이라는 단일한 행동을 거주 허가(비록 연장 가능하더라도 정해진 시간 동안)로 확고히 하는 것이다. 대체로 '남보다 앞서기'는 안전, 확실성, 그리고 안전의 확실성의 기회를 마련해준다. ― 소비하는 삶은 그것을 얻으려는 욕망에 의해 이끌리고 있음에도 불구하고 바로 그러한 종류의 경험을 가장 두드러지게 그리고 애석하게 놓치고 만다.

'유행 집단에서 남보다 앞선다'는 말은 높은 시장 가치와 풍부한 요구의 가능성을 전해준다(두 가지 모두 확실하게 승인되고, 인정받고, 받아들여진다는 말로 번역된다). 대체로 상징의 과시로 환원되는 노력의 경우 상징의 응찰로부터 시작해 그것의 소유를 공개적으로 선언하는 과정을 거치고, 일단 그러한 소유가 공개적으로 알려지면 완성된 것으로 간주되며 이어 '소속'감으로 전환시킨다. '**계속** 남보다 앞선다'는 언급은 '소속'을 표시해주는 현재의 상징이 새로운 것으로 대체되어 퇴출되는 순간, 그리고 부주의한 상징의 소지자가 도중에 실패할지도 모를 순간을 간과할 위험에 맞서는 믿을 만한 예방책을 직감하게 한다. — 시장을 매개로 그러한 집단에 속하려고 노력하는 경우 그러한 실패는 거부되고, 배제되고, 버려지고, 외롭다는 감정으로 해석되며, 궁극적으로 개인의 부적절함이라는 쓰라린 고통 속에 되살아난다. 소비자의 (소비하는) 관심사의 숨겨진 의미를 풀어낸 더글라스는 잘 알려진 대로 이렇게 제안했다. 즉 필요needs 이론은

> 모든 개인은 다른 사람이 자기의 기획에 참여하도록 하기 위해 상품을 필요로 한다고 상정하는 데서 출발해야 한다. …… 상품이란 다른 사람을 동원하기 위한 것이다.[2]

또는 적어도 그러한 동원을 위해 할 필요가 있는 것은 모두 했다는 안도감을 위한 것이리라.

두 번째로, 메시지에는 사용 기한이 따른다. 즉 읽는 사람은 '앞으로 몇 달 동안'만 유효하다고 경고를 받는다. 그것은 짧은 순간, 그리고 기한부 에피소드와 새로운 출발로 구성된 점묘파적 시간의 경험에 잘 부

---

2 Mary Douglas, *In the Active Voice*, p. 24.

합한다. 그것은 샅샅이 탐험되고 개척될 현재를 과거와 미래의 주의를 산만하게 하는 것 — 집중을 비난하며, 자유롭게 선택할 수 있는 들뜬 기분을 망쳐버릴 것이다 — 으로부터 해방시킨다. 그것은 지금 당장 최신 유행을 쫓는 사람인 동시에 미래에(적어도 — 만약 그런 것이 있다면 — 예측 가능한 미래에) 뒤처지지 않을 안전장치를 얹어주는 이중의 보너스를 제공한다. 노련한 소비자는 분명히 그러한 메시지를 받을 터인데, 그것은 그들을 당장 서두르게 하고 그들에게 낭비할 시간이 없음을 상기시킬 것이다.

따라서 그러한 메시지는 극히 커다란 위험을 무릅쓰지 않고는 무시할 수 없을 경고를 함축하고 있다. 그러한 요구에 지체 없이 따름으로써 얻는 이익이 얼마나 크건 그것은 영원히 지속되지 못할 것이다. 당신이 얻어낸 안전에 대한 어떤 보험이건 '앞으로 몇 달'이 지나면 갱신해야 할 것이다. 따라서 이 기간에 주의하라. 『느림』이라는 적절한 제목의 소설에서 쿤데라$^{\text{Milan Kundera}}$는 속도와 망각 간의 내밀한 연관성을 보여주었다. "빠르기의 정도는 망각의 강도와 정비례한다." 왜 그럴까? 만약 "무대를 장악하기 위해 다른 사람이 무대에 접근하지 못하게 할 필요가 있다면" '공적 주목'(보다 정확하게는 소비자로 재활용되도록 예정된 대중의 주목)으로 알려진 특별히 중요한 무대를 장악하려는 사람은 다른 주목할 대상 — 다른 등장인물, 그리고 어제 주목받으려고 한 사람에 의해 제안된 플롯을 포함한 다른 플롯 — 이 무대에 다가오지 못하게 해야 하기 때문이다. …… "무대는 단지 처음 몇 분 동안만 투광 조명을 받을 뿐이다"라고 쿤데라는 상기시킨다. 유동적 현대 세계에서 느림은 사회적 죽음을 예고한다. 골레야크 말을 빌리자면 모든 사람이 앞으로 나가기 때문에 그대로 가만히 있는 사람은 점점 더 커지는 격차에 의해 다른 사람과 필연적으로 분리될 것이다.3

'배제' 개념은 어떤 사람의 행위를 잘못 암시한다. — 어떤 대상을 그것이 원래 점유하던 장소에서 옮겨버린다는 것이다. 하지만 실제로 "배제를 초래하는 것은 대개 정체(停滯)"다.

셋째, 단 하나, 딱 하나의 룩이 아니라 현재 '여섯 가지' 룩이 제안되기 때문에 당신은 진정 자유롭다(비록 — 이 경고의 말은 매우 적법하다! — 현재의 제안들의 범위가 당신의 선택에 넘을 수 없는 경계선을 긋더라도 말이다). 당신은 당신의 룩을 고르고 선택할 수 있다. 그렇게 선택하는 **것 자체** — **어떤 룩을 선택하는 것** — 는 쟁점이 되지 않는데, 그게 당신이 **해야 할** 일이므로 배제될 위험이 있을 때만 그만두거나 피할 수 있기 때문이다. 또한 가용한 것으로 제시되는 일군의 선택지에 자유롭게 영향력을 행세할 수도 없다. 모든 현실주의적이고도 바람직한 가능성이 이미 선택되고, 선-규정되고, 처방되어 왔기 때문에 다른 선택의 여지는 없다.

하지만 아래와 같은 모든 골칫거리에 대해서는 신경 쓰지 마라. 즉 시간의 압박이라든지, 당신의 복장과 태도에 관심을 갖고, 주목하고 기록하는 '유행 집단' 눈에 잘 보여야 할 필요성이나 또는 당신이 할 수 있는 선택의 수가 엄격하게 제한(단 '6개')되어 있는 것에 대해 말이다. 정말 중요한 것은 지금 이 모든 것을 책임지고 있는 것은 바로 **당신**이라는 것이다. 또한 당신은 책임져야 한다. **선택**은 당신 몫일 수 있지만 **선택하는 것**은 의무임을 기억해야 한다. 자이터는 "옷, 가구, 레코드, 장난

3 Vincent de Gaulejac, "Le sujet manqué. L'Individu face aux contradictions de l'hypermodernité", in *L'Individu hypermoderne*, ed. Aubert, p. 134.

감 — 우리가 구매하는 모든 것은 본인의 판단과 '취향'의 결정과 실천을 포함한다"고 지적한다. 하지만 서둘러 이렇게 언급한다.

> 분명히 우리는 선택할 수 있도록 가용한 것을 먼저 통제하지는 않는다.4

그럼에도 불구하고 소비문화에서 선택하는 것과 자유는 동일한 조건의 두 가지 이름이다. 그리고 이 둘을 동의어로 취급하는 것은 적어도 단지 자유를 포기하는 것에 의해서만 동시에 선택하는 것을 삼갈 수 있다는 의미에서는 옳다.

소비주의 문화 신드롬을 — 각양각색의 충동과 직감과 성향의 묶음을 하나로 뭉쳐 이 집합체 전체를 일관된 삶의 프로그램의 지위로 끌어올린 — **생산주의 문화로부터 가장 날카롭게 떼어놓은 중대한 출발점은 지속과 일시성 각각에 부여된 가치의 전도에서 찾을 수 있는 듯하다.**

소비주의 문화 신드롬은 무엇보다도 미루는 것의 미덕, 만족의 지연의 적절함과 바람직함 — 생산주의 신드롬에 의해 지배되는 생산자 사회의 가치론의 두 가지 핵심 — 에 대한 단호한 거부로 이루어진다.

승인된 가치의 상속된 위계 속에서 소비주의 신드롬은, 지속은 격하시키고 일시성은 격상시켰다. 새로움의 가치를 지속성의 가치 위에 놓는다. 그것은 바람부터 그것의 충족으로 이어지는 기간뿐만 아니라(신용조사기관에 의해 고무되거나 호도된 많은 관찰자가 제안해온 대로) 바람이 사라지는 순간부터 그것이 태어나는 순간까지의 기간을 급격하게 단축했다.

---

4 Ellen Seiter, *Sold Separately: Children and Parents in Consumer Culture*, Rutgers University Press, 1993, p. 3.

소유한 것의 유용함과 바람직함을 자각하게 되는 시간부터 그것이 무용하고 거부할 필요가 있음을 깨닫는 시간에 이르기까지와 마찬가지로 말이다. 인간의 욕망의 대상 속에서 소비주의 신드롬은 전유 행위 — 그것은 바로 폐기처분으로 이어진다 — 를 한때 오래가도록 만들어진 소유물의 취득과 그것을 지속적으로 즐기는 것에 주어졌던 위치에 놓아 왔다.

사람을 사로잡는 것들 사이에서 소비주의 신드롬은 (생물이건 무생물이든) 물건을 **단단히 붙잡은 채** (영원히 지속되는 것은 말할 것도 없고) 장기적으로 그것에 애착을 갖고 몰두하는 기술 대신 그것이 **너무 오래 머물 가능성**을 막을 수 있는 예방책을 마련한다. 그것은 또한 욕망의 기대수명 그리고 욕망에서 욕망의 충족, 또 충족에서 쓰레기 처리장까지의 시간상의 거리를 철저하게 단축시킨다. '소비주의 신드롬'은 모두 **속도, 과잉** 그리고 **폐기**에 관한 문제다.

필요한 자격을 완비한 소비자는 물건을 버리는 것에 대해 까다롭지 않다. 그는 전혀 아쉬워하는 법이 없다ils(et elles, bien sur) ne regrettent rien. 그는 마치 규칙처럼 태연하게, 대개는 그저 얄팍하게 감춰진 즐거움으로, 가끔은 진정한 기쁨과 승리를 축하하기 위해 물건의 짧은 수명과 미리 운명 지어진 종말을 받아들인다. 극히 유능하고 영리한 소비주의 기술에 통달한 사람은 사용기한(즐기는 기한이라고 읽는다)을 넘긴 물건을 없애는 것은 **기뻐해야 할** 이벤트임을 안다. 소비주의 기술의 달인에게 모든 사물의 가치는 장점과 한계 속에 동등하게 놓여 있다. 미리 운명 지어지고 미리 설계된 진부화(또는 마르크스의 용어법으로는 물리적 노화와는 구분되는 '도덕적 노화') 덕분에 이미 알려졌으나 아직 (불가피하게) 드러나지 않은 단점은 임박한 갱신과 회춘, 새로운 모험, 새로운 센세이션, 새로운 기쁨을 약속한다. 소비자 사회에서 완벽(만약 이 개념이 여전히 앞뒤가 맞는다면)은 대중의, 다양한 욕구 대상의 집단적 특성이 될 수 있을 따름이다. 완벽에 대해 지속되는 욕구는 이제 물건의 개선보다는 물건의 풍부함이나 신속한 순환을 더 많이 요구한다.

따라서 반복하자면, 소비자 사회는 과잉과 낭비의 사회일 수밖에 없다. — 쓸모없는 중복과 방탕한 낭비 말이다. 생활환경이 유동적일수록 행위자는 운명의 장난(사회학 용어로 '예상치 않은 결과'라고 재명명되었다)에 대비해 양다리를 걸쳐 자기의 행위를 보장받기 위한 더욱 많은 잠재적 소비 대상을 필요로 한다. 하지만 과잉은 그것이 없애려고 한 또는 적어도 경감하거나 완화할 의도였던 선택의 불확실성을 한층 더 증가시킨다. — 따라서 이미 이루어진 과잉은 충분히 과도하지는 않은 듯이 보인다. 소비자의 삶은 시행착오의 무한한 연속을 벗어날 수 없을 것이다. 그것은 지속적인 실험의 삶이다. — 하지만 믿을 만하게 지도로 그려지고 서명된 확실성의 땅으로 실험자를 인도해줄 **결정적 실험**experimentum crucis에 대한 희망은 거의 주어지지 않는다.

손실에 대비해 양다리를 걸쳐라. 그것이 소비자 합리성의 황금률이다. 이 인생 방정식에서는 대부분이 변수고 상수는 거의 없다. 그리고 변수는 변화를 놓치지 않기 위해 너무 자주, 너무 빨리 값을 바꾼다. 미래의 우여곡절을 추측하기는커녕 말이다.

자주 반복되는 확언으로 '여기는 자유국가'라는 말은 어떤 종류의 삶을 살고 싶은지, 그러한 삶을 살도록 어떻게 결정할지, 그리고 당신의 프로젝트를 완수하기 위해 어떤 종류의 선택을 할지는 모두 당신에게 달려 있다는 의미다. 만약 이 모든 것이 당신이 바란 행복을 낳는 결과로 이어지지 않는다면 다른 누구도 아닌 자기 자신을 탓하라는 것이다. 그것은 해방의 기쁨이 패배의 공포와 밀접하게 뒤얽혀 있음을 시사한다.

이 두 가지 결과는 서로 분리될 수 없다. 자유는 물밀듯 밀려드는 무수한 모험의 위험을 지루함의 확실성에 의해 비워진 장소로 가져오기 마련이다. 모험은 새로운 자극이기에 의문의 여지없이 유쾌하게 활기를 북돋울 것을 약속하지만 반면 패배로 인한 실패의 굴욕과 자존감 상실의 전조를 드리우기도 한다. 모험을 향해 가는 길에는 가벼운 마음으로 무시했던 위험의 실제 크기가 일단 모험이 진행되면서 명확해지면 지루함, 즉 비난받고 질책 당하는 것이 당연했던 확실성이라는 골칫거리는 잊히고 용서되기 십상일 것이다. 그러한 전환은 그것의 불편함의 규모와 혐오스러움이 경시될 때 곧 도래할 것이다.

자유의 도래는 소비자가 선택한 아바타 속에서 아주 신나는 **해방의 행위** — 끔찍한 의무로부터건 아니면 짜증 나는 금지로부터건, 단조로우며 무기력해질 뿐인 일상으로부터건 — 로 보이기 쉽다. 자유가 정착해 또 다른 일상으로 전환되자마자 자유의 도래가 떨쳐낸 공포 못지않게 두려운 신종 공포가 과거의 고통과 유감에 대한 기억을 흐릿하게 만든다. **책임의 공포**가 그것이다. 의무적 일상의 낮에 이어지는 밤은 제약으로부터의 자유에 대한 꿈으로 채워진다. 의무적인 선택의 낮에 이어지는 밤은 책임으로부터의 자유에 대한 꿈으로 채워진다.

따라서 '사회'(이 경우 규범, 규칙, 제약, 금지, 제재의 포괄적 체계를 승인하고 감시하는 권한을 의미한다)의 필요와 관련해 현대적 전환이 이루어지던 초기부터 철학자들이 제기해온 가장 강력하고 설득력 있는 두 가지 주장이 자유의 조건에 대한 고질적인, 신체적 위협과 정신적 부담을 인식함으로 촉발된 것은 주목할 만하지만 거의 놀랍지 않다.

홉스에 의해 명시되고, 뒤르켐이 상세히 정교화했으며 20세기 중반 무렵, 사회철학과 과학의 상식에 포함되는 암묵적 가정으로 전화된 첫 번째 주장은 규범적 통제가 개인의 자유에 부과한 사회적 강제와 제약을 '만인에 대한 만인의 투쟁'에 맞서 인간적 함께함을 보호하고 '험악하고, 야수 같고, 짧은' 삶에 맞서 인간 개인을 보호하는 필수적이고 불가피하며 궁극적으로 유익하고 이로운 수단으로 제시했다. 이 주장의 옹호자들은 권위적으로 관리되는 사회적 강제를 중단시킨다고 해서(그와 같은 중단이 도대체 실현 가능하거나 생각이라도 할 수 있다면) 개인이 해방되는 것은 아니라고 주장했다. 반대로 그것은 단지 본질적으로 반사회적인 본능의 병적 촉발을 억제할 수 없도록 만들 뿐이다. 그것은 가혹한 사회 현실의 모든 압력이 만들어낼 수 있는 것보다도 개인을 훨씬 더 끔찍한 노예제의 희생자로 만들 것이다. 프로이트라면 사회적으로 가해지는 강제와 그로 인한 개인적 자유의 제한을 그야말로 문명(화)의 본질로 제시하려 할 것이다. 그에 의하면 강제 없는 문명은 생각할 수 없다. '쾌락원리'(성적 만족을 추구하려는 욕구나 게으름에 대한 인간의 타고난 성향과 같은 것이 그것이다)로 미루어보아 말이다. 그것은 개인의 행동을 비사회성이라는 황무지로 이끌 것이다. 만약 그것이 권력의 지원을 받아 권위에 의해 작동되는 '현실원리'에 의해 제한되고, 다듬어지고, 상쇄되지 않는다면 말이다.

사회적으로 작동되는 규범적 통제의 필요성, 정확히는 불가피성, 그러므로 또한 개인의 자유를 제한하는 사회적 강제에 찬성하는 두 번째 주장은 정반대 가정에 기초해 있다. 즉 타자의 존재 자체에 의해, "타자의 얼굴의 암묵적 호소"에 의해 인간은 윤리적 도전에 직면하게 된다는 가정이 그것이다. 그러한 도전이 사회적으로 창조되고, 사회적으로 구성되고, 운영되며, 감시되는 모든 존재론적 배경에 선행한다. — 오히려 이 배경은 그렇지 않으면 무한할 책임을 견딜 만하고 겪어낼 만한 것으로 만들기 위해 그러한 도전을 무력화하고, 다듬고, 제한하려고 한다. 레비나스에 의해 가장 완전하게 정교화되었지만 뢰그스트룹$^{Knud\ L\o gstrup}$ 또한 '무언의 [윤리적] 요구'라는 개념 속에서 발전시킨 이 버전에 따르면, 사회는 무엇보다 본질적으로 무조건적이고 무제한적인 타자에 대한 책임을 인간의 대처 능력으로 감당할 만한 일련의 처방과 금지로 축소하는 장치로 간주된다. 레비나스가 주장하듯이 규범적 통제의 주요한 기능 그리고 또한 그것의 불가피성의 가장 중요한 이유는 타자에 대한 본질적으로 **무조건적**이고 **무제한적**인 책임을 (선별되고, 적절하게 열거되고, 명확하게 정의된 환경이라는) **조건적**이면서 동시에 (인류 전체보다는 훨씬 작고, 가장 중요하게는 결국 주체에게서 양도 불가하고 무한한 책임감을 일깨우게 할 '타자들'의 막연한 총합보다 한정적이며, 따라서 보다 쉽게 관리할 수 있는 선별된 '타자들'의 집단으로) 제한된 것으로 만드는 데 있다. 레비나스의 관점에 현저하게 근접해 있는 사상가 뢰그스트룹 — 레비나스처럼 사회 속의 삶의 현실에 대한 윤리의 우위를 주장하며, 레비나스처럼 윤리적 책임이라는 기준에 부합하는 데 실패한 것에 대해 세상에 해명할 것을 요구하고 있다 — 의 어휘를 빌려, 사회는 그렇지 않았더라면 (구체적이지 않기 때문에) 완고하고 짜증날 만큼 암묵적인 윤리적 요구가 들릴 수 있게 (즉 구체적이고 약화할 수 있게) 만드는, 그리하여 그와 같은 명령이 함축하는 무한한 다수의 선택지를 훨씬 더 한정적이고 관리 가능한 범위의 다소 명확하게 설명된 의무로 축소하는 배치^{arrangement}라고 말할 수 있을 것이다.

소비주의의 도래는 두 주장 모두의 신뢰성과 설득력을 차츰 무너뜨려 왔다. — 각자 다른 방식으로, 하지만 같은 이유로. 이유는 한때는 포괄적이던 규범적 통제 시스템을 해체하는 과정이 점점 더 분명하고 점점 더 확대되어 가는 것에서 찾을 수 있다. 인간 행동의 점점 더 큰 덩어리들이 명백하게 (권위에 의해 승인되고 공식적 제재에 의해 지지되는 것은 말할 것도 없고) 사회적 유형화, 감독과 감시로부터 풀려나게 되면서 전에는 사회화되었던 책임의 점점 더 큰 부분이 다시 개별 남녀의 책임으로 떠넘겨지고 있다. 소비자의 관심과 추구에 초점이 맞추어진 규제 철폐와 사사화를 배경으로 선택에 대한 책임과 선택에 따른 행동, 그러한 행동이 가져오는 결과는 오롯이 개별 행위자 어깨 위에 놓인다. 부르디외가 벌써 20년 전에 시사한 대로 강압은 대체로 자극으로, 의무적이던 활동 유형은 유혹으로, 행동의 감시는 홍보와 광고로, 규범적 통제는 새로운 필요와 욕구의 자극으로 대체되었다.

소비주의의 도래는 앞서 논의한 두 주장이 본래 갖고 있다고 추정된 상당한 수준의 신뢰를 무너뜨렸다. 왜냐하면 사회적으로 관리되는 규범적 통제를 포기하거나 약화시키는 데 따른 파국적 결과 — 그것은 그러한 통제가 실제로는 불가피하리라고 예측했다 — 가 현실화되지 못했기 때문이다.

비록 과거에는 사회적으로 다뤄지던 기능의 점진적 규제 철폐 및 사사화에 따르는 개인 간의 적대와 공공연한 갈등의 만연함, 강렬함뿐 아니라 그것들이 가할 수 있는 사회 구조의 피해 규모 또한 지속적인 논쟁의 쟁점이긴 하지만, 규제 철폐와 사사화가 이루어진 소비자 사회는 여전히 홉스의 섬뜩한 통찰과는 거리가 멀고, 그다지 근접하지도 못한 것으로 보인다. 책임의 명백한 사사화도 레비나스나 뢰그스트룹의 시각에 함축된 대로 각자가 직면한 도전의 심각성에 압도당한 인간 주체의 무력화로 이어진 것도 아니다. ― 윤리적 인식과 도덕적으로 동기 부여된 행동의 운명은 수많은, 심각한, 너무나 정당한 우려를 불러일으키기는 하지만 말이다.

일단 상품시장의 논리에 노출되고 본인이 선택하도록 내맡겨지면 소비자는 그것을 쾌락원리와 현실원리 간의 힘의 균형이 뒤바뀐 것으로 간주하는 듯하다(아직 그것에 대한 평가는 나오지 않았지만 말이다). 이제 피고석에 앉는 것으로 추정되는 쪽은 '현실원리'다. 한때는 확고하게 대립하는 위치에 선 것으로 간주되던 (앞서 주장한 대로 오늘날 결코 처음부터 정해진 결론은 아니지만) 이 두 원리 간의 갈등의 경우 철회와 자기-제한 그리고 타협을 압박당하고, 아마도 강요당할 것 같은 쪽은 바로 현실원리다. 뒤르켐 시대에는 불굴의 것으로, 저항할 수 없는 것으로 간주되던 확고부동한 '사회적 사실'을 정비한다고 해서 얻을 것은 거의 없어 보인다. ― 그에 반해 무한히 확장 가능한 쾌락원리를 조달하는 것은 무한히 연장 가능한 이득과 이익을 약속한다. 이미 명백하고, 여전히 증가 중인 유동적 현대의 '사회적 사실'의 '연성軟性'과 신축성은 쾌락의 추구를 (지금은 비합리적인 것으로 비난받는) 과거의 제한으로부터 해방시키고, 그것을 완전히 시장의 착취에 열어 놓는 데 일조한다.

쾌락원리의 잇따른 정복의 여파로 벌어진 인정투쟁(아니면 정당성을 얻기 위한 노력으로 해석할 수 있을 것이다)은 단기간에 그치고 겉치레로 끝나는 경향을 띤다. 대부분의 경우 그것이 승리하는 결과가 처음부터 정해진 결론이기 때문이다. '쾌락원리'에 대한 '현실원리'의 주요한 이점은 쾌락원리가 의지해야 했던 훨씬 더 약한(단지 개인적인) 힘에 맞설 때 현실원리가 이용할 수 있는 큰(사회적, 초개인적) 자원에 기대곤 했던 것이지만 규제 철폐와 사사화 과정의 결과 그것은 무효화까지는 아니더라도 크게 감소되어왔다. 이제 쾌락원리에 의해 좌우되는 목표를 추구하는 것 못지않게 유동적 버전의 현실원리의 요구를 구현할 수 있는 현실을 정하는(또한 실현 가능하며 원하는 바라면 고정시키는) 것은 개별 소비자에게 달려 있다.

레비나스가 가다듬어 내놓은 주장에 관해 살펴보자. 즉 윤리적 책임의 초인간적 무한함을 평범한 인간의 감성의 역량, 판단력, 행동 능력으로 축소하는 과제 또한 지금 소수의 선별된 영역을 제외한 모든 영역에서 남녀 개인에게 '하청으로' 떠넘겨지는 경향이 있다. '암묵적 요구'를 한정된 목록의 의무와 금지로 만드는 권위 있는 번역이 존재하지 않는 상황에서 다른 사람에 대한 자기 책임의 한계를 정하고, 도덕적 개입 중 그럴듯한 것과 그럴듯하지 않은 것을 구분하는 것은 개인에게 달려 있다. ― 뿐만 아니라 다른 사람에 대한 도덕적 책임을 다하기 위해 본인의 안녕을 희생하는 것을 받아들일 준비가 얼마나 되어 있는지를 결정하는 것도 말이다.

그러한 과제는 일단 개인에게 떠넘겨지면 도무지 감당하기 힘든 것이 된다. 왜냐하면 어깨에 놓인 책임(또는 적어도 그것의 중요한 부분)을 제거해줄 것을 보장해줄 공인되고, 외견상 불굴로 보이는 권위 뒤로 숨는 책략은 더 이상 실천 가능하거나 믿을 만한 선택이 못 되기 때문이다. 그처럼 벅찬 과제와 씨름 하는 것은 행위자를 영구적이고 구제 불능인 불확실성 상태로 내던진다. 그것은 비참하고 모욕적인 자기 비난으로 이어지는 경우가 허다하다. 하지만 책임의 사사화와 하청화의 전반적 결과는 레비나스와 그의 제자들 ― 나를 포함해 ― 이 예상한 것보다는 도덕적 자아와 도덕적 행위자를 비교적 덜 무능하게 만든다는 점이 입증되고 있다. 어쨌든 그것이 미치는 잠재적으로 엄청난 충격을 완화하고 손실을 제한하는 방법이 발견되어왔다. '위대한 사회'가 포기한 과제를 떠맡아 무엇인가를 빼앗긴, 무지하고 혼란스러운 소비자에게 서비스를 판매하기에 열심인 대리점이 번성하고 있는 것으로 보인다.

규제 철폐와 사사화의 체제하에 '책임 경감'이라는 공식은 현대사의 보다 초기 단계에서와 거의 동일하게 남아 있다. 이해할 수 없을 만큼 복잡한 과제를 간단한 '해야 할' 그리고 '하지 말아야 할' 규칙의 한정적이며 거의 포괄적인 목록으로 대체(보다 정확히는 은폐)함으로써 절망적으로 불투명한 상황에 진정으로 명확한 또는 명확한 것으로 추측되는 척도를 주입하는 것이다. 그때와 같이 지금도 개인 행위자는 암묵적 요구가 이런저런 상황에서 무엇을 하도록 요구하는지, 그리고 현재의 조건 아래 무조건적 책임이 얼마나 가도록(그리고 더 이상 가지 말도록) 강요하는지 파악한다고 기대되는 권위들을 신뢰하게끔 떠밀리고 회유된다.

이전에는 타자에 대한 윤리적 의무와 도덕적 관심의 의미론적 장에 속해 있던 책임과 책임 있는 선택이라는 개념은 자기-충족과 위험 계산의 영역으로 이동하거나 옮겨져 왔다. 이 과정에서 인정되고 추정되고 완수되는 책임의 촉발자, 과녁, 그리고 척도로서의 '타자'는 시야에서 거의 사라지고, 행위자 자신의 자아에 의해 밀쳐지고 가려졌다. '책임'은 이제 하나부터 열까지 **자신에 대한 책임**을 의미하는('책임 경감'의 거래자는 '그것은 네가 할 일이야', '넌 자격이 있어'라고 표현한다) 반면 '책임 있는 선택'은 하나부터 열까지 자아의 이익에 봉사하고 자아의 욕구를 충족시키는 움직임이다.

그 결과는 현대의 견고한 관료제가 실천하는 책략의 '무관심하게 만드는' 결과와 크게 다르지 않은데, 그것은 '**~을 위한 책임**'(타자의 복지나 인간적 존엄성을 위한)을 '**~에 대한 책임**'(우월한 것에 대한, 권위에 대한, 대의명분이나 그것의 대변인에 대한)으로 대신하는 것이었다. 그러나 무관심하게 만드는 결과(즉 도덕적 선택으로 가득 찬 특정한 행위를 '윤리적으로 중립적인' 것으로 선언하고 그것을 윤리적 평가와 비난으로부터 면제해주는 것)는 오늘날 대부분 '**타자를 위한 책임**'이 '**자기에 대한 책임**'과 '**자기를 위한 책임**' — 이 둘은 하나로 합쳐진다 — 으로 대체되면서 성취되는 경향이 있다. 자유가 소비주의로 인도되는 도약 과정에서 부수적 희생자는 윤리적 책임과 도덕적 관심의 대상으로서의 타자이다.

이제 이 장의 서두에서 시사하고 간략하게나마 논의한 세 개의 메시지로 돌아갈 수 있을 것이다.

세 개의 메시지는 공동으로 일제히 비상사태를 알린다. 확실히 여기서 새로운 것은 없다. — 종종 반복되며 안도감을 주는 말, 즉 끊임없이 경계를 늦추지 말 것, 항상 가야 할 곳으로 갈 준비가 되어 있을 것, 그리고 도중에 써야 할 돈과 해야 할 노동이 말 그대로 모든 것이라는 말이 다시 한번 반복되고 있을 뿐이다. (주황색? 빨간색?) 경계경보가 켜지고, 약속으로 가득한 새로운 시작과 위협으로 가득한 새로운 위험이 앞으로 나오도록 신호를 받는다. (자기에 대한 그리고 자기를 위한 양도 불가능한 책임을 다하기 위해) 올바른 선택을 하기 위해 요구되는 모든 용품, 즉 적절한 도구나 일과, 그리고 본인에게 최고로 이익이 되도록 그것을 다루는 방법에 관한 간단하고 확실한 지침이 어딘가 가까운 곳에서, 분명히 손을 뻗으면 닿을 곳에서 기다리고 있으며, 약간의 기지와 노력만 있으면 찾을 수 있다. 이제 요점은 이전과 마찬가지로 행동을 요하는 순간을 결코 놓치지 않는 것이다. 불운한, 부주의한, 딴 데 정신이 팔린, 태만하거나 나태한 행위자가 '유행 집단'의 선두로 나서지는 못해도 뒤처지지 않기 위해 말이다. 열의 없는 소비자 시장은 무시하고, 대신 과거에는 잘 먹히던 도구와 일상에 의존하는 것은 전혀 통하지 않을 것이다.

시간의 지각과 경험에서 현재 일어나고 있는 운명적인 변화에 대한 주목할 만한 연구에서 오베르는 '비상사태emergency', 그리고 그와 같은 상태가 일단 선언되면 심고, 퍼뜨리고, 견고하게 만들 것으로 예상되며 계산되는 분위기나 '긴급urgency'상태가 하는 핵심적 역할을 지적한다.5 그녀는 현대 사회에서 '비상' 사태와 분위기가 일련의 실존주의적 요구를, 즉 다른 유형으로 알려진 사회에서라면 억압되고 충족 수단이 마련되지 않은 채 남겨지거나 또는 매우 다른 책략을 통해 충족 방법이 제공되었을 요구를 충족시켜준다고 주장한다. 그녀가 **긴급상태**라는 집중적이고 광범위하게 양성된 감정의 전략까지 소급해 추적하는 새로운 방편은 소비자의 자유라는 조건에 고질적 선택의 고통에 따른, 잠재적으로 대단히 파괴적인 결과를 완화하려고 투쟁 중인 개인과 제도 모두에게 **망상적인**, 그럼에도 불구하고 꽤 효과적인 안도감을 제공한다.

가장 중요한 망상 중 하나는 그렇지 않았더라면 경계경보에 의해 촉발되어 분산되었을 에너지가 일시적으로 응결되는 것에 의해 제공된다. 자가 연소점에 도달할 때 행동하려는 힘의 축적은 (비록 잠시일지라도) 소비자의 일상생활을 맴도는 불충분함의 고통을 완화해준다. 오베르가 말을 건, 그리고 아주 가까이서 관찰한 개인(설명하자면, 소비하는 삶의 기술을 훈련받아 그에 대비되어 있으며 그런 이유로 어떤 불만도 참을 수 없게 자랐고 항상 즉각적일 것으로 기대한 만족이 지체되는 상황에 더 이상 대응할 수 없게 된 사람들)은 "어떤 면에서는 현재의 순간 속에, '조금도 지체할 수 없다'는 논리 속에 편안하게 자리 잡은 채" 시간을 (당분간!) 완전히 폐지하는 것

---

5 Aubert, *Le Culte de l'urgence*, pp. 62~63.

에 의해 또는 적어도 그로 인한 좌절의 충격을 완화하는 것에 의해 "시간을 정복하는 힘을 가졌다는 망상에 잠긴다."

시간을 지배한다는 그와 같은 망상이 지닌 치유 또는 안정화 능력 — 미래를 현재에 용해해 '지금' 속에 압축하는 능력 — 을 과장하기는 쉽지 않을 것이다. 에렝버그가 설득력 있게 주장하듯이[6] 오늘날 인간의 가장 흔한 고통이 과거에서처럼 늘어나는 금지보다 **가능성**의 과다로부터 자라나는 것이라면, 그리고 만약 가능성과 불가능성의 대립이 삶의 전략에 대한 평가와 선택의 인지적 틀이자 필수적 기준으로서의 허용된 것과 금지된 것 간의 이율배반으로부터 이어 받아온 것이라면, **부적응**의 두려움으로부터 발생하는 우울증이 소비자 사회의 주민의 가장 뚜렷한 특징이자 널리 퍼진 정신적 고통인 **죄책감**(즉 규칙을 위반하는 데 따른 **비순응**이라는 비난)의 공포로부터 유발되는 신경증을 대신하리라는 것은 뻔히 예상되는 바다.

'시간이 있는', '시간이 없는', '시간을 허비한', '시간을 번' 등과 같은 언어적 용법의 공통성이 생생하게 입증하듯이, 시간의 흐름의 속도와 리듬을 개인적 의도의 강도와 개인적 행동의 열의에 일치시키려는 관심이 우리의 가장 빈번하며, 에너지 소모적이며, 안절부절못하게 만드는 집착 중 최고위를 차지한다. 따라서 노력과 그에 대한 보상 간의 완벽한 일치에 이르지 못하는 무능(특히 시간을 지배할 수 있다는 믿음을 무너뜨리는 체계적으로 드러난 무능)은 유동적인 현대적 삶의 주요한 고통인 '부적응 콤플렉스'의 풍부한 원천이 될 수 있다. 실로 실패에 대한 통상적 해석 중 요즘에는 오직 돈의 부족만이 시간 부족과 진지하게 경쟁할

---

6 Alain Ehrenberg, *La Fatigue d'être soi*, Odile Jacob, 1998을 보라.

수 있다.

비상사태의 영향 속에서, 그리고 그것의 영향 아래 취해진 엄청나게 집중적인 노력보다 더 부적응 콤플렉스에 대해 (비록 오래가지 못해도) 효과적인 안도감을 제공해줄 다른 어떤 위업도 거의 없다. 오베르가 인터뷰한 고위 전문직 종사자 중 한 사람이 언급하듯이 그러한 순간에 그는 완전히 세상의 주인이라고는 아니지만 거의 …… 라고 느꼈다. 그는 "더 강하게 살아 있다"는 느낌을 가졌고, 그런 감정 속에서 엄청난 기쁨을 발견했다. 그의 말을 빌리자면 "시간, 복잡한 과정, 관계, 상호작용을 지배하고 있다는 인상을 준" 아드레날린을 급작스럽게 주사 맞는 것에서 기쁨을 얻었다. 비상사태를 경험하는 동안 만족감이 가진 치유력은 심지어 만족감의 원인보다 더 오래 지속될 수 있을 것이다. 오베르의 또 다른 인터뷰 대상자의 진술처럼, 긴급한 과제에 맞닥뜨릴 때 얻을 수 있는 가장 큰 이득은 살아 있는 순간의 순수한 강렬함이었다. 과제의 내용과 긴급함의 원인은 순전히 우연적이며 비본질적인 것임에 틀림 없다. 왜냐하면 그것들은 거의 잊혀졌기 때문이다. 하지만 기억되는 것은 허무맹랑하게도 높은 수준의 강도 그리고 도전에 대처하는 자기 능력을 재확인시키는 증거, 심지어 결정적 증거였다.

반복되거나 거의 영구적이라고도 할 수 있는 비상사태 (비록 인위적으로 만들어졌거나 기만적으로 선포된 것일지라도) 속에 사는 삶이 우리 현대인의 정신 상태를 온전히 유지할 수 있도록 해주는 또 다른 서비스는 새로운 사회 환경에 맞추어진 파스칼의 '토끼 사냥' 개정판이다. 이미 총에 맞아 요리되고 먹혀버린 토끼와는 극명하게 대비되는 사냥은 우리가 일상에서 추구하는 것, 나아가 세속적인 삶 전체의 덧없음, 공허함, 무의미함 또는 헛됨을 생각해 볼 시간이 거의 또는 전혀 없는 사냥꾼을 남긴다. 마지막 경계경보로부터 회복해 다음번 경보를 위해 준비하고 힘을 모으며, 다시 한번 긴급한 순간을 통해 살고, 관련된 긴장 그리고 그와 같은 압력 아래 행동하는 것에 수반되는 에너지 소모로부터 다시 회복되는 연속적 순환은 인생의 잠재적으로는 '텅 빈 구멍'을 모두 메울 수 있을 것이다. 그렇지 않다면 오직 일시적으로만 억눌려 있는 '궁극적인 것'에 대한 견딜 수 없는 의식으로 채워질 것이다. '궁극적인 것'이란 온전한 정신 상태와 삶의 즐거움을 위해 사람이 차라리 잊고자 하는 것이다. 오베르를 다시 인용해보자.

> 하나의 비상사태 다음에 또 다른 비상사태가 이어지며, 항상 분주한 것이 풍족한 삶 또는 '성공적인 경력'에 대한 보장을 제공해준다. '넘어선 것'에 대한 모든 언급이 부재하며, 유한한 존재만이 오직 확실한 것인 세상에서 그것이 자기-주장의 유일한 증거가 된다. …… 사람은 어떤 행위를 할 때 단기로만 생각한다. ― 즉시 또는 아주 가까운 미래에 해야 할 일에 대해서만 말이다. …… 행위는 너무 자주 단지 자기로부터의 도피, 고통에 대한 처방이 된다.7

그리고 행위가 집중적일수록 치료 효능은 그만큼 더 신뢰할 만하다는 점을 덧붙이기로 하자. 당면한 과제의 긴급함에 더 깊이 빠져들수록 고통은 더 멀어지고, 고통을 멀리하려는 노력이 실패하더라도 적어도 덜 견딜 수 없는 것으로 느껴질 것이다.

마지막으로 경계경보와 긴급성에 의해 지배되며 잇따른 비상사태에

---

7 Aubert, *Le Culte de l'urgence*, pp. 107~108.

대처하기 위한 노력에 의해 완전히 소진되는 삶이 이바지할 수 있는 보다 결정적인 것이 하나 더 있다. ─ 이번에는 소비주의 경제를 작동시키는 회사, 즉 치열한 경쟁의 조건 아래 생존을 위해 분투하며, 피고용자에게서 거센 저항과 반란을 불러일으켜 종국에는 효과적으로 행동하는 회사의 능력을 위협할 전략을 채택하도록 강요받는 회사에게 말이다.

오늘날 긴급한 분위기를 유발하는 또는 아마 거의 틀림없이 보통의 사태를 비상사태로 제시하는 경영 기법이 고용자에게 심지어 가장 극적인 변화를, 즉 그들의 야망과 전망의 핵심 ─ 또는 말 그대로 삶 자체의 핵심 ─ 을 건드리는 변화마저도 차분히 수용하도록 설득할 아주 효율적이며 선호되는 방법으로 점점 더 자주 인정되고 있다. 또한 '비상사태를 선포하라. 그리고 지배를 계속하라'가 도전받지 않는 지배를 위한, 직원의 복지에 대해 극히 불쾌하고 선동적인 공격을 교묘히 피하기 위한, 또는 연속적인 '합리화'와 자산 수탈에 의해 정리 해고된 불필요한 노동력을 제거하기 위한 점점 더 인기 있는 경영 방안이 되고 있는 듯하다.

학습과 망각 모두 지속적인 비상사태에 의해 지원되고 사주되는 '순간의 폭정'의, 그리고 이질적이며 겉으로는 (기만적이지만) 관련 없는 일련의 '새로운 시작'으로 흩어지는 시간의 영향을 아마 피할 수 없을 것이다. 소비하는 삶은 신속하게 학습하는 삶일 수밖에 없다. 그러나 그것은 또한 잽싸게 망각하는 삶이 될 필요도 있다.

망각은 학습보다 더 중요하지는 않더라도 그만큼은 중요하다. 모든 '해야 한다'에 대해서는 '해서는 안 된다'가 존재한다. 그리고 둘 중 어떤 것이 숨 막히는 속도로 진행되는 갱신과 제거의 진정한 목표를 드러내는지, 어떤 것이 그저 그러한 목표가 달성되는 것을 보장하기 위한 보조적 조치에 불과한지는 절망적인 정도로 논의가 분분하며 만성적으로 해결되고 있지 않은 질문이다. 앞서 이용한 '패션 안내서'나 그와 유사한 수많은 종류의 것에서 가장 풍부하게 나타날 것과 같은 종류의 정보/지침은 '**올가을, 목적지는 1960년대의 카나비 스트리트**[1960년대 이래 영국의 젊은 세대 정신을 반영한 패션, 음악으로 유명한 런던 중심지의 거리. 1965~1966년에 걸쳐 폭발적으로 유행한 런던의 카나비 스트리트에서 발생된 패션을 '카나비 룩', '카나비 스트리트 룩'이라고 부른다]이다' 또는 '**이번 달에는 현재의 고딕 트렌드가 완벽하다**' 등과 같은 내용의 변종이라고 할 수 있다. 올가을은 물론 지난여름과는 뭔가 완전히 다르며, 이번 달은 지난 몇 달과 전혀 같지 않다. 따라서 지난달에 완벽했던 것은 이번 달에는 전혀 완벽하지 않다. 지난여름의 목적지가 이번 가을의 목적지와는 몇 광년 떨어져 있듯이 말이다. '발레 슈즈? 그것을 치워버릴 시간.' '가느다란 어깨끈? 그것은 이번 시즌에는 설 자리가 없다.' '바이로Biro[디자이너 볼펜]? 그것 없이도 세상은 잘만 돌아간다.' '메이크업 백을 열고 안을 들여다보라'는 요구 다음에는 '**다가올 시즌에는 진한 색감이 대세다**'라는 권고가 이어질 것이며, 그런 다음에는 바로 '베이지색 같이 무난하지만 지루한 계통의 색은 한물갔다. …… 내다 버려라. **지금 당장**'이라는 경고가 이어질 것처럼 보인다. 분명히 얼굴에 '지루한 베이지색'과 '짙고 진한 컬러'를 동시에 바를 수는 없다. 팔레트 중 하나는 버려야 한다. 중복되어지는 것은 또 다른 폐기물이 되거나 진보의 '부수적 희생물'이 된다. 폐기되어야 하는 것이다. 그것도 재빨리.

닭이 먼저냐 달걀이 먼저냐의 문제가 다시 등장한다. …… 얼굴이 짙고 진한 색을 받아들이기 위해 베이지색을 '내다 버려야' 하는 것일까 아니면 사용되지 않는 베이지색의 물량이 정말로 '당장' '내다버려지는'

것을 확실히 하기 위해 짙고 진한 컬러가 슈퍼마켓의 화장품 진열대에 넘쳐흐르는 것일까?

깊고 풍부한 컬러로 백을 채우기 위해 지금 베이지색을 내다 버리고 있는 수많은 여성은 아마도 베이지색을 쓰레기더미에 던져 버리는 것은 메이크업의 개선과 향상의 슬프지만 불가피한 부작용이며, 시간의 흐름에 발맞추기 위해 치러야 할 슬프지만 필요한 희생이라고 말할 것이다. 하지만 재고 보충분을 주문하는 백화점의 수많은 매장 매니저 중 일부는 아마 짙고 진한 컬러로 화장품 진열대를 채우는 것이 베이지색의 유효 수명을 줄일 — 그리하여 창고를 둘러싼 물건의 흐름을 활발하게 하고, 경제를 활성화하고, 이윤을 늘릴 — 필요에 의해 유도되었음을 결정적 순간에 인정할 것이다. 국민의 안녕의 공식 지표인 GNP는 돈이 돌고 도는 양에 의해 측정되지 않는가? 경제성장은 **소비자**의 활력과 활동에 의해 추동되지 않는가? 그리고 다 써서 낡거나 한물간 소유물(실로 어제 산 것 중 남겨진 무엇이건 말이다)을 적극적으로 처분하지 않는 소비자란 모순어법이다. — 불지 않는 바람이나 흐르지 않는 강처럼 말이다. ……

위의 답은 둘 다 맞는 것으로 보인다. 그것들은 모순적이 아니라 상보적인 것이다. 소비자 사회에서 그리고 '생활정치life politics'가 한때 대문자 P를 뽐내던 정치를 대신하고 있는 역사적 시대에 진정으로 경제가 계속 굴러가게 하는 진정한 '경제적 순환'은 '구매하고, 즐기고, 버리는' 순환이다. 그와 같이 외관상 모순적인 두 가지 대답이 동시에 옳을 수 있는 것이 바로 소비자 사회의 가장 위대한 위업이다. — 그리고 단언컨대 이 사회의 놀라운 자기-재생산과 확장 능력의 열쇠다.

소비자의 삶, 즉 소비하는 삶이란 획득해서 소유하는 것에 관한 것이 아니다. 심지어 그저께 얻어 다음 날 자랑스럽게 보여주던 것을 없애 버리는 것에 관한 것도 아니다. 대신 무엇보다 먼저 끊임없이 움직이는 것에 관한 것이다.

만약 막스 베버가 옳아서 생산하는 삶의 윤리적 원리가 만족의 **지연**이라면(그리고 목표가 생산하는 삶이라면 언제나 그럴 필요가 있을 것이다) 소비하는 삶의 윤리적 지침은 (그러한 삶의 윤리가 처방된 행동의 약호 형태로 제기될 수 있는 것이라면) **만족한 상태로 머무르는 것**을 피하는 것이어야 한다. 고객의 **만족**을 유일한 동기이자 제일 중요한 목적으로 선언하는 사회에서 **만족한** 소비자는 동기도 목적도 아니다. — 가장 두려운 위협적 존재일 뿐이다.

소비자 사회에 적용되는 것은 개별 구성원에게도 마찬가지로 적용되어야 한다. 만족은 단지 순간적 경험이어야 한다. 너무 오래 지속된다면 갈망하기보다 두려워해야 할 어떤 것이다. 지속적인, 최종적인 만족은 소비자에게 결코 매력적인 전망이 아닌 것처럼 보여야 한다. 사실, 그것은 재앙이다. 슬래이터 말에 따르면 소비문화는

> 만족을 경기 침체와 연결시켰다. 욕구에는 끝이 없어야 한다. …… (소비자 사회는) 우리의 욕구가 만족할 줄 모르고 또 만족을 위해 항상 상품을 찾을 것을 요구한다.[8]

또는 아마 이렇게 표현할 수도 있을 것이다. — 우리는 멈출 수 없이 만족을 찾도록 떠밀리고/또는 이끌리지만 또한 그렇게 찾는 것을 멈추게

---

8 Dan Slater, *Consumer Culture and Modernity*, p. 100.

할 만족을 두려워하도록 떠밀리고/또는 이끌린다. ……

시간이 지남에 따라 우리는 사실 더 이상 그렇게 하고 싶고, 그런 기분에 따라 행동하도록 떠밀리거나 이끌릴 필요를 느끼지 않는다. 갈망할 것이 아무것도 남아 있지 않아서? 쫓을 것이 아무것도 없어서? 그것의 진실을 깨닫고자 하는 희망에서 꿈꿀 것이 아무것도 없어서? 사람은 **가진 것으로**(따라서 또한 그것을 대리해 **존재하는** 것으로) 영원히 만족하게 되어 있는 것일까? 관심의 무대로 나설만한 새롭고 특별한 것이 더 이상 없다면 무대에는 더 이상 처분하고 제거될 것이 아무것도 없을까? 그와 같은 상황 — 바라건대 얼마 가지 않을 — 은 오직 한 가지 이름으로만 불릴 수 있을 것이다. '지루함'이 그것이다. **소비하는 인간**Homo consumens에게 출몰하는 악몽은 무생물이건 생물이건 또는 그것의 그림자 — 무생물이건 생물이건 어떤 것에 대한 기억 — 이건 간에 지나치게 오래 머물면서 무대를 어지럽힐 위험을 지닌 것이다. ……

소비자 사회의 주요한 집착(파슨스라면 '기능적 전제조건'이라고 부를 것이다)을 구성하는 것은 **새로운 욕구**(어떤 이들은 '인위적 욕구'라고 부르는데, '인위성'이 '새로운' 욕구의 유일한 특성은 아니기 때문에 그것은 옳지 않다. 새로운 욕구는 인간의 자연적 성향을 재료로 이용하는 데 반해 모든 욕구는 어떤 사회에서건 사회적 압력이라는 '조작'에 의해 명확하고 구체적인 형태를 띤다)의 창출이 아니다. 그것은 바로 **어제의 욕구**를 경시하고 폄하하는 것, 이제는 **지난**passés 그와 같은 욕구의 대상을 조소하고 흉하게 만들어버리는 것, 더 나아가 소비하는 삶은 소비 경제와 소비주의를 계속 살아 있게 만드는 **욕구의 만족**에 의해 인도되어야 한다는 생각 자체를 의심하는 것이다. 베이지색 메이크업은 지난 시즌에는 대담함의 상징이었지만 지금은 단지 유행에 뒤떨어진 컬러일 뿐 아니라 칙칙하고 보기 싫은 컬러, 나아가 수치스러운 낙인이며 무지, 나태, 기량 부족 또는 전반적 열등함의 표식이 된다. 불과 얼마 전까지만 해도 반란, 대담성, '유행 집단의 선두에 선 것'을 상징하던 행동이 급속하게 태만함이나 소심함의 징후('그것은 메이크업이 아니라 [클라인Melanie Klein 용어로 아이에게 심적으로 안도감을 주는 담요 같은] 애착 물건security blanket이다'), 그리고 그런 집단에 뒤떨어진다는, 심지어 빈털터리가 되었다는 신호로 바뀌는 것이다. ……

소비주의 문화의 판결에 따르면 한정된 조합의 욕구에 만족하고, 오직 내가 필요하다고 믿는 것에 의해서만 움직이고, 만족을 위한 즐거운 갈망을 불러일으킬 만한 새로운 욕구를 결코 찾지 않는 개인은 **결함 있는 소비자다**. — 즉 소비자 사회에서의 특수한 종류의 사회적 추방자다. 배척과 배제의 위협과 공포는 자기가 소유한 정체성에 만족하며, 자신에게 '중요한 의미를 가진 타자들'이 생각하는 자기 모습에 안주하는 사람 위에도 맴돌고 있다.

소비주의 문화는 **다른 어떤 사람**이 되라는 끊임없는 압력으로 특징지어진다. 소비시장은 새로운 것으로 채워지길 원하는 대중적 요구에 자리를 내주기 위해 과거의 제안의 즉각적 평가절하에 초점을 맞춘다. 욕구를 충족시키기 위해 소비자가 사용하던 제품에 대한 불만을 불러일으킨다. — 또한 어떤 사람이 획득한 정체성, 그리고 그러한 정체성이 규정될 수 있도록 해주는 일련의 욕구에 대한 끊임없는 불만을 키워낸다. 정체성을 바꾸는 것, 과거를 버리고 새로운 시작을 찾는 것, 다시 태어나기 위한 투쟁. — 그것들은 특권을 가장한 **의무**로 그와 같은 문화에 의해 촉진된다.

소비주의의 앞날이 무한한 것으로 미루어보아 시간의 '점묘화' 또는

'점화^{點化}, punctuation'(1장을 보라)를 가장 매력적인 참신함으로, 또한 기꺼이 배우고 열심히 실천한 세계-내-존재의 방식으로 만드는 것은 이중적 약속이다. 미래를 선점하고 과거를 무력화시키겠다는 약속이 그것이다.

그와 같은 이중적 행위는 결국 자유의 이상이다(나는 '자유의 현대적 이상'이라고 쓰려 했으나 추가된 한정사가 표현을 중언부언으로 만들게 되리라는 것을 깨달았다. 현대 이전 상황에서 '자유'라고 불리던 것은 현대적 기준에 의한 자유의 시험을 통과할 수 없을 것이며, 따라서 전혀 '자유'로 간주되지 않을 것이다).

과거가 부과한 선택의 제약(이 제약의 유형은 점점 더 길어지는 인생사의 점점 더 두꺼워지는 침전물로 '과거'가 끊임없이 채워짐에 따라 고약한 습관이 늘어나고 굳어지게 되면서 특히 강한 분노의 대상이 된다)으로부터 행위자를 해방시켜 주겠다는 약속과 미래(보다 정확하게는, 지금의 행위가 가져온 미래의 결과. 현재 행위는 지금의 희망을 박살내고, 현재의 판결을 철회하거나 뒤집으며, 지금 찬미되는 성공을 회고적으로 평가절하해버리는 격렬히 분개하는 힘을 지닌다)에 대한 걱정을 처리하도록 승인하는 일이 결합되면 완전하며 제한받지 않는, 거의 '절대적인' 자유가 약속된다. 소비자 사회는 그와 같은 자유를 전례 없을 정도로, 실로 어느 사회의 기록에서도 도저히 상상할 수 없을 정도로 제공한다.

먼저 과거를 불능화하는 기이한 재주를 검토해보자. 그것은 단 하나로 압축되지만 인간의 조건 중 정말로 기적 같은 변화다. 즉 '다시 태어난다'라는 새롭게 발명된 (새롭게 발견된 것으로 광고되는) 재능이 그것이다. 이 발명 덕택에, 여러 번의 삶을 사는 것은 고양이만이 아니게 된다. 지독히도 짧은 세상에의 머묾, 얼마 전까지만 해도 혐오스럽게 짧은 것을 한탄하고 근본적으로 길어지지 않던 머묾 속에 이제 소비자가 된 사람에게는 많은 삶을 쑤셔 넣을 기회가 제공된다. 새로운 시작이 끝도 없이 이어지는 것이다. 가족, 직업, 정체성 전체에 걸쳐 말이다. 가벼운 손실만으로도 처음부터 시작할 수 있다. …… 또는 적어도 그런 것처럼 보인다.

'연속적 탄생' — 끝없는 일련의 '새로운 시작'으로서의 삶 — 이 지닌 현재적 매력을 잘 드러내는 현상 중 하나가 익히 알려진 성형수술의 놀랄 만한 확대다. 얼마 전까지만 해도 성형수술은 기형적인 유전자 조합이나 치료 불가능한 화상, 지워지지 않는 흉터 등으로 외모가 크게 망가진 소수 남녀에게 최후의 수단인 수선소로, 별로 하는 일 없이 의료계 주변부에 머물러 있었다. 이제 그것은 비용을 감당할 수 있는 수백만 명의 사람에게 가시적 자아를 끊임없이 다시 만들어내는 일상적 도구로 바뀌었다. 정말 끊임 없다. '새롭고 더 나아진' 모습의 창조는 더 이상 단 한 번만의 일로 여겨지지 않는다. '더 낫게'의 변화하는 의미, 따라서 이전에 한 수술의 흔적을 없애기 위한 추가 수술의 필요(그리고 물론 유효성)는 그것의 가장 중요한 매력 중 하나로 그러한 발상 안에 내재하고 있다(2006년 5월 16일 자 『가디언』 기사에 따르면 '전국에 11개 센터를 거느린 영국의 주요 성형외과 회사'인 '트랜스폼'은 고객에게 재수술 시 사용하도록 '로열티 카드'를 제공한다). 성형수술은 잡티를 제거하거나 자연 또는 운명에 의해 거부된 이상적 몸매에 도달하는 것에 관한 것이 아니라 빠르게 바뀌는 기준을 따라가고 자기의 시장 가치를 보존하며, 유용성이나 매력이 다한 이미지를 버림으로써 새로운 공적 이미지가 그것을 대신하도록 하는 것에 관한 것이다. — (바라건대) 새로운 정체성과 (확신하건대) 새로운 시작과의 일괄 거래 속에서 말이다. 엘리엇Anthony Elliott은 성형수술 산업의 대대적 성공에 대한 간략하지만 철저한 연구서에서 이렇게 지적한다.

오늘날의 수술 문화는 몸의 무한한 조형성에 대한 환상을 조장하고 있다. 변신 산업으로부터의 메시지는 이렇다. 즉 당신이 선택하긴 하지만 당신이 자신을 재창조하는 것을 멈출 것은 아무것도 없으며, 같은 이유로, 수술로 더 나아진 당신 몸이 당신을 오랫동안 행복하게 해줄 것 같지는 않다는 것이다. 오늘 이루어지는 몸의 재성형은 단지 단기를 염두에 두고 만들어지는 것이다. ― '다음 시술' 때까지만. …… 이전 어느 때보다 더 저렴하고 더 널리 이용할 수 있게 된 성형수술은 빠르게 생활방식의 선택이 되고 있다.

각각의 새로운 시작은 당신을 단지 거기까지만 안내할 뿐, 그 이상 책임지지 않는다. 각각의 새로운 시작은 앞으로도 많은 새로운 시작이 있을 것을 약속하기 때문이다. 매 순간은 과거로 바뀌어버리는 짜증 나는 성향을 갖고 있다. ― 그리고 삽시간에 그것 자체가 망가질 차례가 닥칠 것이다. 과거를 쓸모없게 만드는 능력은 결국 소비자 시장이 제공하는 상품에 수반되는 가능함의 약속에서 가장 의미심장한 부분이다.

소비자가 거주하는 세계는 거주민에 의해 예비부품으로 이루어진 거대한 용기로 지각된다. 예비부품 창고는 끊임없이 그리고 마구잡이로 저장되며, 일시적으로 공급품이 달려도 영원히 다시 채워질 것으로 믿어진다. 사람은 더 이상 자기가 지닌 것이나 자신의 현재 모습에 만족하게 되어 있지 않으며, 다른 선택의 부재를 감수하거나 대안의 부재로 인해 운명적으로 주어진 것을 최대한 이용하고자 애쓰는 두 가지 방식으로 때우게 되어 있지도 않다. 만약 (날마다 사용하는 일군의 도구의, 현재 인간관계의 네트워크의, 자기의 자아/정체성이나 공적으로 드러나 있는 이미지의) 어떤 부분이 공적 매력이나 시장 가치를 잃는다면 잘라내고 제거해 '새롭고 더 나은' 것 또는 좀 더 신선하고 아직 진부해지지 않은 '예비부품'으로 교체할 필요가 있다. 그것이 직접 만들기DIY나 수제手製가 아니라면 (그리고 가급적이면) 공장에서 만든 것이나 매장에서 구할 수 있는 것으로 말이다.

    소비자 사회의 소비자가 태어나면서부터, 그리고 일생을 통해 훈련받는 것은 그러한 세계에 대한 인식, 그리고 그러한 세계 속에서 삶을 운용하는 방식modus operandi이다. 이전에 구입한 비슷한 제품을 '사용 후' 반품한다는 조건으로 다음 제품을 더 저가에 파는 방법은 가사용품을 거래하는 회사에 의해 점점 더 널리 실천되고 있다. 그러나 소비문화의 가치에 관한 통찰력을 지닌 분석가인 호스틴스키는 소비주의에 통달한 젊은이들(점점 더 어려지고 있다)이 구매하고 즐기는 어떤 것에서든 장기적 애착을 갖게 되는 것을 단념시키고자 소비재 마케팅에서 동원되는 다른 계략의 긴 목록을 열거하고 묘사한다.9 가령 바비 인형으로 장난감 시장을 범람시켰던 마텔Mattel사는 1996년 한 해에만 17억 달러의 매출을 달성했는데, 어린 소비자에게 현재 갖고 놀고 있는 모델을 '사용이 **다했을**' 때 매장으로 가져오면 다음 바비 인형 모델을 할인된 가격에 판매하겠다고 약속했다. (상품화된) 세계를 '예비부품'으로 바라보는 관점의 필수적 보완물인 '폐기 정신'은 토플러Alvin Toffler의 『미래의 충격Shock of the Future』에서 일종의 자발적인, 풀뿌리 차원의 사태전개로 처음 표현되었다. 하지만 이후 그것은 회사가 장래의 고객을 유아기 초기부터, 그리고 소비하는 삶 내내 실시하는 교육의 주요한 목표가 되어왔다.

    바비 인형을 '더 나은 새' 것과 교환하는 것은 임대-구매 유형에 따

---

9 Lesław Hostyn'ski, *Wartos'ci w s'wiecie konsumpcji*. Wydawnictwo Uniwersytetu Marii Curie-Skłodowskiej, 2006, p. 108 이하를 보라.

라 형성되고 이어지는 교섭과 파트너십의 삶으로 사람을 이끈다. 라르들리에 주장에 따르면 "감각의 논리"는 점점 더 노골적으로 소비주의적인 것이 되어간다.10 그것은 모든 종류의 위험을 축소하고, 찾는 품목을 범주화하는 것을 목표로 하는데, 찾는 사람의 열망에 적합한 것으로 간주되는 파트너의 특징을 정확하게 규정하기 위한 노력이라고 할 수 있다. 그것에는 분명하게 명시되고 측정될 수 있는 일련의 신체적, 사회적 특성과 성격적 특징으로 사랑의 대상을 만들어내는 것이 가능하다는 확신이 깔려 있다. 그와 같은 '사랑의amoureux 마케팅'(라르들리에가 만들어낸 용어이다)의 수칙에 따르면, 만약 사랑의 대상이 한 점 이상 득점에 실패할 경우, 제공되는 다른 모든 상품의 경우에서 그/그녀가 분명히 그러하듯 '사랑의 대상'의 장래 '구매자'는 '구매'를 말아야 한다. 만약 '구매' 후에 실패인 것이 밝혀지면 실패한 사랑의 대상은 시장의 다른 모든 상품처럼 폐기되며 적절히 교체될 필요가 있다. 킨에 따르면 파트너의 합성된 이상을 찾아 인터넷을 항해하는 고객의 행동은 "사람이 마치 정육점 진열장의 고깃덩어리인 것처럼" "감정이 제거된 활동"을 하는 인상을 준다.11

'다시 태어난다'는 것은 이전의 탄생(들)이 그에 따른 결과와 함께 모든 실천적 의도와 목적에도 불구하고 무효화되었음을 의미한다.

각각의 연속적인 '새로운 시작'(또 다른 재탄생)은 셰스토프Leon Shestov

---

10 Pascal Lardellier, "Rencontres sur internet. L'amour en révolution", in *L'Individu contemporain. Regards sociologiques.* ed. Xavier Molénat, Éditions Sciences Humaines, 2006, p. 229.
11 Jonathan Keane, "Late capitalist nights", pp. 66~75를 보라.

에 의해 신의 배타적 특권이자 신을 규정하는 특성으로 선언된 것과 같은 종류의 능력 — 그것은 결코 (실천은 고사하고) 경험될 수 있다고 여겨지지는 못했어도 늘 동경하며 꿈꿔온 것이다 — 의 도래처럼 느껴진다. 비록 기만적이기는 하지만 그만큼 사람을 안심시켜주는 느낌도 없을 것이다. 러시아 태생의 저명한 프랑스 실존주의 철학자 셰스토브는 과거를 무효화하는 힘(예를 들어 소크라테스가 결코 음독을 강요당한 적이 없도록 만드는 힘)이 신의 전지전능함의 궁극적 표시라고 주장했다. 과거의 사건을 고치거나 무효로 만드는 능력은 인과적 결정의 힘을 무시하고 무력화시킬 수 있으며, 따라서 현재의 선택을 줄이는 과거의 힘은 급격히 축소될 수 있다. 어쩌면 심지어 완전히 폐기될 수도 있다. 어떤 사람의 어제의 존재가 오늘 완전히 다른 누군가가 될 가능성을 더 이상 금하지 않으며, 현재 — 그때의 과거 — 를 지워버릴 미래의 또 다른 아바타가 나타날 예상을 막지도 않는다.

시간 속의 각 점은 — 이 점을 상기하자 — 탐구되지 않은 잠재력으로 가득 차 있고, 각 잠재력은 결코 다른 어떤 시-점에서도 모사될 수 없는 독창적이며 독특한 것이어야 하기에 자기를 바꿀 수 있는(또는 적어도 바꾸려고 노력하는) 방법의 수는 진정 셀 수 없이 많다. 사실상 그러한 숫자는 유전자의 무계획적 결합이 인간이라는 종 속에서 지금까지 애써 생산해온, 그리고 미래에도 생산할 것 같은 놀라울 만큼 많은 수의 조합과 상상하기 어려울 정도의 다양한 형태와 유사성을 축소해버린다. 오늘날 우리가 삶을 살아가는 방식에 대한 통찰력 있는 관찰자인 스타시욱Andrzej Stasiuk은 다수의, 아니 무한한 선택이 경외감을 자아내는 영원의 능력에 가까워지고 있다고 주장했다. 거기서는 모두가 알고 있듯, 모든 것이 조만간 일어날 수 있으며 모든 것이 조만간에 이루어질 수 있을 것이다. 하지만 지금 영원의 경이로운 효력이 단 한 번의 인간의 삶이라는 전혀 영원하지 않은 기간 속에 꾸겨져 넣어져 왔다.

그 결과 차후의 선택을 줄이는 과거의 힘을 무력화하는 위업은 그렇게 해서 창조되는 '또 다른 탄생'(즉 또 다른 재탄생)의 기능과 함께 영원으로부터 가장 유혹적인 매력을 빼앗아버린다. 소비자 사회의 점묘화된 시간 속에서 **영원은 더 이상 가치도, 욕망의 대상도 아니다**. 다른 어떤 것보다도 더 영원에 독특하며, 진정 기념비적인 가치를 부여하고, 그것을 꿈의 대상으로 만든 한 가지 특징이 잘라내져 압축되고 '빅뱅' 식 경험으로 요약되어 **순간에 이식되어왔다**. ― 어떤 순간이건 관계가 없다. 그리하여 **지금을 즐겨라**carpe diem는 계율을 따르는 유동적 현대의 '순간의 폭정'이 **죽음을 기억하라**memento mori는 모토를 따르는 현대 이전 시대의 '영원의 폭정'을 대체하게 된다.

이 모든 것을 말해주는 제목의 책에서 에릭슨은 '순간의 폭정'을 현대 사회의 가장 두드러진 특징이자 거의 틀림없이 가장 중요한 새로움으로 꼽았다.

> 지나치게 서두르는 것의 결과는 엄청나다. 정신적 범주로서의 과거와 미래 모두 순간의 폭정에 의해 위협받는다. …… 다음 순간이 너무 빨리 와 현재 속에 사는 것이 어려워지기 때문에 심지어 '현시점'마저도 위험해진다.[12]

말 그대로 역설이며, 마르지 않는 긴장의 원천이다. 즉 순간은 보다 크고 방대해질수록 보다 작아진다(간결해진다). 순간의 잠재적 내용물이

---

12 Thomas Hylland Eriksen, *Tyranny of the Moment*, pp. 2~3.

늘어남에 따라 규모는 줄어든다. "이제 우리가 2인치 이상 긴 생각거리에 대해 생각해보는 것이 거의 불가능해지는 사회를 창조하려 한다는 강력한 징후들이 존재한다."13 하지만 소비시장의 약속으로 고무된 대중의 희망과는 반대로 정체성을 바꾸는 것은 — 어쨌든 가능하다면 — 2인치보다는 훨씬 더 긴 사색을 요구할 것이다.

'점묘화' 처리를 받게 되면 시간의 경험은 양쪽에서 끊어진다. 과거 그리고 미래의 접점은 간격으로 바뀐다. — 다리도 없고, 바란다 해도 다리로 이을 수도 없다. 역설적으로, 즉각적이며 손쉬운 접속과 끊임없는 '접촉'을 약속하는 시대에 순간의 경험과 무엇이건 순간에 선행하거나 뒤따를 것 간의 소통을 중단하거나 혹은 회복할 수 없게 단절하려는 바람이 존재한다. 뒤쪽의 간격은 과거가 달려가는 자신을 따라잡는 것이 결코 허용되지 않도록 해야 한다. 앞쪽의 간격은 순간을 최대한 살면서 순간의 (인정하건대 잠깐 동안의) 매력과 유혹하는 힘에 자기를 완전히, 거리낌 없이 내던지는 상태다. 그와 같은 행동은 만약 현재 겪고 있는 순간이 미래를 저당잡지 않을까 하는 걱정으로 오염되었다면 — 한다 하더라도 — 거의 하기 힘들 것이다.

이상적으로 보자면, 각 순간은 신용카드의 사용 유형처럼 철저하게 비인격적인 행동으로 형성될 것이다. 대면 교류의 부재 속에서는 즐거움의 순간이 초래할 수 있는 모든 상환의 불쾌감을 잊기가 또는 심지어 그것에 관해 일절 생각하지 않기가 훨씬 더 쉽다. 지출 가능한 현금이 놓고 있어도 될 경우 현금을 돌려 더 많은 돈을 벌고자 열심인 은행이 지점장 말을 잠자코 듣는 고객보다 신용카드를 만지작거리는 고객을 선

---

13 앞의 책, vii페이지.

호하는 것은 당연하다.

저명한 연대기 사회학자 타르코프스카는 버트만의 용어를 따라 "오직 현재 속에서만 살며" "과거의 경험이나 자기의 행동의 미래의 결과에는 관심을 두지 않는" "공시적 인간"이라는 개념을 발전시켰는데, "타자들과의 연대의 부재"를 번역하려는 전략이다. "현재주의 문화"는 속도와 유효성을 중시하며 참을성도 인내심도 선호하지 않는다."[14]

우리 시대의 문화에서 개인의 자유의 본질로 재현되는 것이 개인적 정체성과 인간 상호 간 연대의 그러한 허약함, 그리고 겉으로는 용이해 보이는 처분 가능성이라고 덧붙일 수 있다. 그와 같은 자유가 인정하지도, 승인하지도, 허락하지도 않을 한 가지 선택은 이미 구성된 정체성을 꾸준히 고수하려는, 즉 그와 같은 정체성을 활발하게 재생산하는 동시에 그것이 기대고 있는 사회적 네트워크의 유지와 보장을 가정하며 필연적으로 수반하는 활동을 고수하려는 결심(또는 실로 능력)이다.

『리퀴드 러브』에서 나는 인간 간의 유대가 점점 더 취약해지는 현상을 분석한 바 있다. 나는 오늘날 인간 간의 유대는 ― 기쁨과 불안감이 뒤섞이는 가운데 ― 취약하고, 깨지기 쉬운 것으로, 또한 묶이는 것만큼이나 끊어지기도 쉬운 것으로 ― 간주되는 경향이 있다고 결론지었다.

만약 그것이 기뻐해야 할 것으로 간주된다면, 이유는 그와 같은 취약성이 모든 상호작용 속에 존재하는 것으로 추정되는 위험, 즉 미래의 위안을 위해 너무 강하게 묶여 있는 현재의 매듭의 위험, 그리고 한때는 매력적이던 것이 이제는 혐오스럽고, 서식지를 어지럽히며, 새롭고 향상

---

[14] Elżbieta Tarkowska, "Zygmunt Bauman o czasie i procesach temporalizacji", in *Kultura i Społeczeństwo*, 3(2005), pp. 45~65.

된 매력으로 가득 찬 순간의 끝없는 행렬을 탐험할 자유를 막는 '한물간 것' 중 하나로 굳어지도록 허용할 가능성을 줄여주기 때문이다.

그리고 그것이 불안한 것으로 간주된다면 이유는 상호 관여의 취약성, 일시성, 취소 가능성 자체가 엄청난 위험의 원천이기 때문이다. 각 개인의 생활세계 내부에서 존재하고 활동하는 다른 인간의 성향과 의도는 결국 미지의 변수다. 그것은 당연시되거나 기대거나 안전하게 예측될 수 없다. — 그리고 그로부터 초래되는 불확실성은 기대된 만족이 완전히, 그리고 정말 철저하게 향유되기 전에는 현재의 모든 유대에서 비롯되는 기쁨에 대해 거대하고 지워지지 않는 물음표를 던진다. 따라서 인간 간의 유대가 점점 더 취약해지는 것은 그것이 배태된 순간부터 종결된 이후에도 오랫동안 저주 섞인 축복으로 경험된다. 그것은 우려의 총합을 감소시키지 않으며 그저 불안을 다른 방식으로 퍼뜨릴 따름이고, 미래의 굽이도는 행로는 처방이나 통제는커녕 예측도 사실상 불가능하다.

우리 시대의 광경의 일부 관찰자, 특히 카스텔Manuel Castells이나 래쉬Scott Lash는 가상적 결합과 단절의 새로운 기술을 유망한 대안으로, 그리고 어떤 면에선 사회성의 보다 우월한 형태로 환영한다. 소비자-스타일의 고독의 위협에 대한 아마 효율적 치유법이나 예방 약품으로, 그리고 소비자-스타일의 자유(즉 본인이 선택하거나 선택하지 않을 자유)를 위한 부양책으로 말이다. — 자유와 안전이라는 상반된 요구를 화해시키는 데 조금은 도움이 되는 사회성의 대안적 형태로 말이다. 카스텔은 '네트워킹된 개인주의networking individualism', 래쉬는 '소통적 연대communicational bonds'라는 표현을 사용한다. 비록 복합적이고 양가적인 총체성의 다른 부분에 초점을 맞추고는 있지만 두 사람 모두 **전체를 대변하는 부분**pars pro toto을 취하고 있는 것으로 보인다.

만약 누락된 부분이라는 관점에서 본다면 '네트워크'는 신뢰할 만한 사회적 결합을 위한 건축부지보다는 바람에 날리는 모래언덕처럼 걱정스럽게 느껴진다. 개인 소비자의 생활환경으로 들어갈 때 전자 소통 네트워크는 시작부터 안전장치를 갖추고 있었다. 바로 아무 문제 없이, 그리고 (바라건대) 힘들지 않게 연결을 끊을 가능성을 — 네트워크의 부분은 그냥 놔두고, 골칫거리가 될 그것의 능력과 함께 그것의 관련성을 박탈하는 방식으로 소통을 차단할 가능성을 말이다. 영원히 함께하는 기능은커녕 연락을 지속하는 기능도 아닌 그러한 안전장치는 시장이 중재하는 세계에서 움직이도록 훈련받은 남녀가 대면적 사회화 대신 전자적 대체물을 애호하도록 만든다. 그와 같은 세계에서 개인적 자유란 바라는 이와 접촉하는 행위 이상으로 원하지 않는 이를 제거하는 행위를 의미한다. 요구하기만 하면 즉각적인 단절을 허용하는 안전장치는 소비주의 문화의 본질적 수칙에 완벽히 들어맞는다. 그러나 사회적 결합 그리고 그것을 연결하고, 그것을 제공하기 위해 요구되는 기술은 그와 같은 장치의 첫 번째이자 주요한 부수적 피해자다.

'가상공간'이 지식 계급의 현재 그리고 미래 구성원의 자연 서식지로 빠르게 변하고 있음을 고려할 때 적지 않은 학자 또한 시들고 쇠퇴 중인 정치적 민주주의의 정통적 기관(오늘날 시민에게서 점점 더 적은 관심과 훨씬 더 적은 헌신을 받는 것으로 알려져 있다)에 대한 유망하고 환영할 만한 대안 또는 대체물로 인터넷과 WWW을 받아들이고 있는 것은 놀랄 일도 아니다.

프랭크 말을 인용하자면, 지식 계급의 현재 그리고 미래 구성원에게 정치는

운동의 구성을 목표로 한 노력이 아니라 주로 개인의 자가-치료와 개인적 성취를 위한 활동이 되고 있다.15

가령 자동차 유리창에 붙은 인습 타파 메시지나 눈에 띄게 '윤리적인' 소비의 과시적 드러냄 같이 본인의 미덕을 세상에 알리는 수단이다. 새롭고 개선된 정치 형태로서 인터넷을 이론화하는 것, 새롭고 보다 효율적인 정치 참여 형태로서 WWW를 서핑하는 것, 인터넷 접속의 가속화와 서핑 속도의 증가를 민주주의의 발전으로 바라보는 것은 점점 더 일반화되고 점점 더 탈정치화되는 지식 계급의 삶의 실천에, 무엇보다도 '현실정치'를 명예롭게 벗어나려는 그들의 예민한 관심에 대한 수상하기 짝이 없는 무수한 허식처럼 느껴진다.

그렇게 합창하는 찬양을 배경으로 딘의 직설적 판결은 한층 더 길게 울려 퍼진다. 현재의 커뮤니케이션 기술은 "철저하게 탈정치적이며", "커뮤니케이션은 오늘날 물신숭배적으로 기능한다"는 것이다. "보다 근본적인 정치적 권한 박탈이나 거세를 부인하는"

> 테크놀로지라는 물신은 '정치적'이다. …… 우리가 본분을 다하고 있지 않을지도 모른다는 죄책감을 덜고, 우리는 어찌되었든 훤히 알고, 참여적 시민이라고 믿으며 안심해 나머지 삶을 계속 이어가게 해주기 때문이다. …… 우리는 정치적 책임을 떠맡지 않아도 된다. 왜냐하면 …… 테크놀로지가 우리를 위해 그것을 대신해주기 때문이다. …… [그것은] 우리에게 필

---

15 Thomas Frank, *Marché de droit divin. Capitalisme sauvage et populisme de marché*, Agone(Marseille), 2003을 보라.

요한 것은 단지 특정 테크놀로지를 보편화하는 것이며, 그러면 민주적이거나 조화된 사회질서를 갖게 되리라고 생각하도록 만든다.16

말하자면 현실은 '커뮤니케이션 물신주의자들'이 그리는 낙관적이고 쾌활한 초상과는 극명히 대조된다. 정보의 세찬 흐름은 민주주의라는 강과 합류하는 것이 아니고, 채워질 수 없는 취수구로 이어지며 강의 콘텐츠들을 가로채 엄청나게 크지만 퀴퀴하게 고여 있는 인공 호수로 보내버린다. 흐름이 강할수록 강바닥이 말라붙을 위협은 그만큼 더 커진다. 세계의 서버들은 새로운 유동적 현대 문화가 소비자의 삶이 추구하는 것의 주요한 원동력으로서의 학습을 망각으로 대체할 수 있도록 정보를 저장한다. 서버들은 유동적 현대의 정치가 아무런 영향도 받지 않고 수그러들지 않은 채 계속 굴러갈 수 있도록 반대와 항의의 자국을 빨아들여 저장한다. — 대립과 논쟁은 짧은 사운드바이트soundbite[방송이나 정치인이 사용하는 간결한 효과적인 문구]나 사진을 기재할 기회로 대체하면서 말이다.

강에서 흘러나가는 물살은 좀처럼 방향을 바꾸어 강의 원류로 거슬러 올라가지 않는다. 즉 부시와 블레어는 그들의 허세를 폭로하는 웹사이트가 **부족하지 않았음에도** 불구하고 거짓 구실 아래 전쟁에 나설 수 있었다. 이와 적절하게 어울리기라도 하듯 뉴스 진행자들은 마치 완전히 다른 일에 한창이거나 다른 데로 가는 도중에 잠깐 멈춘 듯 선 채로 정치 상황에 대해 모든 것을 이야기하기를 선호한다(또는 그러도록 선호된다). 데스크에 앉는 것은 해당 뉴스가 전하려고 한 것보다 더 오래 미칠

---

16 Jodi Dean, "Communicative capitalism: circulation and the foreclosure of politics", *Cultural Politics*(2005년 3월), pp. 51~73을 보라.

중요성을, 그리고 매스컴의 다른 쪽 끝에서 각자 자기 일에 종사하고 있는 소비자가 감당할 수 있으리라고 추정되는 것보다 더 엄청난 반향을 지니고 있음을 시사할 것이다.

'현실정치'에 관한 한, 반대의견은 전자 창고 electronic warehouse [어떤 업무와 관련해 기업 활동을 지원하는 대규모 데이터베이스]를 향하는 만큼 소독되고, 완화되고, 무관한 것이 된다. 저장 호수의 물을 휘젓는 사람들은 본인의 열정과 활기를 자랑스러워하며 본인의 적합성을 증명할지 모르지만 실제 권력의 통로에 있는 사람들은 주의를 기울이도록 거의 강요받지도 않을 것이다. 그들은 잠재적 문제를 빼돌리는 데, 그리고 그들의 길을 가로막는 바리케이드를 분해하는 데, 그것을 세운 자들이 그것을 지키고자 사람을 불러 모으는 건 고사하고 그것을 만들 시간을 갖기도 전에 최첨단 커뮤니케이션기술이 수행하는 일에 그저 감사할 것이다.

현실정치와 가상 정치는 정반대 방향으로 진행되고, 상대의 부재로부터 각자의 이익을 자급자족하기에 둘 사이의 거리는 늘어난다. 보드리야르Jean Baudrillard의 시뮬라크라의 시대는 진품과 그것의 반영, 실제 현실과 가상 현실의 차이를 무효화하지 않았다. 둘 사이의 간격만 벌릴 뿐이었다. — 인터넷 도사들에게는 그것을 뛰어넘는 것이 별것 아닐 테지만 그것을 연결하는 것은 현재의 시민에게는 점점 더 어려워지고, 심지어 시민이 되려고 하는 이들에게는 한층 더 어려운 것이 된다.

PC와 휴대전화가 소비자의 사적이고 은밀한 세계를 식민화하기 직전에 래쉬가 씁쓸하게 지적한 대로

> 쇼핑몰이 이웃을 대체하는 도시와 교외 거주자들은 …… 단지 그와 같은 상태가 너무나 불만족스러운 대체물로 나타났다는 이유만으로 공동체를

재발명할 것 같지는 않다.[17]

그러한 판결은 그와 같은 식민화가 산불이 번지는 속도로 지구의 가장 외진 곳과 구석구석까지 확산된 이후로도 여전히 유효하다.

정체성에 초점을 맞추어 우리 시대의 강박(그리고 특히 오늘날 정체성의 구성과 해체에 첨부되는 주의attention)을 연구한 최근 저서에서 아피아는 '집단'과 '개인' 또는 '소속'과 '자기주장' 사이의 기묘한 변증법을 파악하고자 한다. 자기 정체화 노력을 궁극적으로 효력이 없지만 (어쩌면 바로 그러한 이유에서) 멈출 수 없도록, 그리고 결코 열의를 잃지 않을 것처럼 만드는 변증법을 말이다.[18] 그는 가령 아프리카계 미국인이라는 사실이 누군가가 표현하고 공개적으로 제시하려고 분투하는 자아 형성에 영향을 준다면 그/그녀는 보여지고 공개적으로 제시되기에 적합한 자아를 갖고 싶은 필요를 느끼므로 우선 분투를 시작해 아프리카-아메리카니즘에 대한 인정을 추구한다고 주장한다. 정황적이고도 우연적인 귀속적 결정이 자아 중에서 밖으로 내보이기에 적합한 자아를 선택하는 과정은 설명해볼 수도 있지만 **하나를** 선택해 그것을 공개적으로 보이도록 하기 위해 기울이는 집중력은 거의 설명할 수 없다. 더구나 그것을 보이도록 만들기 위해 얼마나 큰 열정으로 애쓰는지는 전혀 설명할 수 없다.

비록 그/그녀가 드러내 인정받으려고 분투하는 자아가 행위자에 의

---

17 Christopher Lasch, "The age of limits", in *History and the Idea of Progress*, ed. Arthur M. Melzer, Jerry Weinberger and M. Richard Zinman, Cornell University Press, 1955, p. 240을 보라.
18 Kwame Anthony Appiah, *The Ethics of Identity*, Princeton University Press, 2005을 보라.

해 개인적 정체성(민족적, 인종적, 종교적, 젠더적 귀속이 자아의 그러한 범주에 속한다고 주장하는 것)의 선택을 앞지르고 선수 쳐 선점하며 미리 결정하는 것으로 간주되더라도 유동적 현대에서 개인의 자아-정의를 구성하는 것은 선택하라는 촉구 그리고 해당 선택을 공개적으로 인정받도록 만들려는 노력이다. 만약 문제의 정체성이 그것이 주장하는, 그리고/또는 소유하고 있다고 믿어지는 결정의 힘을 실제로 부여받았다면 그러한 노력은 거의 시도되지 않았을 것이다.

현대의 유동적 소비자 사회에서는 어떤 정체성도 태어나면서부터 주어지지 않는다. 최종적으로 그리고 안전한 방식으로 주어지기는커녕 아무것도 '주어지지' 않는다. 정체성은 기획이다. 무한히 먼 미래에 완성될 때까지 달려들어 부지런히 수행하고 끝까지 해내야 할 과제다. '주어진', 그리하여 협상의 여지가 없는 척하는, 그리고/또는 그렇다고 간주되는 정체성의 경우조차 그것을 전유하기 위해 개인적인 노력을 기울이고, 그런 다음 매일 그것을 유지하기 위해 분투해야 할 의무가 정체성이 '주어지기' 위한 주요한 요구사항이자 필수적인 조건으로 제시되며 인식된다. 불신자, 두 마음을 가진 자, 기만적인 자는 고사하고 태만하고 미온적이거나 나태한 자는 생득권을 들먹일 권리조차 거부당할 것이다.

정체성은 선물이라기보다는(마케팅 조언자들이 만든 췌언을 떠올리자면 '무료증정'이기는커녕) 평생 중노동형의 선고다. 열렬하고 지칠 줄 모르는 소비재의 생산자, 그리고 소비재의 판매자에게 정체성은 또한 자본의 무궁무진한 원천이다. ― 한 순가락 뜰 때마다 점점 커지는 경향이 있는 원천 말이다. 유년기 초기에 일단 시작되면 정체성의 구성과 해체는 자가-추진적이고 자가-활성적인 행동이 된다.

소비자는 자기를 '상품화하려는' ― 자기를 매력적인 상품으로 다시 만들라는 — 요구에 의해 추동되며, 그러한 목적을 위한 마케팅 실천의 모든 통상적인 전략과 방책을 효율적으로 사용하도록 강요당한다는 점을 기억하라. 자기가 소유했거나 개발을 바라는 귀중품을 위한 틈새시장을 찾도록 강요받는 소비자는 요구되는 것과 제공되는 것의 잦은 변화를 예의 주시하며 시장 동향을 좇아야 한다. 소비자 시장의 악명 높은 변덕을 고려할 때 그것은 골치 아픈, 종종 완전히 진을 빼는 일이다. 시장은 그러한 일을 점점 더 벅차게 만들 수 있는 모든 것을 하는 한편 동시에 (상당한 비용을 들여) 지름길과 DIY 키트와 특허 기술 등을 제공하기 위해 할 수 있는 모든 것을 하고 있다. 소비자에게 부담을 덜어주거나, 적어도 오랫동안 갈망하던 안도가 정말 도래했다고 확신시켜주기 위해 말이다. — 어쨌든 잠시 동안은.

소비자 사회에서 정체성의 구성과 해체에 따르는 고통을 감해주는 데서 주요한 역할을 하는 두 가지 특별한 방책이 있다.

첫 번째는 내가 다른 글에서 '휴대품보관소 공동체'라고 불러온 것이다(공연장 관객이 공연이 진행되는 동안 코트나 방한 외투를 맡기기 위해 혼자 또는 작은 그룹으로 각자의 자리에서 휴대품보관소로 모여드는 것과 같은 것이다). 그것은 귀신 공동체, 유령 공동체, 즉석 공동체, 카니발 공동체다. — 단지 다른 사람이 있는 곳에 함께 있음으로써 또는 공유하는 목적과 스타일 혹은 취향의 배지나 다른 표시를 당당히 내보임으로써 가입한 것으로 느끼는 공동체다. 관심이 시들해지기 시작하면 전에라도 언제든 자유롭게 떠날 수 있는 한편 일단 군중이 해산되면 '떨어져 나오는' **기한이 정해진** (또는 적어도 일시적으로 인정되는) 공동체다.

휴대품보관소 공동체는 입장이나 퇴장 허가권을 요구하거나 그것을 발부할 수 있는 사무실을 갖고 있지 않다. 심지어 가입 신청에 대해 구속력 있는 적법성의 기준을 정의할 자격은 더구나 갖고 있지 않다. '공동체 회원'의 양식은 완전히 주관적이다. 중요한 건 바로 '공동체에 대한 순간의 경험'이다. 순간의 폭정 하에 시달리고, 점묘파적 시간에 의해 평가되는 소비자의 존재 속에 원하는 대로 쉽게 합류하고 떠나는 것은 유령 같은 즉석 공동체의 경험에 불편하게 견고하고, 제약적이며, 부담스러운 '실재의 것'에 대해 확실한 이점을 부여할 것이다.

공연 티켓이나 배지, 그리고 그 밖에 공개적으로 드러내는 정체성의 표시는 모두 시장에서 제공하는 상품이다. 그것이 정체성의 구성과 해체의 부담을 덜어주기 위해 소비주의 삶의 양식이 제공하는 두 가지 방책 중 두 번째 것이다. 소비재는 정체성에 대해 전혀 중립적이지 않다. 그것은 '정체성을 제공해'(장난감이나 전자기기에 '건전지를 제공해' 판매하듯이) 완비되는 경향이 있다. 갈망하던 '공동체 경험'을 얻을 뿐만 아니라 공개적으로 드러내기에 적합하고 공개적으로 인식될만한 정체성의 구성에 전념하는 작업에는 주로 쇼핑 기술이 요구된다.

가장 가까운 쇼핑몰보다도 더 가까운 곳에서 완전히 새롭고, 시선을 끌며, 매혹적인 정체성이 놀라울 만큼 풍부한 가운데 특정한 정체성을 궁극적인 것으로 담담하게 받아들여 더 이상의 정비나 교체를 요구하지 않을 기회는 속담에 나오는 대로 지옥에서 눈덩이가 살아남을 가능성과 동일하다. 실제로, 왜 이미 조립을 마친 것에 그것의 결점까지 포함해 만족해야 할까? 만약 새로운 자가 조립식 키트가 전에는 결코 경험해보지 못한 흥분을 약속하고 ― 누가 알겠는가? ― 전에는 결코 즐겨보지 못한 기쁨으로 이끄는 문을 열어젖힌다면 말이다. '완전히 만족하지 않았다면 상품을 상점에 반품하라.' 그것이 소비하는 삶의 전략의 제1원리 아닌가?

러시아 태생의 미국 철학자-시인 브로드스키Joseph Brodsky는 새로운 탄생과 시작으로 끊임없이 갱신되고 재형성되는 정체성에 대한 강박적 상점 매개적 탐색에 의해 시행되고 유도되는 삶의 형태를 다음과 같이 생생하게 묘사한다.

당신은 직업, 배우자, 연인, 집의 창문에서 보이는 풍경, 방의 가구나 벽지, 당신의 생각, 당신 자신에게 싫증 나게 될 것이다. 따라서 탈출 방법을 고안하려 할 것이다. 앞서 언급한 자기만족적 도구와 별도로 직업, 거주지, 회사, 나라, 날씨를 바꾸기 시작할 수 있고, 난혼, 술, 여행, 요리 수업, 마약, 정신분석에 손을 댈 수도 있다. …… 실제로 이 모든 것을 함께할 수도 있고, 한동안 효과가 있을 수 있다. 물론 여행사와 정신과 의사로부터 날아온 영수증 더미와 함께, 거기다 창문을 통해 쏟아져 들어오는 햇살에 대해 동일하게 김빠진 느낌과 함께 새로운 가족과 다른 벽지로 둘러싸인 침실에서, 다른 나라의 다른 기후 속에 깨어날 그날까지는 말이다. ……19

폴란드의 뛰어난 소설가이자 우리 시대 인간의 조건에 대해 특별히 통찰력 있는 분석가인 스타시욱은 "다른 어떤 사람이 될 가능성"이 지금 대체로 폐기되고 방치된 구제나 구원에 대한 오늘날의 대용품이라고 주장한다. 한 가지 덧붙이자면, 원래의 것보다 훨씬 우월한 대용품이다. 짜증 나게 느리기보다 즉각 나타나고, "단 하나뿐인" 것이자 궁극적인 것 대신 취소 가능하며, 게다가 다양하기 때문이다.

---

19 Joseph Brodsky, *On Grief and Reason*, Farrar, Straus and Giroux, 1995, pp. 107~108.

다양한 기술을 적용해 우리는 다른 패턴에 따라 몸을 바꾸고 개조할 수 있다. …… 화려한 잡지들을 대충 훑어보면 그것들이 주로 하나의 이야기를 한다는 느낌을 갖게 될 것이다. 그것은 식단, 환경, 집에서부터 시작해 정신 구조의 재건에 이르기까지 성격을 다시 만들 수 있는 방법에 관한 것인데, 종종 그것에는 '너 자신이 되라'는 명제의 암호명이 붙는다.[20]

많은 나라를 직접 경험한 세계적 명성의 폴란드 작가 므로제크는 스타시욱의 가설에 동의한다. 므로제크는 우리가 사는 세상을 "화려한 드레스로 가득 차고 '자아'를 찾는 군중으로 둘러싸인 시장 가판대"와 비교한다.

…… 사람은 끝없이 드레스를 갈아입을 수 있으니, 즐거움을 찾는 이들에게 얼마나 경이로운 자유인가. …… 우리의 진정한 자아를 계속 찾아보자. 그것은 기막힌 즐거움이다. ― 진정한 자아는 결코 찾을 수 없다는 조건 하에 말이다. 찾을 수 있다면 즐거움은 끝날 테니까. ……[21]

단순히 쉽게 자아를 바꿀 수 있는 방법을 통해 희생을 줄이고 매일 진을 빼는 노력도 할 필요가 없어지는 한편 불확실성의 부담은 덜고 행복을 더 풍성하게 만드는 꿈, 그리고 피부에 부착되지 않고, 따라서 더 이상의 변화를 미리 막아버리지 않을 옷을 입음으로써 자아를 바꾸려는 꿈이 정체성 조작에 대한 소비자의 강박의 핵심에 자리한다. 인생에서 추구하는 다른 모든 것과 마찬가지로 자아-정의와 자아-구성의 경우 소

---

20 Andrzej Stasiuk, *Tekturowy samolot*, Wydawnictwo Czarne, 2000, p. 59.
21 Slawomir Mrozek, *Male listy*, Noir sur Blanc, 2002, p. 123.

비주의 문화는 자아의 성격에 충실하며, 최종적인 정착이나 더 이상의 개선을 요구하지 않는 어떤 완성되고, 완벽한 만족감도 금지한다. '정체성 만들기'로 불리는 활동에서, 비밀스러울지라도 진짜 목적은 실패했거나 완전하게 성공하지 못한 생산품을 폐기하고 처분하는 것이다. 그리고 생산품이 실패했거나 완전하게 성공하지 못했다고 평가받는 것은 약속된 폐기나 교체의 용이함에 의해서이다. 크라카우어가 선견지명을 갖고 주장한 대로 우리 시대에 "통합적 성격은 의심할 여지없이 현대 심리학이 선호하는 미신 중 하나"[22]임은 전혀 놀랍지도 않다.

정체성을 개조하는 것, 이전에 구성된 정체성을 폐기하고 새로운 것을 실험해보는 것은 직접적으로 점묘파적 시간 속에서 보내는 삶에서 비롯된다. 이 시대에는 매 순간이 탐구되지 않은 기회로 가득 차 있는데, 그것은 만약 시도되지 않는다면 인식되지도 않고 유언장도 남기지 않은 채 사라질 듯 보인다. 하지만 그것은 점차 자체를 위해 욕망되고 수행되는 활동으로 바뀌고 있다. 아무리 많은 실험으로도 무한한 기회를 다 써버릴 것 같지는 않기에 탐구의 활기나 과거의 시도의 실망스러운 결과에 따른 조바심은 아마도 절대 줄어들지 않을 것이다. 실험 기간과 범위에 부과되는 선천적 한계 — 개인적 삶의 유한성으로 인한, 새로운 정체성의 생산에 요구되는 자원의 희소성으로 인한, 정체성이 공식적 인정의 반복적 시험에 맡겨지는 서식지의 제한된 규모로 인한, 또는 승인 받기 위해 중요한 의미가 있는 타자들의 저항이나 불신으로 인한 — 는 억울하게 여겨지고, 또한 개인이 선택할 자유에 부과되는 부당한, 그러므로 받아들일 수 없는 제약으로 여겨지는 경향이 있다.

---

[22] 크라카우어, 『역사: 끝에서 두 번째 세계』, 김정아 역, 문학동네, 164페이지.

정체성 개조의, 즉 무수한 탄생과 새로운 시작의 중독자에게는 다행히도 인터넷이 '현실의 삶'으로부터 거부되고 차단될 기회를 열어준다. '오프라인' 공간에 대한 가상적 삶의 공간의 경이로운 이점은 실제로 실천하지 않고도 정체성을 승인받을 수 있는 가능성에 있다.

인터넷 사용자는 환상의 놀이에서 가장假裝, make-believe의 사회적(역시 단지 가상적일 뿐이지만) 수용으로 이어지는 지름길을 찾고, 발견하고, 즐긴다. 조레기베리 주장대로 자기-동일시 실험을 가상공간으로 옮기는 것은 오프라인 세계를 가득 채우고 있는 성가신 제약으로부터의 해방처럼 느껴진다.

> 인터넷 사용자는 어떤 제재의 두려움도 없이 맨 처음부터 다시 몇 번이고 반복해 본인이 선택한 새로운 자아를 실험해볼 것이다.[23]

원하면 언제든지 바로 연결하고, 단절할 수 있는 인터넷 세계를 방문하는 동안 취하는 정체성이 대개 오프라인에서 신체적으로나 사회적으로 옹호될 수 없을 종류의 것임은 놀랍지 않다. 그것은 완전히 그리고 말 그대로 '카니발적 정체성'이다. 하지만 노트북과 휴대전화 덕택으로 그와 같은 카니발은, 특히 그중에서도 사사화된 축제는 언제든지 즐길 수 있다. — 게다가 가장 중요하게는 자기가 선택한 때 즐길 수 있다.

카니발적 정체성 게임 속에서 오프라인 교제socializing는 소비자 세계에서 실제로 교제가 무엇인지를 드러낸다. 꽤 번거로우며 특별히 즐길

---

[23] Francis Jauréguiberry, "Hypermodernité et manipulation de soi", in *L'Individu hypermoderne*, ed. Aubert, p. 158 이하를 보라.

만하지도 않은 짐, 피할 수 없기에 참고 견딜 뿐인 짐인 것이다. 피할 수 없다는 것은 선택된 정체성의 인정이 길고도, 가능한 한 끝없이 계속되는 노력에 의해 성취되기를 요구하기 때문이다. — 대면적 만남에서 필연적으로 수반되는 허세를 요구받거나 허세가 뒤집어쓸 모든 위험과 함께 말이다. 인정투쟁의 부담스러운 면을 잘라내는 것은 아마도 인터넷상의 가장무도회와 사기극 confidence game의 가장 매력적인 자산일 테다. 대체적 인정을 추구하는 인터넷 사용자의 '공동체'는 사회화라는 허드렛일을 요구하지 않으며, 그리하여 위험, 즉 인정에 대한 오프라인적 투쟁이라는 저 악명 높고 많은 사람이 두려워하는 골칫거리로부터 비교적 자유롭다.

오프라인에서의 교제가 드러내는 또 다른 사실은 승인과 인정의 표시 외의 다른 모든 역할에서의 '타자'의 중복이다. 인터넷의 정체성 게임에서 '타자'(메시지의 수신인과 발신인)는 완전히 조작 가능한 자기-확인 도구의 핵심으로 축소되며, 오프라인의 상호작용에서는 여전히 (아무리 마지못해 억지로라도) 참아내게 되는 일과는 관계없을 대부분의 또는 모든 불필요한 부분을 제거해낸다. 한 번 더 조레기베리를 인용해보자.

> 성공적인 자기 정체화를 추구하는 과정에서 자기를 조작하는 개인은 대화 상대방과 매우 도구적인 관계를 유지한다. 대화 상대방은 오로지 조작자의 존재를 증명하기 위해서만 — 또는 보다 정확하게는, 조작자가 자기의 '가상적 자아'를 현실 속으로 넘겨버리는 것을 허용하기 위해서만 받아들여진다. 타자를 찾는 목적은 인터넷 사용자의 가상적 자아를 입증하고, 위안해주고, 추켜 세워주기 위한 것 외에는 없다.

인터넷을 매개로 한 정체성 게임에서 타자는 말하자면 무력화되고 해독解毒된다. 타자는 인터넷 사용자에 의해 정말 중요한 것으로, 자기 자신의 자가-인정 도구의 지위로 축소된다. 타자의 자율성과 독창성을 인정하고, 지속적 결합과 헌신에 대한 내키지 않는 요구는 물론 자기 정체성에 대한 타자의 주장을 인정해야 하는 별 매력 없는 필요 — 그것은 오프라인에서의 인정투쟁에서는 불가피하다 — 는 모두 제거되거나 적어도 이 게임이 지속되는 동안에는 허용되지 않는다. 가상적 사교는 마케팅 양식을 따라 진행된다. 그리고 그러한 사교의 전자적 도구는 마케팅 기술을 기준으로 만들어진다.

그것의 가장 큰 매력은 믿도록 만드는 것make-believe에 대한 순수한 즐거움으로, 거기에는 '믿는 자들believers'에게는 보이지 않게 유지되기에 만드는 자maker의 걱정거리 목록에서 거의 삭제된 '만드는make' 것의 불미스러운 부분이 포함되어 있다.

4
소비주의의 부수적 피해자

Consuming Life

|

　신조어로 즉각 유행하게 된 '부수적 피해', '부수적 피해자' 그리고 '부수적 희생자' 등의 개념은 원래 법정에서 변호사가 사용하는 어휘로는 정당방위라는 화용론에 뿌리를 두고 있다. 처음에 그것은 기자단에 대한 군 대변인의 발표에서 사용되었고, 이후 저널리즘의 언어로, 이어 그로부터 특정 집단의 용어로 전환되었다.

　인간 행위가 낳은 '예기치 않은 결과'와 관련해 광범위하게 묘사된 현상을 눈감아주더라도 '부수성'은 강조점을 미묘하게 옮기고 있다. 위에서 열거한 세 개념 모두 비의도성에 힘입어 해를 끼치는 행위를 변명하고, 정당화하며, 처벌을 면하려는 의미를 공유한다. 아마 코헨Stanley Cohen이라면 그것들은 '부정否定 상태'에 관한 언어적 무기고에 속할 것이라고 말할 것이다. 법적 책임뿐만 아니라 **도덕적 책임**도 부정하는 것이다. 가령 다른 사람을 자살폭탄테러범으로 훈련시키거나 그렇게 훈련받았다고 의심되는 단 한 명을 공격하기 위해 조준한 스마트 미사일로 12명 또는 그 이상의 여성과 아이가 삶을 끔찍하게 마감하거나 평생 불구가 되었다(그러한 예는 최근 점점 더 흔해지고 있다). 이어 군 대변인의 기자

회견에서 여성과 아이의 죽음은 지정된 목표물에 대한 공격이 상세히 묘사된 한참 후 '부수적 피해', 즉 누구도 그것 때문에 재판에 부쳐질 수 없는 피해로 언급될 것이다. 죽거나 다친 지역의 거주자와 통행인은 미사일을 발사한 사람이나 발사하도록 명령한 사람이 겨냥한 목표에는 들어 있지 않았다는 이유로 말이다.

물론 '예상하지 않음'이 반드시 '예상 불가능함'을 의미하는지, 그리고 보다 중요하게는 '의도하지 않음'이 '추산 불가능함', 따라서 '의도적으로 피하는 것이 불가능함'을 나타내는지 또는 계산한 사람과 피하는 것에 충분히 신경 쓰지 않은 사람이 그저 무관심과 냉담함을 의미하는지는 미제로 남아 있다. 일단 그러한 질문이 분명하게 제기되면 특정한 사례에 대한 조사가 어떤 답을 내놓건 '비의도성'을 들먹이는 주장이 조건부건 고의적이건 **윤리적 맹목성**을 부정하거나 그에 대해 책임이 없음을 주장하기 위해서임을 의심할 만한 충분한 이유가 존재한다는 것이 분명해진다. 그야말로 아무런 상관도 없는 몇몇 여성과 아이를 살상한 것은 한 테러 용의자를 날려버리거나 심지어 날려버리려고 시도한 것에 대한 과도한 대가로 간주되지 않는다. 코끼리들이 초원에서 싸울 때 코끼리 싸움에 고통 받는 것은 풀이다. 하지만 코끼리들이 풀을 딱하게 여기지는 않을 것이다. 코끼리들은, 만약 말할 수 있다면, 풀밭에 대해 악감정은 없었으며 우연히 싸우게 된 장소에서 풀이 자라게 만든 것은 자기들이 아니라고 지적할 것이다.

최근 제이는 오웰George Owell이 정치와 영어에 관한 획기적인 한 에세이에서 표명한 바 있는 직설적 견해를 반망각 상태로부터 되살려낸 바 있다.

우리 시대에 정치 연설과 글은 대부분 변명의 여지가 없는 것에 대한 변호로 이루어진다. …… 정치 언어 — 다양하게 변형되지만 보수주의자부터 무정부주의자에 이르기까지 모든 정파에 해당되는 이야기다 — 는 거짓이 진실처럼 들리게 만들고, 살인을 부끄럽지 않은 것으로 만들며, 순 허풍에 단단한 외양을 부여하기 위해 꾸며진다.[1]

반세기 후의 정치적 담론의 실태를 면밀히 살펴보고, 제이 자신은 '조작, 과장, 회피, 반쪽 진실 등'을 치료 가능한 일시적 질병으로도 또는 적절한 노력을 통해 '마음에서 우러난 진솔한 말'로 대체될 수 있는 권력투쟁에 대한 이질적 개입으로도 다룰 수 없음을 알게 되었다.

전체주의적 정치의 새빨간 거짓말을 자유민주주의 정치가 추구하는 완벽한 진실, 오웰과 그의 충직한 동료들이 지지했던 언어의 투명함과 명료함에 대한 추구에 기초한 진실에 의해 바로잡아질 수 있는 것으로 보기보다는 정치를 서로를 상쇄할 뿐 결코 완전하게는 단일한 합의를 낳을 수 없는 무수한 반쪽 진실, 교활한 생략, 경쟁적 서사 간의 끝없는 투쟁으로 바라보는 쪽이 더 나을 것이다.[2]

'부수적 피해자'나 '부수적 피해'라는 (특히 정치 선전용의) 모호하고 기만적인 표현에는 분명히 한 가지 또는 두 가지가 '교묘하게 누락되어' 있다. 거기서 교묘하게 생략되는 것은 부수적이건 아니건 '피해자'는 어

---

1 George Orwell, *A Collection of Essays*, Harcourt Brace Jovanovich, 1953.
2 Martin Jay, "The ambivalent virtues of mendacity", in *Education and the Spirit of Time*, ed. Olli-Pekka Moisio and Juha Suoranta, Sense, 2006, p. 91 이하를 보라.

떤 사람을 제거하기 위한 작전이 계획되고 수행되는 방식에 따른 결과라는 사실이다. 작전을 계획하고 수행한 사람은 피해가 원래 목표로 추정된 경계선을 넘어 부작용과 예상치 않은 결과라는 (집행자의 초점에서 벗어나 있었기 때문에) 흐릿한 지역으로 번져가는 것에 딱히 신경 쓰지 않았기 때문이다. 또한 새빨간 거짓말은 아니라도 반쪽짜리 진실도 존재할 수 있다. 공표된 작전의 목표라는 관점에서 보면 희생자 중 일부는 실제로 '부수적'인 것으로 분류되어 있을 수도 있지만 공식적이고 명시적인 서사가 '진실을 결여한 것'을 증명하기는 쉽지 않다. 그리고 그러한 서술이 정말로 그렇다고 주장하듯이 계획한 자의 머릿속에 들어 있는 또는 계획한 자의 회의에서 논의된 생각과 동기와 관련해 모든 진실, 단지 진실만 말하고 있음을 증명하기는 어려운 것이다. (일상적 행위 유형과 특정한 작업의 '명시적' 기능과 '잠재적' 기능을 구분하는 머튼Robert Merton 의 방법을 이용해) 이 경우 '잠재적인' 것이 반드시 '무의식적인' 또는 '원하지 않은'을 의미하는 것은 아님을 의심해볼 수도 있을 것이다. 대신 그것은 '비밀로 지켜지는' 또는 '은폐되는'을 의미할 수 있다. 그리고 서사는 분명히 더 이상 몇몇 개로 축소될 수 없을 정도로 무수하다는 제이의 경고를 염두에 두고 오히려 이런저런 해석을 '합당한 의심을 넘어서' 입증하거나 반박할 수 있으리라는 희망을 버려야 한다.

지금까지 관심의 초점이 되어온 것은 **정치적 거짓말**, 즉 명백하게 **정치적인 권력투쟁**과 **정치적 효율성**을 위해 동원되어온 거짓말이다. 하지만 '부수적 피해'라는 개념은 결코 특수하게 정치적인 장에만 국한되지 않는다. '교묘한 누락'과 '반쪽 진실' 모두 정치적인 장에만 고유한 것이 아니다. 권력투쟁은 온전히 전문 정치가에 의해서만 행해지지 않는다. 또한 전문적으로 효율성 추구에 관계하는 것이 정치가만은 아니다. 지배적인 서사 또는 지배적인 것이 되기를 갈구하는 서사가 '특정한 목적에 따른 행위'와 '의도하지 않은 결과'를 구분하는 선을 긋는 방식 또한 **경제적** 이익의 증진에서 그리고 경제적 수익을 얻기 위해 투쟁하는 가운데 경쟁상의 이점을 늘리려는 노력에서 주요한 쟁점이 된다.

나는 그러한 증진과 투쟁으로 자행된 (결코 유일한 것은 아니지만) 최고의 '부수적 피해'는 인간의 삶의 전면적이고 포괄적인 상품화라고 주장한다.

리빙스턴 말을 빌리자면

> 주체성 자체가 아름다움, 청결, 신실함, 자율성으로 시장에서 사고파는 상품이 될 만큼 상품 형태가 지금까지 그러한 논리에서 제외된 사회적 삶의 차원을 파고들어 개조하고 있다.[3]

또한 캠벨 표현을 빌리자면 — 소비 행위는

> 우리 시대에 서구 사회의 시민이 자기의 모든 행위를 바라보는 방식과 관련해 일종의 본보기나 모델이 되었다. 현대 사회의 점점 더 많은 영역이 …… '소비자 모델'에 동화됨으로써 이 과정에서 소비주의의 근본적인 형이상학이 모든 현대적 삶에 대한 일종의 표준적 철학이 된 것은 전혀 놀랍

---

[3] J. Livingstone, "Modern subjectivity and consumer culture", in *Consuming Desires: Consumption, Culture and the Pursuit of Happiness*, ed. S. Strasser, C. McGovern and M. Judt, Cambridge University Press, 1998, p. 416을 보라. 여기서는 Belk, "The human consequences of consumer culture." p. 71에서 재인용.

지 않을 것이다.4

혹쉴드는 소비주의의 침입 과정에서 자행되는 가장 중대한 '부수적 피해'를 간결한 만큼이나 통렬한 구절로 요약한 바 있는데, '사랑의 물질화'가 그것이다.

소비주의는 일과 가족의 감정적 전도를 지속시키는 기능을 한다. 노동자는 매일 평균 3시간(총 여가시간의 절반)의 TV 시청을 통해 광고의 지속적인 폭격에 노출됨으로써 더 많은 것을 '요구하도록' 설득당한다. 그들은 지금 필요로 하는 것을 사기 위해 돈을 필요로 한다. 돈을 벌기 위해 그들은 점점 더 오래 일한다. 너무 많은 시간 동안 가정으로부터 멀어지면서 그러한 부재를 비용이 많이 드는 선물로 보상한다. 그들은 사랑을 물질화한다. 그리고 그렇게 순환이 계속된다.5

가정 풍경에서의 새로운 정신적 분리와 육체적 부재는 남성과 여성 노동자로 하여금 한 지붕 아래 뒤섞여 살려면 어찌할 수 없는 크고 작은 또는 아주 사소하고 하찮은 갈등을 똑같이 견딜 수 없게 만든다고 덧붙일 수 있다.

대화를 나누고 이해를 구해야 하는 기술이 줄어들면서 단도직입적으로 마주해 대처해야 할 도전이던 것이 점차 소통을 단절하는, 그리고 뒤에 놓인 다리를 벗어나 불태우기 위한 구실로 변하고 있다. 행복을 위해 필요하다고 여겨지는 것을 얻고자 점점 더 벌이에 바쁜 탓에 남성과

---

4 Colin Campbell, "I shop therefore I know that I am", pp. 41~42.
5 Hochschild, *The Commercialization of Intimate Life*, p. 208 이하를 보라.

여성은 상호 불이해와 의견충돌의 해결은커녕 상호 공감을 위한 시간, 그리고 극심하고, 때때로 복잡하고 고통스러운, 그러나 언제나 장황하고 에너지 소모적인 협상의 시간을 덜 갖게 된다. 그것은 또 다른 잔인한 순환을 촉발한다. 애정 관계를 '물질화하는' 데 점점 성공할수록 (광고 문구의 지속적 흐름이 그렇게 하도록 촉구한) 둘 사이에 요구되는 상호 공감적 이해를 위한 기회는 악명 높은 사랑의 힘/돌봄의 모호함으로 인해 더욱 적어진다. 가족 구성원은 충돌을 피하고 가정의 내분으로부터 일시적 도피처(또는 더 낫게는 영구적 대피처)를 찾도록 유혹된다. 그런 다음 사랑과 애정 어린 보살핌을 '물질화'하라는 권고는 또 다른 추진력을 얻는다. 끊임없이 늘어나는 논쟁과 달래야 할 유감, 해결을 요하는 의견충돌의 사항으로 인해 더욱 많은 시간을 잡아먹으며 에너지를 소모하는 대안이 점점 더 필요함에도 점점 더 얻기 어려워지기 때문이다.

회사 중역들이 애지중지하는 고급 인력의 전문가들은 작업 현장에서 집에서는 찾아볼 수 없는 아늑한 가정적 분위기에 대한 적절한 대안을 너무나 자주 제공받을 수 있는 반면(혹쉴드 지적대로, 그들에게서 직장과 가정이라는 전통적인 역할 분담은 뒤바뀌는 경향이 있다) 직급이 낮고 덜 숙련되었으며 쉽게 대체 가능한 고용자에게는 아무것도 제공되지 않는다. 만약 어떤 기업, 특히 혹쉴드에 의해 심층 조사된 아메코^{Amerco}가

> 점점 더 분할되는 노동시장에서 상위에 위치한 **엘리트** 지식 노동자에게 오래된 **사회주의 유토피아**를 제안한다면 다른 기업들은 점차 반숙련 및 비숙련 노동자에게 **최악의 초기 자본주의**를 제안할 수 있다.

후자에게서

친족 연결망도, 직장 동료도 개인에게 감정적 닻은 제공하지 않으며 오히려 패거리, 그리고 길거리 선술집에서 함께 한잔 나누는 동료나 그와 비슷한 종류의 집단만 제공할 뿐이다.

개인적 즐거움에 대한 추구 ― 현재 제공되는 상품에 의해 분명하게 표현되는 그것은 연속적인 광고 캠페인에 의해 이끌리고 지속적으로 방향이 재조정된다 ― 만이 동료와의 결속을 높이고, 가정과 가까운 이웃 내부의 가장 가깝고 소중한 사람을 돌보고 돌보아지는 것이 주는 강렬한 따뜻함에서 유일하게 수용 가능한 ― 그리고 정말 간절히 요구되고 환영받는 ― 대안을 제공한다.

죽어가거나 심각하게 병든 '가족 가치'의 부활을 요구하고, 그러한 요구가 포함하고 있는 것에 대해 진지한 정치가들은 직장 내에서의 사회적 결속이 지속적으로 시들어가고 가족이 함께하는 가정 내에서 돌봄과 나눔의 자극이 사라지는 것이 소비주의에 뿌리를 두고 있는 것은 아닌지 골똘히 생각해보는 것으로부터 시작해야 한다. 유권자로 하여금 상호존중을 보여주기를 요구하며, 그러한 요구가 포함하고 있는 것에 대해 진지한 정치가들은 아래와 같은 소비자 사회의 내재적 경향에 대해 골똘히 생각해 보아야 하는 것이다. 다시 말해 사회 구성원에게 소비재, 즉 아무 조건 없이 즉각적인, 가능하면 별 탈 없는 만족을 위해 계획되고 예정된 대상에 대해 자기가 느끼고 표현하도록 훈련받아온 것과 동일한 ― 그 이상은 아니다 ― 존중을 다른 사람에게도 기꺼이 부여하게 하려는 경향 말이다.

소비주의의 의기양양한 행진의 궤적을 따라 남겨진 부수적 피해는 현대의 '선진' 사회들이 낳은 사회적 공포에 흩뿌려져 있다. 그중 이전의 사회적 분할의 정신적 지도에는 없던 새로운 범주의 사람이 등장 중인데, 그들을 소비주의의 '복합적인 부수적 피해'의 집단적 희생자로 간주할 수 있을 것이다. 최근 이 범주에는 '언더클래스underclass'라는 이름이 부여되었다.

이전에는 흔했으나 현재는 더 이상 사용되지 않는 '노동계급'이라는 용어는 부유한 자와 궁핍한 자의 업무와 기능이 구별되고, 핵심적 측면에서는 대립되지만 **상호보완적**이던 사회의 형상에 속했다. 이 개념은 사회의 삶에서 나름의 필수불가결한 역할을 하는 사람들의 계급 이미지를 떠올리게 만든다. 사회 전체에 유용한 기여를 하며, 그에 따라 보상받기를 기대하는 사람들 말이다. 지금은 기피되지만 당시에는 흔했던 '하층계급'이라는 용어는 사회적으로 유동적인 사회의 형상에 속했다는 점에서 그들과 달랐다. 이 사회에서 사람들은 이리저리 옮겨 다니고, 각각의 위치는 단지 일시적이며 원리적으로 변화에 열려 있었다. 이 용어는 현재의 열등함에서 탈출하기 위해 (노력과 운으로) 기어오를 수 있는 사다리 밑에 서 있거나 또는 내던져진 사람들의 계급 이미지를 떠올리도록 만들었다.

하지만 '언더클래스'라는 용어는 그와는 완전히 다른 이미지의 사회에 속한다. 결코 모든 사람을 환대하고 수용하지 않는 사회를 암시하기 때문이다. 대신 주권을 규정하는 표식이 법의 적용을 **부인하거나 철회하**는 것을 통해 법이 적용되는 사람의 범주를 **면죄하고, 배제하고,** 제쳐두는 특권이라는 슈미트 주장을 연상시키는 사회가 그것이다. '언더클래스'는 **모든** 계급과 **계급이라는 위계 자체**와 관련해 출입금지가 선언된 사람들의 집단 이미지를 떠올린다. 재허가 기회는 거의 없으며 필요하지도 않다. 그들은 아무런 역할도 없고 나머지 사람들의 삶에 유용한 기여도 하지 않으며, 원칙상 구원도 불가능하다. 그들은 계급으로 나뉜 사회에서 자기 계급을 형성하지 않은 채 다른 모든 계급의 생명력으로 살아가며, 그렇게 함으로써 계급에 기반한 사회질서를 부식시킨다. 인종으로 나뉜 인류라는 나치 이미지에서처럼 유대인은 다른 인종, 적대적 인종이라고 비난받은 것이 아니라 '인종이 아닌' 인종, 다른 모든 '마땅하고 적절한' 인종의 기생충, 모든 인종의 정체성과 완전함을 희석시킴으로써 인종에 기반한 세계 질서를 약화시키는 부식 세력이라는 이유로 공격당했다.

여기서 '언더클래스'라는 용어가 절묘할 정도로 잘 선택되었다는 점을 덧붙이자. 그것은 '지하세계', 하데스, 저승^{Sheol}과의 연관을 환기시키고 또 요구한다. 그것은 잘 정돈되고 의미로 가득 찬 살아 있는 땅으로부터 떨어져 나간 사람들을 뒤덮고 있는, 탁하고 축축하고 퀴퀴하며 형체가 없는 어둠 속에 깊숙이 자리 잡은 지하세계의 원시적 전형이다.

간단하게 '언더클래스'로 추방된 개인을 굳이 상상의 나래를 펴지 않고도 의미로 충만한, 통합된 '전체'를 형성하는 것으로 그려볼 수 있을 것이다. 그들은 오직 행동이 비슷하다는 주장 덕분에 함께 묶이고 열거될 수 있다. 갠즈의 묘사대로 언더클래스라는 총칭적 이미지 속에 함께 모을 수 있는 사람들의 목록은 무엇보다 당혹스러울 만한 다양함으로 독자에게 깊은 인상을 줄 것이다.

그러한 행태적 규정은 학교를 중퇴하고, 일하지 않고, 젊은 여성의 경우 결혼에 따른 혜택 없이 아이를 갖고 복지에 의존하는 가난한 사람을 명명한다. 이 행태적 언더클래스에는 또한 노숙자, 거지, 걸인, 알코올중독자와 마약중독자, 거리의 비행자가 포함된다. 이 용어는 유연하기 때문에 '뜨내기 노동'으로 먹고사는 가난한 사람, 불법 체류자나 10대 갱단도 종종 언더클래스로 찍힌다. 실제로 그러한 행태적 규정의 융통성 자체가 가난한 사람의 실제 행태가 무엇이건 그를 낙인찍는 데 사용할 수 있는 딱지가 되는 용어로 딱 들어맞도록 만든다.6

실로 명백히 이질적이며 극히 다양화된 무리다. 그들을 함께 묶는 행태에 대해 적어도 그럴듯하다는 외양을 부여해줄 수 있는 것으로는 무엇이 있을까? 알코올중독자와 미혼모 또는 학교 중퇴자와 불법 체류자 간에 무슨 공통점이 있을까?

실제로 그들을 표시할 수 있는 한 가지 특징이 있는데, 다른 사람, 즉 그들의 목록을 작성한 사람과 그러한 목록을 보게 될 사람은 그들이 존재할 아무런 유익한 이유도 없다고 생각하며, 만약 그들이 주변에 없다면 훨씬 더 살기 좋으리라 상상한다는 것이 그것이다. 그들은 완전히 불필요한 것으로 간주되기 때문에 언더클래스로 내던져진다. 그야말로 성가신 존재로, 우리에게는 없어도 아무런 상관없을 무엇으로 말이다. 모든 사람과 모든 것을 상품 가치로 평가하는 세계인 소비자 사회에서 그들은 아무런 시장 가치도 없는 사람이다. 상품이 되지 못한 남성과 여성이며, 제대로 된 상품의 지위를 획득하는 데 실패한 것은 완전하게 성숙한 소비자로서의 활동에 참여하는 데 실패한 것과 일치한다(실로 그로부터 기인한다). **실패한 소비자면서**, 낙오되는 소비자를 기다리는 재앙의,

---

6 H. J. Gans(1995), *The War against the Poor: The Underclass and Antipoverty Policy*, Basic Books, 1995, p. 2.

그리고 소비자의 의무를 다하지 못하는 사람의 궁극적 운명의 걸어 다니는 상징이다. 대체로, 진정한 소비자에게 경각심을 일깨우거나 겁먹게 하기 위해 '종말이 임박했다' 또는 '죽음을 기억하라'라는 광고판을 매달고 거리를 걸어 다니는 이동 광고판이다. 그들은 악몽을 짜는 실타래다. — 또는 공식적 버전에 따르면 추하고 게다가 탐욕스러운 잡초다. 엄청난 영양분을 빨아먹고 집어삼켜 다른 식물을 굶주리게 할 뿐 정원의 조화로운 아름다움에는 아무것도 보태지 않는다.

모두 쓸모없는 사람이기에 그들은 위험의 전조이자 위험을 대변한다는 시각이 그들이 인지되는 방식을 지배한다. 그들이 사라진다면 소비자 사회의 다른 모든 사람이 이익을 얻을 것이다. 생각해보라. **당신이 소비자 게임에서 낙오되고 당신 차례가 사라지면** 다른 모든 사람이 이익을 얻을 것이다.

'쓸모없음'과 '위험'은 갤리W. B Gallie의 "본질적으로 논쟁적인 개념들"이라는 큰 군群에 속한다. 따라서 지정하는 도구로 사용될 때 이 개념들은 널리 퍼지고 고정되어 있지 않지만 은은한 공포뿐만 아니라 온갖 종류의 쓸모없음의 지속성에 대한 의구심에 시달리고 있는 사회를 괴롭히는 극히 사악한 악마들을 수용하기 때문에 그에 따른 분류가 극히 적합하도록 만들어주는 유연성을 보여준다. 이 개념들의 도움으로 그려진 세계의 정신적 지도는 잇따른 '도덕적 공황'을 위한 무한히 넓은 운동장을 제공한다. 그렇게 해서 얻어지는 구분은 새로운 위협을 흡수해 길들이도록 쉽게 연장되는 동시에 널리 확산된 공포가 구체적이고 감지되는 것이라 안심되는 목표에 초점을 맞추도록 허용해준다.

그것은 틀림없이 어떤 직종이나 전문직도 더 이상 장기적 유용함을 따라 보장된 시장 가치를 확신할 수 없는, 그리고 그것의 위험함이 그와 비슷하게 중요한 서비스를 제공하는 사회, 또한 무엇을 두려워해야 할지, 그러한 두려움을 달래려면 무엇을 해야 하는지를 어느 정도 확신을 갖고 말하기에는 너무 많은 근심으로 동요 중인 사회에 언더클래스의 쓸모없음이 제공하는 엄청나게 중요한 효용이라고 할 수 있다.

물론 앞에서 이야기된 모든 내용이 언더클래스의 존재가 의문시될 때마다 결정적 논거로 언급되는 거지, 마약중독자, 미혼모 같은 불행하고, 따라서 혐오스러운 사람의 부류가 존재하지 않음을 의미하는 것은 아니다. 하지만 그것은 사회에서의 그들의 현존이 '언더클래스'의 존재를 입증하는 데는 전혀 충분하지 않음을 의미한다. 그들을 모두 하나의 범주로 몰아넣는 것은 문서를 정리하는 공무원이나 그들의 상사가 내린 결정이지 '객관적 사실'이라는 판결이 아니다. 그들을 하나의 실체 속으로 뭉뚱그려 넣은 다음 그들 모두에게 집단적으로 빌붙어 먹고살면서 나머지 사회에 대해 악의를 품은 채 형언할 수 없는 위협을 가하고 있다고 비난하는 것은 **기술**에 그치는 것이 아니라 **가치판단적** 선택을 통해 실천적으로 이루어지고 있는 일이다.

무엇보다 언더클래스라는 생각은 진정한 사회(즉 생존 가능하도록 만드는 데 필요한 모든 것을 안에 지닌 총체성)는 부분들의 합보다 적으리라는 가정에 기반하고 있는 반면 '언더클래스'라는 이름에 의해 **표시되는** 집합체는 부분들의 합보다 **크다**. 이 경우 포함하는 행위는 어떤 부분도 자체로서는 소유할 수 없을 새로운 특성을 추가해준다. 가령 '미혼모'와 '언더클래스 여성'은 동일하지 **않다**. 첫 번째를 두 번째로 재활용하려면 (거의 생각도 하지 않지만) 대단한 수고가 필요하다.

현대 사회는 구성원을 주로 소비자로 연관시킨다. 오직 이차적으로만 그리고 부분적으로만 생산자로 연관시킨다. 정상이라는 기준에 부합되기 위해서는, 완전히 발달한, 옳은, 그리고 적절한 구성원으로 인식되기 위해서는 즉각적이고 효율적으로 소비자 시장의 유혹에 응답할 필요가 있다. 경제가 하강하거나 침체될 때는 '소비자가 주도하는 경기 회복'에 관여하는 한편 '공급을 원활하게 하는 수요'에 정기적으로 기여할 필요가 있다. 그러나 상당한 수입, 신용카드, 더 나은 날에 대한 전망이 결여된 모든 가난하고 게으른 자들은 그렇게 하기에 적합하지 않다. 따라서 오늘날 가난한 사람들에 의해 깨지고 있는 규범, 그리고 그것을 깬 그들을 분리해내 '비정상'이라고 딱지를 붙이게 되는 규범은 **고용**이 아니라 소비자의 **능력** 또는 **적성도**라는 규범이다.

    무엇보다 먼저 오늘날의 가난한 사람들(즉 나머지 사람에게 '골칫거리'인 사람들)은 '비고용자'가 아니라 '비소비자'다. 그들은 우선 결함 있는 소비자라는 사실에 의해 규정된다. 그들이 수행하고 있지 않은 사회적 의무 중 가장 핵심적인 것은 시장이 제공하는 상품과 서비스의 적극적이며 효율적인 구매자여야 한다는 것이기 때문이다. 소비자 사회의 회계장부에서 가난한 사람들은 명백하게 부채 쪽에 있다. 그리고 아무리 상상의 나래를 펴도 현재나 미래의 자산 쪽에 기입될 리 만무하다.

    소비주의의 부수적 희생자로서 배역을 바꾸게 된 가난한 사람들은 이제 기록된 역사상 처음으로 말 그대로 걱정거리와 골칫거리가 되고 있다. 그들의 악덕은 구원은커녕 완화시켜 줄 가치조차 없다. 그들은 납세자가 지출하는 대가로 내놓을 것이 하나도 없다. 그들에게 이전되는 돈은 수익을 낳기는커녕 갚을 것 같지도 않은 나쁜 투자다. 그들은 가까이 다가오는 것은 무엇이건 빨아들이고, 어렴풋하지만 어두운 예감과 문젯거리 외에는 아무것도 다시 뱉어내지 않는 블랙홀을 형성한다.

소비자 사회의 가난한 사람들은 전적으로 무용하다. 제대로 된, 그리고 정상적인 사회의 성원 — 진정한 소비자 — 은 그들에게 아무것도 원하지 않으며 기대하지 않는다. 아무도(가장 중요하게는, 정말 중요하고, 자기 목소리를 내며, 타인이 귀 기울여 듣고 경청하는 누구도) 그들을 필요로 하지 않는다. 그들에게는 무관용 원리가 적용된다. 가난한 사람들이 천막을 불태우고 그것과 함께 자신을 불태워버린다면 — 또는 그저 떠나기만 해도 — 사회는 훨씬 더 나아질 것이다. 내부에 그들이 없다면 세상은 그만큼 훨씬 더 살 만하고 즐거워질 것이다. 가난한 사람들은 **필요가 없으며**, 따라서 **원해지지 않는** 존재다.

현대 시대의, 따라서 소비자 사회의 가난한 사람들의 고통은 공동의 목적에 도움이 되지 못한다. 이 결함 있는 소비자는 각기 외롭게, 기껏해야 아직 무너지지 않은 가족과 함께 상처를 핥는다. 결함 있는 소비자는 외롭다. 오랫동안 외롭게 남겨졌을 때 주로 혼자 지내는 사람이 되기 쉽다. 그들은 어떻게 사회나 (범죄 조직을 제외한) 어떤 사회 집단이 도움을 줄 수 있을지를 알지 못하고, 도움을 받을 수 있으리라고 기대하지 않으며, 복권 당첨 말고는 어떤 합법적 방법에 의해 운명이 바뀌리라고 믿지도 않는다.

필요 없고, 아무도 원하지 않으며 버림받은 그들의 자리는 어딜까? 가장 간단한 답은 눈에서 사라지는 것이다. 먼저 그들은 멋진 소비주의 세계의 정당한 거주자가 오가는 거리나 기타 공공장소에서 제거될 필요가 있다. 만약 그들이 이제 막 도착했고 완전무결한 것과는 무관한 주거 허가증을 지녔다면 경계선 너머로 강제 추방시킬 수 있으며, 따라서 인권의 소지자인 덕분에 가진 의무의 영역으로부터 육체적으로 쫓아낼 수 있다. 강제 추방의 구실이 발견되지 않는다면 무엇보다 애리조나 사막 같은 곳이나 항해 경로로부터 멀리 떨어진 채 정박된 배 또는 아무도 볼 수 없으며, 심지어 형무소 간수조차 자주 대면할 수 없는 최첨단의 전자 동화 감옥 같은 멀리 떨어진 교도소나 그와 유사한 수용소에 감금될 수 있다.

육체적 고립을 보다 확실하게 하기 위해 정신적 고립으로 그것을 강화할 필요가 있는데, 그것은 가난한 사람들이 도덕적 공감의 세계로부터 추방되는 결과로 이어진다. 가난한 사람들은 거리로부터 추방되는 한편 어엿한 **인간** 공동체로부터도 추방된다. 즉 **윤리적** 의무의 세계로부터도. 그러한 일은 박탈의 언어에서 타락의 언어로 바꾸어 그들의 이야기를 다시 쓰는 것에 의해 이루어진다. 가난한 사람들은 방종하고, 범죄형이며, 도덕적 기준이라고는 눈 씻고도 찾아볼 수 없는 자들로 묘사된다. 언론은 항상 자극적인 무엇을 기대하는 대중의 요구에 부합해 그들을 범죄, 마약, 성적 문란으로 들끓는 '범죄적 요소'로, 금지된 지역과 초라한 거리의 어둠 속에서 은신처를 찾는 자들로 그리면서 경찰에 기꺼이 협력한다. 가난한 사람들은 통상적인 질서에서 결함이 감지되고 공적으로 밝혀질 때마다 대중의 강력한 항의라는 반주에 맞추어 조사해 체포할 수 있는 '유력한 용의자'를 공급한다. 따라서 **빈곤** 문제는 무엇보다 먼저, 어쩌면 오로지, **법과 질서** 문제라는 주장이 나오게 되며, 다른 종류의 법률 위반에 대응하는 방식으로 이 문제에 대응해야 한다.

인간 공동체로부터 제외되면 대중의 마음으로부터도 제외된다. 우리는 그러한 일이 어떤 결과로 이어질지 안다. 그리하여 타인에게 해롭고, 불쾌하고, 고통을 준다는 점에서 어떤 윤리적 고려에 의해서도 구제되거나 심지어 완화될 수 없는 순전한 골칫거리라는 계층으로 강등되는 현상을 완전히 없애버리려는 강한 유혹이 나타난다. 풍경에 남은 얼룩을 지우려는, 그것이 아니라면 말끔히 정돈된 세계와 정상적인 사회의 순수한 캔버스가 되었을 것 위에 남은 더러운 자국을 지우려는 유혹이.

핑켈크로는 윤리적 고려가 철저하게 침묵당하고, 공감이 소멸되며, 도덕적 장벽이 제거될 때 무슨 일이 일어날지를 이렇게 상기시킨다.

> 나치의 폭력은 그것을 좋아해서가 아니라 의무에서, 사디즘이 아니라 미덕을 발휘하기 위해, 쾌락이 아니라 방법을 통해, 야만적 충동의 촉발과 양심적 가책의 유기에 의해서가 아니라 우월한 가치의 이름으로, 전문적 능력과 부단히 수행되는 것으로 보여져야 하는 과제로 자행되었다.7

덧붙여, 그러한 폭력은 자신은 품위 있고 윤리적인 창조물로 생각하면서도 오래전부터 **인간적** 가족의 성원으로 받아들여지길 거부당해온 폭력의 희생자를 **도덕적** 공감과 동정의 대상으로 고려해야 할 아무런 이유도 찾지 못하는 사람들이 철저하게 침묵하는 가운데 자행되었다. 베이트슨Gregory Bateson의 표현을 조금 바꾸어 말하자면, 일단 도덕적 공동체의 상실이 성가신 문제로 여겨지는 것은 무엇이건 해결하는 첨단기술이 결합되면 "생존 가능성은 지옥에서의 눈덩이의 그것과 같아질 것이다." 도덕적 무관심과 결합되면 인간적 문제에 대한 합리적 해결은 실로 폭발적 혼합물을 만들어낼 것이다.

그러한 폭발로 많은 인간이 비명횡사하겠지만 희생자 중 가장 중요한 것은 지옥 상태에서 탈출하는 사람의 인간성humanity이다.

---

7 A. Finkielkraut, *L'Humanité perdue. Essai sur le XXe siècle*, Seuil, 1996.

상상력은 악명 높을 정도로 선별적이다. 그것의 선별성은 경험, 특히 그것이 낳는 불만족에 의해 이끌린다.

모든 유형의 사회적 배경은 자기의 정체성을 위협하는 위험에 대해 고유한 견해를 만들어내는데, 그것은 사회가 성취하거나 유지하려 분투하는 사회질서에 맞추어진다. 묘사적인 동시에 가정적인 자기규정이 그러한 환경의 사진 같은 복제품으로 생각될 수 있다면 사회를 위협하는 것에 대한 견해는 그러한 사진의 음화陰畵가 되는 경향이 있다. 혹은 이를 정신분석적 용어로 표현해보면, 그러한 위협은 해당 사회에 고유한 모순, 그러한 모순에서 태어난 불안, 즉 사회 자체가 가진 방법과 수단에 관한, 사회가 존속하고 또 존속하려는 방식에 관한 불안감의 투사물이다.

자신의 존재방식의 생존에 대해 확신이 없는 사회는 포위된 요새 안에 갇혀 있다는 정신 상태를 발전시킨다. 여기서 사방의 벽을 포위하고 있는 적은 바로 자체의, '내부의 악마'다. 사회의 일상적 삶, 그리고 '정상 상태'에 스며드는 억제되고 은은한 공포는 일상의 현실을 견딜 만한 것으로 만들기 위해 일상성으로 체험되는 것으로부터 으깨고 짜내어 이질적인 몸통으로 만들어져야 한다. — 이름 붙여진 적, 싸우고 또 싸우며, 심지어 정복을 기대할 수 있는 구체적인 적으로 말이다.

그러한 경향은 무소부재하며 지속적이다. 그것은 오늘날, 즉 유동적 현대의 소비자 사회에서 나타나는 특수성만은 아니다. 하지만 생산자와 군인 사회를 주재한 '고전적인', 질서 구축적이고 질서 집착적인 현대 국가를 사로잡은 위험은 **혁명**의 위험이었음을 떠올려보면 그것의 새로움이 분명해질 것이다. 당시의 적은 혁명가 또는 "성급하고 경솔하며, 너무 급진적인 개혁가"였다. 국가가 관리하는 현존하는 질서를 또 다른 국가가 관리하는 질서로, 즉 살아왔거나 살고자 했던 현재 질서에 따른 모든 원칙을 전부 뒤집는 정반대 질서로 갈아치우려는 체제전복 세력이었다. 질서정연하고 제대로 기능하는 사회의 자기-이미지가 그러한 시대 이후 바뀌면서 위협의 이미지 또한 완전히 새로운 형태를 띠게 되었다.

최근 수십 년간 범죄율 증가(이 과정은 공산당 또는 '대안적 질서'를 주장하는 다른 급진적, '체제 전복적' 당의 당원 수 감소와 병행해 일어났음을 지적하자)로 기록되어온 것은 기능 부전이나 방치의 산물이 아니라 (법적으로까지는 아니지만) 논리적으로 정당한 소비자 사회 자체의 산물이다. 게다가 또한 이 사회의 회피할 수 없는 산물이다. 비록 어떤 공식적인 고위 위원회의 권위에 따라 특정한 자격을 얻은 것은 아니지만 말이다. 소비자의 요구가 많을수록 (즉 소비자가 될 법한 사람에 대한 시장의 유혹이 효과적일수록) 소비자 사회는 보다 안전하며, 번영한다. — 동시에 욕망하고, 욕망을 충족시킬 수 **있는 사람**(유혹되어왔으며, 유혹된 상태가 곧 행동하도록 촉구하는 방식으로 행동하도록 이끌려온 사람)과 적절하게 유혹되어 왔으나 적절하게 유혹되어온 사람이 행동하도록 기대되는 방식으로는 행동할 수 **없는** 사람 사이의 간격은 점점 더 넓고 깊어진다. 시장은 진정 평등을 가져오는 위대한 메커니즘으로 찬미되지만 시장의 유혹은 또한 유례없이 그리고 비할 바 없이 효과적인 분할자다.

가장 널리 언급되는 소비자 사회의 특성 중 하나는 새로움의 격상과 일상성의 격하다. 소비시장은 현존하는 일상을 해체하고, 새로운 일상을 이식하고 정착시키기 위해 선수를 치는 데 뛰어나다. — 그와 같은 일상을 위해 사용되도록 고안된 도구의 창고를 비우기 위해 필요한 짧은 기간 동안은 제외하고 말이다. 하지만 똑같은 시장이 더 큰 영향을 미칠 수 있다. 왜냐하면 제대로 훈련된 소비자 사회 구성원에게는 모든 그리고 어떤 일상도, (단조롭고 반복적인) 일상적인 행동과 결부된 모든 것도 참을 수 없는 것이 되며, 사실상 살 수 없게 만들기 때문이다. 관심을 끄는, 흥미진진한 새로움의 영원한 흐름이 부재하거나 일시적으로 중단되는 '지루함'은 소비자 사회에서는 불쾌하고 두려운 골칫거리가 된다.

    소비하라, 더 많이 소비하라고 꾀는 것은 제대로 먹히려면 모든 방향으로 전해져야 하며, 들으려고 하는 모든 사람에게 무차별적으로 말해져야 한다. 하지만 유혹적 메시지가 의도하고 있는 방식으로 반응하는 사람보다 그저 듣고 말 사람이 더 많을 수 있다. 그런 식으로 유혹된 욕망에 따라 행동할 수 없는 사람은 그렇게 할 수 있는 사람의 휘황찬란한 스펙타클을 매일 구경할 따름이다. 그들은 호화로운 소비는 성공의 표시, 대중적 갈채와 명성으로 곧장 이어진 고속도로라는 말을 듣는다. 또한 특정 물건을 소유하고 소비하며, 특정한 생활양식에 따라 사는 것은 행복의 필요조건임을 배운다. 마치 버틀러$^{Samuel\ Butler}$의 예견을 뒤늦게 따르는 양, '행복한 것'이 인간적 품위와 인간적 존경을 받을 자격의 표시가 되었으므로 그것은 또한 인간의 존엄성과 자부심의 필요조건이 되는 경향이 있다. 그리하여 '지루한 것'은 누군가를 불편하게 만드는 것에 덧붙여 사회적·정신병적 공격성만큼이나 극심한 공황 상태로 이어질 수도 있을 태만이나 패배의 증거, 수치스러운 낙인으로 바뀌고 있다. 세넷의 최근 관찰을 인용하자면 이렇다.

    반사회적 행동과 관련해 나는 그것이 가난한 사람들의 진짜 문제라고 생각한다. ······

특히 "범죄자가 될 수도, 아닐 수도 있는 회색 지대에 있는 가난한 청소년에게서" 그렇다. 이 "티핑 포인트$^{tipping\ point}$[작은 변화들이 어느 정도 기간을 두고 쌓여 이제 작은 변화가 하나만 더 일어나도 갑자기 큰 영향을 초래할 상태가 된 단계]"는 "지루함, 뭔가 할 일이 있는 것, 어딘가에 속해 있는 것"8과 상당한 관계가 있다.

'결코 지루하지 않다'는 특권이 성공한 삶, 행복, 심지어 인간적 품위의 척도라면, 그리고 치열한 소비 행위가 지루함에 대한 승리에 이르는 최고의 왕도라면 인간의 욕망을 덮고 있던 뚜껑은 벗겨진 것이다. 아무리 많은 만족스러운 구입과 유혹적인 자극이라도 한때 '일정한 기준을 지키기로' 약속된 방식으로 만족을 가져다주지 못할 공산이 크다. 이제 지켜야 할 기준 같은 것은 존재하지 않는다. — 또는 일단 달성되어도 승인과 존경에 대한 권리를 권위적으로 승인하고, 장기적 지속을 보장해줄 기준 같은 것은 존재하지 않는다. 결승선은 주자와 함께 앞으로 옮겨지고, 목표는 영원히 한 걸음 또는 두 걸음 앞쪽에 남겨진다. 기록은 계속 깨지며, 인간이라는 존재가 욕망할 수 있는 한계에는 끝이 없어 보인다. '승인'(부르디외는 그것의 부재를 상상 가능한 모든 종류의 박탈 중 최악의 것으로 규정했음을 상기하라)을 얻기는 점점 더 힘들어지고, 그것을 지속적이며 안전하게 느끼기는 한층 더 어렵다. 아니 불가능하다.

확고부동한 권위의 부재 속에서 사람들은 현재 유명한 개인적 사례에서 안내를 찾는 경향이 있다. 하지만 그렇게 할 때 현혹되어 당혹한 사람들은 새롭게 사사화된('외주화된', '하청된'), 따라서 '[규제에서] 해방된' 기업 — 지속적인 자금 부족을 겪을 만큼 궁핍하고 엄격한 공적 기구로 여전히 기억될 수도 있다 — 에서 현재의 경영자들이 백만 달러 단위의 봉급을 받는다는 것을 알게 될 것이다. 다른 한편 기량 부족으로

---

8 Richard Sennett's interview by Daniel Leighton "The culture of the new capitalism", *Renewal*, 1(2006), p. 47을 보라.

경영자 자리에서 해고된 사람도 서투르고 엉성한 업무 능력에 대해 다시 수백만 파운드, 달러, 유로로 배상받고 보상받는다. 모든 곳에서 온갖 소통 채널을 통해 메시지는 더 커지고 선명해진다. 즉 더 많이 움켜쥐라는 것 외에 아무런 수칙도 없고, '바로 카드를 내라'는 명령 외에 아무런 규칙도 없다. 그러나 이기는 것이 이 게임의 유일한 목표라면 카드 돌리기에 서툰 사람은 다른 자원 — 그것을 동원할 수 있건 없건 — 에 손을 뻗어볼 수 있는 다른 게임을 택하도록 유혹된다.

카지노 소유주 관점에서 보자면 — 본인 스스로 할당하거나 유통시키는 — 일부 자원은 법정 통화다. 다른 모든 자원, 특히 그의 통제를 벗어난 것은 금지된다. 그러나 게임을 하는 사람, 보다 구체적으로 게임을 하는 사람이 되기를 열망하는 지망자, 가장 특수하게는 게임을 하는 사람이 되기를 바라지만 손에 든 것이 거의 없는 사람, 즉 법정 통화에 접근할 수 없거나 오직 제한적으로만 접근 가능한 사람의 관점에서 보자면 공평함과 불공평함을 나누는 선은 동일하게 보이지 않는다. 그는 **정말** 자기가 **가진** 자원에 의지할 수도 있다. 법적으로 승인된 것이건 불법으로 선언된 것이건 말이다. 아니면 완전히 게임에서 손을 떼버릴 수도 있다. — 비록 시장의 유혹이 후자의 방식으로 움직이는 것을 고려하는 것은 거의 불가능하게 만들어왔지만 말이다.

따라서 불운하고 그리고/또는 실패한 게임 참가자를 무장해제 시키고, 권한을 박탈하고 억누르는 것은 시장 주도의 소비자 사회에서 유혹을 통한 통합의 필수불가결한 보충물이다. 무능하고 나태한 게임 참가자는 게임에서 제외된다. 그는 게임의 폐기물이다. 서서히 멈추어 파산관재인을 요청하지 않으려면 이 게임에서 계속 침전되어야 하는 폐기물이다. 이 폐기물의 침전이 멈추거나 심지어 줄어든다면 게임 참가자는 게임에서 나가지 않는 것에 대한 대안(그것이 유일하다고 말해진다)의 무시무시한 모습을 보지 않게 될 것이다. 그와 같은 모습은 그가 게임 속에 사는 삶에서 잉태되는 어려움과 긴장을 견뎌낼 수 있게 하고, 또 그렇게 의지하도록 하기 위해 필수불가결하다. ― 그것은 또한 느슨해지고 태만해지는 것에 대한 벌칙이 얼마나 끔찍할지에 대한 인식을 지속적으로 새로이 하고 강화하기 위해, 또한 게임 참가자가 게임을 계속하도록 하기 위해 반복적으로 나타날 필요가 있다.

지금 진행되는 게임의 속성을 고려할 때 게임에서 제외되는 불행은 한때 **집단적으로 초래된** 골칫거리로 여겨져 **집단적 방법에 의해 치료되고** 다루어질 필요가 있는 것으로 간주되었지만 지금은 **개인적으로 저지른** 죄 또는 범행의 증거로 재해석되어야 한다. 따라서 (잠재적으로 반항적이므로) 위험한 **계급**은 (잠재적으로 범죄적이므로) 위험한 **개인**의 집단으로 재정의된다. 교도소가 이제 단계적으로 문을 닫고 쇠퇴 중인 복지기관을 대신하고 있으며, 복지 공급이 계속 줄어들고 있기에 그처럼 새로운 기능의 수행에 재적응해야 할 개연성이 아주 높을 것이다.

그러한 전망을 한층 더 암울하게 하는 것은, 범죄적인 것으로 분류되는 행위의 발생 빈도가 점증하는 것이 마침내 완전히 발달해 모든 것을 포괄하는 소비자 사회로 가는 길에 장애가 되지 않는다는 것이다. 반대로 그것은 그것의 자연스러운, 아마도 필수불가결한 수반물이자 전제조건이라고 할 수 있다. 거기에는 몇 가지 이유가 있지만 그중 주된 이유는 아마 게임에서 제외되는 사람(결함 있는 소비자. 그의 자원은 그의 욕망에 부합되지 않으며, 따라서 공식 규칙에 따라 게임을 할 경우 이길 기회가 매우 적거나 거의 없다)이 소비적 삶에 특수한 '내부의 악마'의 살아있는 화신이라는 사실에서 찾을 수 있을 것이다. 그의 게토화와 범죄화, 그에게 가해지는 고통의 혹독함과 그에게 닥치는 운명의 전반적 잔혹함은 ─ 은유적으로 말해 ─ 이 내부의 악마를 내쫓고 인형으로 만들어 태워 없애는 주요한 방법이다. 범죄화된 주변부는 소위 soi-disant 위생 도구로 사용된다. 소비주의 유혹의 불가피하지만 유독한 악취를 빼내 소비주의의 게임에 남아 있을 수 있게 된 사람이 본인의 건강 상태에 대해 걱정할 필요가 없게 해주는 하수구다.

하지만 만약 그것이 노르웨이의 위대한 범죄학자 크리스티가 "감옥산업"[9]이라고 부른 것을 현재 무성하게 한 것의 기본 자극제라면 소비자 시장에 의해 생명을 얻고 운영되는 완전히 규제 철폐되고 사사화된 사회에서 이 과정이 멈추거나 반전되는 것은 고사하고 감속될 수 있는 희망은 ─ 조금도 과장하지 않고 말해 ─ 매우 적다.

'언더클래스' 개념은 탈산업화의 위험을 알리기 위해 1963년에 뮈르달이 만들어 처음 사용했는데, 그는 탈산업화가 점점 더 많은 인구의 분파를 영구적으로 고용되지 않고 고용될 수 없도록 만들 것으로 우려했다. ─ 실직 상태가 되어버린 사람의 결함이나 도덕적 흠 때문이 아니라 그야말로 고용이 필요했고, 고용을 원했고, 고용할 수 있던 모든 사람에게 돌아갈 일자리가 결여되어 있기 때문이다.

뮈르달 관점에서 보자면 나중에 '구조적 실업'이라고 불리게 되는, 따라서 '언더클래스'의 임박한 도래는 살아 있는 사람을 고무하는 노동 윤리의 실패의 결과가 아니라 노동 윤리가 권고하고 고무하는 식의 삶을 살 수 있는 조건을 사회가 보장해주는 데 실패한 결과다.[10] 뮈르달적

---

9 Nils Christie, *Crime Control as Industry*, Routledge, 1993.
10 Gunnar Myrdal, *Economic Theory and Underdeveloped Countries*, Duckworth,

의미에서 당시 막 등장하고 있던 '언더클래스'는 생산 활동으로부터 배제된 희생자로 구성되는 것이었고, **경제적** 논리, 즉 인구 중 배제되기로 예정된 부분은 아무런 통제권도 갖지 못하며, 있다 해도 극히 적은 영향력만 미칠 수 있는 논리의 집단적 산물이 될 것이었다.

하지만 뮈르달의 가설은 많은 대중적 주목을 받지 못했고, 그의 불길한 예감은 거의 잊혀졌다. 한참 후인 1977년 8월 29일에 '언더클래스'라는 관념이 잡지 『타임』의 표지기사를 통해 다시 공중에게 제시되었다. 크게 바뀐 의미가 그것에 더해졌다.

> 거의 누구나 상상해온 것보다 다루기 힘들고, 사회적으로 이질적이며 적대적인 인간의 군상이 그들이다. 그들은 손을 미칠 수 없는 존재, 미국의 언더클래스다.

오랫동안 지속적으로 확장된 온갖 범주의 명단이 이 규정을 따랐다. 그것은 비행 청소년, 학교 중퇴자, 약물 중독자, '복지 엄마welfare mothers[AFDC(부양가족수당) 같은 공공부조를 수급하는 엄마]', 좀도둑, 방화범, 폭력배, 미혼모, 뚜쟁이, 마약 밀매자, 걸인 등을 포함했다. 그것은 부유함, 편안함, 즐거움, 행복을 찾는 사회 내부의 악마에 대한 접호였다. ― 그리고 그러한 사회 구성원이 공공연히 두려워하는 것과 그들의 양심 속에 감춰진 부담의 이름이었다.

'다루기 힘든', '이질적인', '적대적인.' 그리고 이 모든 것의 결과 손을 미칠 수 없는 사람들. 도움의 손을 뻗치려 한들 소용없다. 그저 허공

1957.

에 매달려 있을 뿐. 또는 ― 더 나쁘게는 ― 깨물릴 뿐. 그들에 대해서는 도저히 손을 쓸 수 없다. 그러한 병적인 삶은 그들이 **선택한** 것이기에 도저히 치료 불가능하다.

올레타는 1981~1982년에 '언더클래스'의 세계에 대한 일련의 탐색 여행 ― 『뉴요커 New Yorker』에 보도된 후 나중에 단행본으로 묶여 나와 널리 읽히면서 매우 큰 영향력을 미쳤다 ― 에 나섰는데, 이 일은 대부분의 동료 시민이 느끼는 불안감이 촉구한 것이거나, 또는 적어도 그것에 의한 것이라고 단언했다.

> 나는 궁금하다. 대부분의 미국 도시를 괴롭히는 범죄, 복지, 마약 통계, 그리고 어렵지 않게 찾아볼 수 있는 반사회적 행동의 급증의 배후에 있는 사람은 누구인가? …… 나는 즉각 빈곤층 학생 중 아주 뚜렷이 구별되는 흑인과 백인 언더클래스가 존재한다는 데 거의 이견이 없음을 알았다. 이 언더클래스는 일반적으로 사회로부터 배제되었다고 느끼고, 통상적으로 받아들여지고 있는 가치들을 거부하며, 수입의 결함[결핍]뿐만 아니라 **행동의 결함**[결핍]으로도 고통을 겪는다. 그들은 단지 가난한 경향이 있는 것만이 아니다. 그들의 행동은 대부분의 미국인들에게 일탈적으로 보인다.11

---

11 Ken Auletta, *The Underclass*, Random House, 1982, p. xiii. 언더클래스 현상에 관한 미국에서의 가장 최근의 논쟁의 언어는 반필드의 강경한 수사와 일치한다. "하층계급의 개인은 순간에서 순간으로 살아간다. …… 충동이 그의 행동을 지배한다. 왜냐하면 미래의 만족감을 위해 현재를 희생하도록 자신을 단련할 수 없거나 미래에 대한 의식이 없기 때문이다. 그러므로 그는 근본적으로 앞날을 생각하지 않는다. 그는 즉시 소비할 수 없는 것은 무엇이건 가치 없는 것으로 간주한다. '행동'을 위한 취향이 다른 무엇보다 우선한다"(Edward Banfield, *The Unheavenly City: The Nature and Future of our Urban Crisis*, Little, Brown, 1968, pp. 34~35). '언더클래스'를 겨냥한 그의 비판은 소비자 사회에서의 '이상적 소비자'에 대한 매우 정확한 묘사처럼 들리는 점을 주목하자. 대부분의

언더클래스의 이미지가 생성하고 정형화하고 있는 담론의 어휘, 구문 그리고 수사법을 주목하라. 올레타의 텍스트는 아마도 그것들을 배우기에 가장 좋은 기회를 제공한다. 그리 꼼꼼하지 않았던 대부분의 그의 계승자와 달리 올레타는 단순한 '언더클래스 때리기'라는 비난을 정당화하지 않도록 신중을 기했기 때문이다. 그는 객관성을 표명하고, 자기 이야기의 부정적 주인공들을 비난하는 만큼 동정한다는 것을 보여주려고 무척 애를 썼다.12

먼저 '범죄의 급증'과 '복지의 급증', 그리고 '복지와 마약' 통계가 단숨에 언급되며, 서사나 논증이 시작되기 전에 동일한 수준에 놓이는 것에 주목하라. 왜 두 가지 현상이 서로 함께 존재하는지, 왜 그것들이 동일한 '반사회적' 행위의 사례로 분류되어 왔는지에 대한 증거는 고사하고 논거조차 필요하다고 추정되고 있지 않다. 그것을 제시하는 것은 두말할 필요도 없이 말이다. 심지어 마약 밀매와 사회복지로 먹고사는 것이 유사한 등급을 가진 반사회적 현상이라고 명확하게 주장하기 위한

다른 논의에서와 마찬가지로 여기서 '언더클래스'는 소비자의 고통 받는 영혼을 따라다니는 악마를 위한 매립지 역할을 한다.

12 올레타의 현장조사는 그를 표준화된 처리 대상에 너무 근접하게 만듦으로써 일반화된 낙인과 대규모 분류가 경험적으로 얼마나 결함을 지녔는지를 알 수 없게 만들었다. 언더클래스의 통일 ─ 권력에 의해 지지되고 있다 ─ 에 관한 긴 이야기를 들려주는 저서의 마지막 부분에서 그는 이렇게 말한다. "언더클래스와 가난한 사람들을 대상으로 한 나의 보도로부터 내가 배운 하나의 위대한 교훈은 일반화 ─ 범퍼 스티커 ─ 는 이해의 적이라는 것이다. '하층계급' ······ 또는 '희생자' ······ 또는 빈곤은 '실제로 제거되어야 한다'는 주장 ······ 또는 '문제는 정부'라는 말을 일반화하는 것은 위험하다. 30,000피트 높이에서는 모든 사람과 모든 것이 개미처럼 보인다"(앞의 책, 317페이지). 예상대로 그의 경고는 무시되었다. 즉 저널리즘적, 정치적, 대중적 수용에서 올레타의 연구는 언더클래스가 통일되어 있다는 이미지를 또 다른 방식으로 보강하는 데 이용되었다.

어떤 시도도 이루어지고 있지 않다.

또한 올레타(그리고 그의 수많은 추종자)의 기술에서 언더클래스 사람들은 공통의 가치를 **거부하면서도** 단지 배제되었다고 느끼는 점에 주목하라. 언더클래스에 편입되는 것은 **능동적**이며 행위를 촉발하는 주도적 행위로, 양면적 관계에서 한쪽을 택하기 위한 의도적 발걸음이라는 것이다. 이 관계에서 '대부분의 미국인'은 그와 다른 쪽 끝에 위치해 있다. 즉 **수동적**이고, 희생당하며, 고통 받는 목표물이라는 입장을 받아들이는 쪽에 있다. 언더클래스의 반사회적인 정신적 태도와 적대적 행위가 아니라면 공개재판도 없을 것이다. 마찬가지로 숙고할 어떤 사례, 처벌할 어떤 범죄, 개선해야 할 어떤 태만도 존재하지 않을 것이다.

그와 같은 수사법은 실천으로 이어졌는데, 그것이 소급적인 방식으로 '경험적 증거'를 제공했으며 그로부터 그와 같은 수사법 자체가 제공하는 데 실패한 결론을 이끌어냈다. 그와 같은 실천의 숫자가 많아지고 널리 확산될수록, 그것을 촉발시킨 진단이 자명해 보일수록 그와 같은 수사법적 속임수가 정체를 드러내 논박되기는커녕 간파될 기회는 그만큼 더 적어질 것이다.

올레타가 제시한 경험적 자료는 대부분 〈와일드캣 기술 훈련 센터 Wildcat Skills Training Centre〉에서 가져온 것이었는데, 이 기관은 사회가 소중히 여기는 가치로부터 어긋나거나 또는 오히려 사회의 경계를 넘어선 것으로 고발된 개인을 갱생시켜 사회로 돌려보낸다는 고귀한 의도에 따라 설립되었다. 이 〈센터〉에 받아들여질 만한 자격이 있는 사람은 누구였을까? 후보자는 아주 최근의 교도소 재소자 또는 여전히 치료 중인 이전의 약물중독자, 6세 이하 아이가 없는 복지 수혜자 여성, 학교를 중퇴한 17~20세의 청소년이 되어야 했다. 누가 이 기관의 수용 규칙을 정하건 그는 훈련되지 않은 시각에도 매우 **뚜렷이 구별되는** '유형'을, 즉 동일한 종류의 문제로 고통 받는 것 또는 동일한 종류의 문제를 오히려 사회에 제기하는 것 — 따라서 동일한 종류의 치료가 필요하며 또한 치료받을 만하다는 것을 사전에 결정해야만 했다. 하지만 규칙 설정자의 결정으로 시작된 것이 〈와일드캣 센터〉의 재소자들에게 현실이 되어버렸다. 상당한 시간 동안 그들은 서로 함께 동료로 지내며, 동일한 체제에 종속된 채 운명의 공통성을 받아들이게끔 주입되었다. 〈와일드캣 센터〉 내부자라는 것은 그러는 동안 내내 그들이 필요로 했던 사회적 정체성의 전부이자 그들이 합리적으로 노력해서 얻을 수 있는 모든 것이었다. 다시 한번 대담한 명제가 그것이 촉발한 행위 덕택에 자기충족적인 예언으로 바뀌었다. 다시 한번 말씀이 육화된 것이다.

올레타는 '언더클래스인지 아닌지'의 상태는 빈곤 문제가 아니며, 적어도 오직 그것에 의해서만 설명될 수 없음을 독자에게 몇 번이고 되풀이해 상기시키려고 했다. 그는 2,500~2,900만 명의 미국인이 빈곤선 이하로 살아간다고 할 때 오직 "추정컨대 900만 명만이 동화되지 않은" 채 일반적으로 받아들여지고 있는 사회의 경계선 밖에서 움직이고 있다고 지적했다. 그들은 "'일탈적' 또는 반사회적 행동에 의해"[13] 그렇게 따로 구분된다. 그것은 암묵적으로 빈곤을 퇴치하더라도 — 그것을 그래도 상상해볼 수 있다면 — 그것이 언더클래스 현상을 종결시키지는 않으리라는 것을 암시한다. 누구나 가난해질 수 있지만 "허용된 경계선 내에서 움직인다면" 빈곤은 비난받을 수 없으며, 빈곤 외의 다른 요소가 언더클래스로의 추락에 대해 책임져야 할 것이다. 이 요소는 철저하게

---

13 앞의 책, 28페이지.

주관적인, 개인적인 — 심리적인, 행동적인 — 고통인 것으로 보였다. 즉 빈곤 속에 사는 사람 가운데 발견되지만 빈곤에 의해 결정되는 것은 아닌 것처럼 말이다.

다시 한번 반복해보자. 그러한 견해에 따르면 언더클래스로의 추락은 선택 문제였다. 사회 규범에 대한 열린 도전의 경우에서는 직접적 선택이며 또는 규범에 대한 부주의에서 또는 그것에 충분히 열심히 복종하지 않는 데서 유래하는 완곡한 선택이 그것이다. 언더클래스라는 지위는 선택이었다. 비록 어떤 사람이 그저 추락을 피하기 위해 할 수 있는 것, 의무적으로 해야 하는 것, 그리고 하도록 기대된 것을 하는 데 실패하거나 너무 게을러 그렇게 하지 못한 이유로 언더클래스로 떨어지더라도 말이다. 자유로운 선택자의 나라에서 어떤 목적을 달성하기 위해 필요한 것을 하지 않기로 선택하는 것은 거의 자동적으로, 재고의 여지없이, 대신 **다른 어떤** 것을 선택하는 것으로 해석된다. 언더클래스의 경우 **비사회적** 행동은 선택된 것이었다. 언더클래스로 떨어지는 것은 **자유로운 행동**이었다. …… 자유로운 소비자 사회에서 누군가의 자유를 제한하는 것은 허용될 수 없다. 그러나 구걸하고 졸라대고 협박하는 것으로, 그리고 다른 사람의 재미를 망치고 양심을 무겁게 하며, 그렇지 않으면 삶을 불편하게 만드는 것으로 다른 사람의 자유를 축소하기 위해 자기의 방종을 사용하는 사람을 대상으로 자유를 부정하거나 축소하는 것을 삼가는 것도 마찬가지로 허용될 수 없다.

'언더클래스 문제'를 '빈곤 문제'와 분리시키기로 한 결정은 일석이조의 효과를 지닌다. 소송과 보상에 대한 믿음으로 유명한 사회에서 그것의 가장 뚜렷한 효과는 언더클래스에 배정된 사람이 사회의 기능장애와 악행의 희생자(심지어 그저 '부수적' 희생자)로 자임함으로써 이를 고발하고 '손해배상을 요구할' 권리를 부정하는 것이었다. 그들의 사례에서 제기될 수 있는 어떤 소송에서건 입증책임은 당당하게 고소인에게 전가될 것이다. 바로 그들이 입증책임을 져야 할 것이다. ― 본인의 선의와, '나머지 다른 모든 사람처럼' 되려고 한다는 결정의 타당성을 입증해야 하는 것이다. 해야 할 필요가 있는 건 무엇이건 '언더클래스' 본인에 의해, 적어도 시작되어야 할 것이다(물론 그가 하도록 기대되는 것이 정확히 무엇인지에 대해 조언해줄 지정된 상담자와 자칭 법률 훈련을 받은 상담자가 부족했던 적은 결코 없었지만 말이다). 만약 아무 일도 일어나지 않고 언더클래스의 유령이 사라지기를 거부한다면 그에 대한 설명은 간단했을 것이다. 누가 비난받을지도 분명했다. 사회의 나머지 사람이 자책할 무엇인가가 있다면 그것은 오직 '언더클래스'의 대단히 잘못된 선택을 축소하고 그들이 초래한 피해를 제한하는 결정이 불충분했던 것에 대해서였다. 그렇다면 더 많은 경찰과 더 많은 교도소, 심지어 더 가혹하고 고통스럽고 두려운 처벌이 그러한 실수를 만회하는 가장 분명한 수단처럼 보인다.

하지만 아마 보다 중대한 것은 또 다른 효과였을 것이다. 즉 언더클래스의 **비정상성**이 빈곤의 존재를 **정상화하는 것이다**. 사회적으로 용인된 경계선 밖에 놓인 것은 언더클래스였지만 우리가 기억하는 대로 언더클래스는 단지 '공식 빈곤층'의 일부일 뿐이었다. 빈곤 속에 사는 대부분의 사람이 긴급하게 해결될 필요가 있을 만큼 충분히 중대한 문제가 아니게 되었던 것은 다름 아니라 바로 언더클래스가 진정 크고 긴급한 문제로 지명되었기 때문이다. 한결같이 추하고 역겨운 언더클래스의 풍경을 배경으로 '그저 가난한 사람들'('그나마 괜찮은 가난한 사람들')은 ― '언더클래스'와는 달리 ― 결국 모든 **올바른** 선택을 스스로 하며 사회적으로 받아들여지는 경계선 속으로 되돌아갈 사람으로 두드러져 보였다. 언더클래스로 추락하고 그곳에 머무는 것이 선택의 문제였듯이 빈곤 상태로부터의 복귀 역시 선택이었다. ― 이번에는 올바른 선택이었다. 가난한 사람들이 언더클래스로 전락하는 것이 선택의 결과라는 생각은 다른 선택이 그것과는 정반대의 결과를 이루어 가난한 사람들을 사회적 강등으로부터 끌어올릴 수도 있다는 암묵적 견해를 전하고 있다.

성문화되지 않았지만 대부분 논란의 여지가 없는 소비자 사회의 중심 규칙은 자유롭게 선택하는 데는 능력이 요구된다는 것이다. 선택권을 이용할 수 있는 지식, 기술, 그리고 결단력 말이다.

선택의 자유가 있다고 해서 모든 선택이 옳다는 의미는 아니다. ― 선택은 좋을 수도 나쁠 수도, 더 좋을 수도 더 나쁠 수도 있다. 결국 하게 되는 선택은 능력 또는 능력 없음의 증거다. 소비자 사회의 '언더클래스', 즉 '결함 있는 소비자'는 잘못된 개인적 선택의 개인적 희생자로 구성된 집합으로 간주되며, 언제나 무능한 개인적 선택의 결과인 인생의 재앙과 패배의 개인적 성격에 대한 구체적 증거로 받아들여진다.

미드는 오늘날의 빈곤의 근원에 대한 대단히 영향력 있는 저술에서 풍요 속의 빈곤이 지속되는, 그리고 그것을 제거하기 위한 국가의 모든 연속적 정책이 답답하게 실패하는 가장 중요한 원인으로 개인 행위자의 무능력을 지목한다.[14] 단적으로, 가난한 사람들은 소비로 이어지는 노동의 장점을 알아보는 능력이 부족하다. 그는 선택을 잘못해 '무노동'을 '노동'보다 위에 놓으며, 그리하여 진정한 bona fide 소비자의 기쁨으로부터 자기를 단절시킨다. 미드에 따르면 노동 윤리(그리고 완곡하지만 또한 소비주의의 매력)의 주문이 소귀에 경 읽기가 되어 가난한 사람들의 선택

---

14 Lawrence C. Mead, *The New Politics of Poverty: The Nonworking Poor in America*, Basic Books, 1992, pp. x, 12, 133, 145, 261.

에 영향을 미치는 데 실패하는 것은 그와 같은 무능 때문이다.

따라서 이 이야기에 따르면 문제는 가난한 사람들이 자기를 책임질 수 있는지, 그리고 무엇보다 자기 삶을 감당할 능력이 있는지에 달려 있다. 어떤 외적인, 초개인적 원인이 인용되건 '일하지 않는 것'의 핵심에는 여전히 미스터리가 하나 남아 있다. ─ 정말 가난한 사람들이 의도적으로, **적극적으로 수동적 태도**를 선택하는 것, 즉 다른 사람, 우리 같은 보통 사람은 기꺼이 받아들일 기회를 붙잡는 데 실패하는 것이 그것이다. 미드는 이렇게 말한다.

> 일하지 않는 것을 설명하기 위해 심리학이나 문화에 어느 정도 호소하는 것은 피할 수 없음을 나는 안다. 대개 심각하게 가난한 성인은 경제 상황 때문이 아니라 그가 믿는 것 때문에 일을 피하는 것처럼 보인다. ……
>
> 심리학은 애써 일하려는 노력을 별로 하지 않는 원인을 탐색하는 데서 최후의 미개척 분야이다. …… 왜 가난한 사람들은 그들이 그러리라고 문화가 가정하는 바처럼 부지런히 기회를 붙잡지 않는가? **그들은 정확히 누구인가?** ……
>
> 빈곤 문화의 핵심은 삶을 조절할 수 없는 무능인 듯하다. ─ 심리학자들이 백약이 무효^{inefficacy}라고 부르는 것이 그것이다.
>
> 기회는 있다. 우리 모두가 그것의 산증인이지 않은가? 그러나 기회는 또한 말 그대로, 즉 포착해야 할 것, 단지 본인이 위험에 빠질 위험을 무릅쓰고만 거절할 수 있는 우연한 기회로 여겨야 한다. ─ 그리고 그것

은 일정한 기지, 의지, 노력이라는 능력을 필요로 한다. 가난한 사람들, '실패한 소비자'는 분명히 이 셋을 모두 결여하고 있다.

미드의 독자들은 그러한 뉴스거리를, 모든 것을 고려해볼 때 기쁘고 안도감을 주는 소식으로 환영할 것이다. 즉 우리는 품위 있고 책임감 있는 사람으로, 가난한 사람들에게 기회를 제공한다는 것이다. ― 반면 그들은 무책임하고, 불손하게 그러한 기회를 받아들이기를 거부한다. 환자가 처방된 치료법에 협조하기를 지속적으로 거부할 경우 의사가 마지못해 패배를 인정하듯이 이제는 가난한 사람들이 소비자의 삶에 도전하는 것에, 그리고 보상과 기쁨에 마음을 여는 데 완고하게 저항하는 것에 직면해 이 결함 있는 소비자를 잠에서 깨우기 위한 노력을 포기할 차례다.

물론 '심리적 요인'은 정반대 방식으로 작용할 수 있음을 보여줄 수도 있을 것이다. 즉 '결함 있는 소비자'가 소비자 사회에 정당한 성원으로 합류하는 데 실패하는 것은 소위 '참여하지 않기로 한' 결정과는 정반대 원인에서 기인한다. '언더클래스'로 분류된 사람은 빈곤 속에서 또는 적어도 풍족함에 요구되는 수준 이하로 사는 것에 더해 사회적 배제를 선고받으며, 또한 성원에게 규칙에 따른 소비주의의 게임을 하도록 요구하는 사회의 구성원으로서 부적격하다고 여겨진다. 다름 아니라 그들은 부유하고 풍족한 사람과 똑같이 모두 권력이 지원하는 소비주의의 유혹에 지나치게 열려 있지만 부유하고 풍족한 사람과는 달리 유혹될 형편조차 되지 못하기 때문이다. (벨크가 인용하는) 쉬레스타[Shresta]의 연구로부터 도출된 결론에서 제시되듯이

가난한 사람은 총체적인 사회적 굴욕을 모면하기 위해 그가 가진 아주 적은 돈이나 자원을 기본 필수품보다 무의미한 소비 품목을 구입하는데 쓰거

나 그렇지 않으면 놀림 받고 비웃음을 사게 되는 상황에 내몰린다.15

어떤 상황에서든 그들은 불리하다. 소비자 사회의 가난한 사람들에게서 소비주의적 삶의 모델을 수용하지 않는 것은 낙인과 배제를 의미한다. 반면 그것을 받아들이는 것은 그들의 입장을 막는 빈곤이 더 심해지리라는 전조이기는 하지만 말이다. ……

혹쉴드는 이렇게 지적한다.

공공 서비스에 대한 요구가 증가해옴에 따라 미국의 유권자들은 정부가 제공하는 돌봄care의 공급을 축소하는 쪽을 찬성하게 되었으며, 많은 사람이 돌봄의 주요 원천으로, 사면초가에 몰린 가족으로 돌아가는 것을 선호하고 있다.16

그러나 그들은 여우를 피하려다 호랑이를 만나고 있는 자신을 발견하고 말았다.

'돌봄'이라는 개념을 '오렌지 주스, 우유, 냉동 피자, 전자레인지' 같은 소비 상품의 목록과 연관 짓는 것과 동일한 소비주의적 압력은 가족으로부터 사회적·윤리적 기술과 자원을 박탈하고, 새로운 도전에 대처하는 힘겨운 투쟁 과정에서 무장해제시킨다. 그러한 도전은 입법자들에 의해 보조되고 사주되는데, 그들은 '돌봄 적자'의 확대(미혼모, 장애인, 정신장애자, 노인에 대한 지원금 삭감)를 통해 국가의 재정 적자를 줄이려 하고 있다.

개인적 불행과 그에 따른 결과에 대비해 공동체적으로 지지되는 집

---

15 Russell W. Belk, "The human consequences of consumer culture", p. 69를 보라.
16 Hochschild, *The Commercialization of Intimate Life*, p. 213 이하를 보라.

단보험의 원리를 장려할 때 국가는 '사회적'이다. 상호 불신과 의심의 분위기를 만들어낼 수밖에 없는 (던John Dunn 용어를 차용하자면) "이기주의의 질서"를 신뢰와 결속을 고무하는 '평등성의 질서'로 대체함으로써 그렇지 않았더라면 추상적이었을 '사회'의 개념을 느껴지고 살아 있는 공동체의 경험으로 구성하는 것은 기본적으로 이 원리다. — 이 원리는 천명되고, 작동되며, 정상적으로 작동하고 있는 것으로 믿어진다. 사회 구성원을 시민 지위로 끌어올리는 것, 즉 주주인 것에 덧붙여 이해관계자로 만드는 것도 같은 원리다. 수혜자일 뿐만 아니라 행위자인 것이다. — 즉 '사회적 급부social benefit' 시스템의 피보호자인 동시에 관리자며, 즉 국가가 발표한 '집단보험정책'의 견고성과 신뢰성을 보장해줄 것으로 믿어지고, 현실주의적으로 기대될 수 있는 공유된 제도의 네트워크로 이해되는 공익에 예민한 관심을 가진 개인 말이다.

그러한 원리를 적용하면 남성과 여성을 빈곤이라는 전염병으로부터 보호할 수 있을 것이며, 종종 보호하기도 한다. 하지만 가장 중요하게, 그것은 함께 나누고 공동체적으로 소유하며 다 같이 돌보는 공유 재산으로 '사회'를 재생할 수 있는 풍부한 연대 자원이 될 수 있다. 비참과 수모라는 쌍둥이 공포에 맞서 그것이 제공하는 방어막 덕분에 말이다. — 즉 빠르게 가속화되는 진보의 운송 수단/매체로부터 배제되고, 떨어지거나 밖으로 밀려날지도 모른다는 공포, '사회적 잉여social redundancy'로 선고되어 인간 존재가 받아 마땅한 존경을 받지 못하거나 그렇지 않으면 '인간쓰레기'로 손가락질 받을지도 모른다는 공포가 그것이다.

'사회국가'는 본래 의도에서는 정확히 그러한 목적에 봉사하는 장치이고자 했다. 전후 영국의 '복지국가'의 청사진은 베버리지 경Lord Beveridge 덕분인데, 그는 모두에 대한 포괄적이고, 집단적으로 보증된 보험에 대한 본인의 비전이 **자유민주주의**의 필수적 조건일 뿐만 아니라 개인의 자유라는 자유주의 이념의 불가피한 결과 또는 오히려 필수불가결한 보완물이라고 믿었다. 루스벨트 대통령의 두려움에 대한 전쟁war on fear 선언도 동일한 가정에 기반하고 있었다. 이 가정은 합당했다. 결국 선택의 자유는 무수한, 셀 수 없는 실패의 위험을 동반하게 되어 있고, 많은 사람은 그와 같은 위험을 견뎌낼 수 없음을 발견하고는 그것이 개인의 대처 능력을 넘어설지도 모른다는 두려움에 빠질 것이다. 많은 사람에게 선택의 자유는 손에 잡히지 않는 환영과 헛된 꿈으로 계속 남게 될 것이다. 패배의 두려움이 공동체 이름으로 공급된 보험정책, 즉 개인적으로 실패하거나 변덕스러운 운명에 강타당해도 믿고 의지할 수 있는 정책에 의해 경감되지 않는 한 말이다.

만약 선택의 자유가 이론적으로 승인되지만 실천으로는 달성 불가능하다면 절망의 고통에는 분명히 불행의 오욕이 얹어질 것이다. — 매일 시험되는 삶의 도전에 대처하는 능력은 개인의 자기 확신 그리고 인간의 존엄과 자존감에 대한 인식이 형성되거나 사라져버리는 작업장이기 때문이다. 게다가 집단적 보험이 없다면 정치 참여 — 분명히 선거라는 민주주의적 의례에 참여하는 것을 말하는 것이 아니다 — 를 크게 자극하기는 어려울 것이다. 왜냐하면 실제로 **사회국가**가 아니며, 그것이 되기를 거부하는 정치적 국가로부터 구원이 도래할 것 같지는 않기 때문이다. 모두를 위한 사회적 권리가 없다면 보나마나 점점 더 많은 사람이 정치적 권리는 무용하며, 주목할 만한 가치가 없는 것임을 알게 될 것이다. 만약 정치적 권리가 **사회적** 권리를 설정하는 데 필요하다면 사회적 권리는 정치적 권리를 작동하도록 유지하는 데 필수적이다. 두 권리는 그것들의 생존을 위해 서로를 필요로 한다. 그러한 생존은 공동의 성취로서만 가능해진다.

사회국가는 공동체라는 발상의 궁극적인 현대적 구현이다. 즉 그와 같은 발상이 상호 의존, 참여, 연대로 짜여진 추상적이고, 상상된 총체성의 현대적 형태 속에서 제도적으로 구현된 것이다. 사회적 권리 — 존경받고 위신을 유지할 수 있는 권리 — 는 이 상상된 총체성을 사회 구성원의 일상 현실과 묶어 주고 앞의 상상을 삶의 경험이라는 견고한 토대 위에 정초시킨다. 그와 같은 권리들은 동시에 상호 신뢰 **그리고** 집단적 연대를 지지하고 인가하는 공유된 제도적 네트워크에 대한 신뢰의 진실성과 현실성을 증명해준다.

'소속'감은 인간의 연대가 주는 혜택에 대한, 그리고 그와 같은 연대로부터 생겨나 그러한 연대에 봉사할 것을 약속하며, 그것의 확실성을 보장하는 제도들에 대한 신뢰로 번역될 수 있다. 그와 관련된 모든 진실이 2004년에 스웨덴의 사회민주당 강령에서 천명되었다.

모든 사람은 어느 땐가는 허약하다. 우리는 서로를 필요로 한다. 우리는 여기서 그리고 지금 다른 사람과 함께 변화의 한가운데 사로잡혀 삶을 살아간다. 모두에게 참여가 허용되고 누구도 버려지지 않을 때 우리는 모두 더 풍요로워질 것이다. 소수만이 아니라 모두에게 안전이 허락될 때 우리는 더 강해질 것이다.

다리의 수송력이 기둥들의 평균 강도가 아니라 가장 약한 기둥의 강도에 의해 측정되고 그것의 강도와 함께 증가하듯이, 사회가 지닌 자신감과 자원의 풍부함은 사회의 가장 약한 부문에서의 안전성, 풍부함, 자신감에 의해 측정되며 그것들이 커져감에 따라 늘어난다. '제3의 길'의 주창자들의 가정과 반대로, 사회 정의와 경제적 효율성 그리고 사회국가의 전통에 대한 충성심과 신속한 (그리고 가장 중요하게, 사회적 결속과 연대에는 거의 또는 전혀 손상을 주지 않는) 현대화 능력은 불화할 필요가 없으며, 불화하지도 않는다. 반대로 북유럽 국가들의 사회민주주의적 실천이 충분히 입증하고 확인해주듯이 "보다 사회적으로 결합된 사회의 추구는 동의에 의한 현대화의 필수적 전제조건이다."[17]

'제3의 길'의 기획자와 전령사들이 휘갈겨 쓴, 때 이른 부고들과는 반대로, 현재 스칸디나비아 유형은 과거의 그리고 지금 좌절된 희망의 유물이 결코 아니다. 그저 구닥다리라고 대중적 동의로 묵살된 청사진이 아니다. 그것의 기저에 깔린 원리들이 얼마나 시사적이며 활력 있는지, 그리고 인간의 상상력에 불을 붙이고 사람들을 행동하도록 고취하는 그것의 기회들이 얼마나 강력한지는 최근 베네수엘라, 볼리비아, 브라질, 칠레에서 막 등장하거나 부활한 사회국가들의 승리가 말해준다. 그것은 서반구의 라틴아메리카 지역의 정치적 풍경과 대중적 분위기를 점차, 하지만 불굴의 힘으로 바꾸고 있으며, 벤야민이 지적한 대로 인간 역사에 진정 결정적 타격을 줄 '레프트 훅left hook'의 모든 흔적을 지녔다. 매일 이어지는 소비주의의 일상 속에서 그러한 진실을 감지하기는 힘들지만 그럼에도 불구하고 그것은 진실이다.

오해를 피하기 위해 소비자 사회에서 '사회국가'는 소비자의 선택이라는 원리에 대한 대안으로 의도된 것도, 실행되는 것도 아니라는 점을 분명히 하자. — 그것이 생산자 사회에서의 '노동 윤리'에 대한 대안으로 의도되지도, 작용하지도 않은 것처럼 말이다. 사회국가의 원리와 제

---

[17] *Sweden's New Social Democratic Model*, Compass, 2005, p. 32를 보라.

도가 확고하게 자리 잡은 국가들은 또한 인상적으로 높은 소비 수준을 지닌 국가일 수 있다. 마치 생산자 사회에서 사회국가의 원리와 제도가 확고하게 자리 잡은 국가들이 또한 산업이 번창하는 국가였듯이 말이다. ……

소비자 사회에서 사회국가의 의미는 생산자 사회에서와 마찬가지로 사회적 삶을 이끄는 원리가 감시되고 통제되고 제한되지 않을 경우 초래될 수 있는 '부수적 희생'으로부터 사회를 방어하는 것이다. 그것의 목적은 소비주의의 '부수적 희생자', 즉 배제된 자, 추방된 자, 언더클래스의 대오가 확장되는 것에 맞서 사회를 보호하는 데 있다. 그것의 과제는 부식되는 인간적 연대를, 쇠퇴하는 윤리적 책임감을 구하는 데 있다.

영국에서 사회국가의 원리에 대한 신자유주의적 공격은 대처의 슬로건 아래 국가에게 팔려갔다. 마치 소비자 시장의 광고 안내서로부터 글자 그대로 인용한 듯한 그것은 분명 모든 소비자 귀에 달콤하게 들렸을 것이다. '내가 선택한 시간에, 내가 선택한 의사를 원한다.' 대처Margaret Hilda Thatcher를 따르는 토리Tory 정부는 그녀가 정한 패턴을 충실하게 따랐다. — 국민 공동체의 구성원을 만족한 고객으로 재규정한 메이저John Major의 〈시민헌장〉 같은 것을 통해 말이다.

신자유주의적인 '이기주의의 질서'의 공고화는 '신노동당New Labour' 정부[토니 블레어 총리의 노동당 정부]에 의해 '현대화'라는 암구호 아래 수행되었다. 해가 지남에 따라 지금까지 상품화를 피해온 대상 중 아무 탈 없이 현대화의 열성을 벗어나는 것은 거의 없어졌다. 여전히 그것에 영향받지 않는 대상(즉 여전히 소비시장의 범위 밖에 있는 삶의 영역)이 고갈되어 가는 것에 직면해 어제의 '현대화된' 환경은 더욱 사적인 자본과 더욱 많은 시장 경쟁을 허용함으로써 현대화의 새로운 순환 대상이 되었다. '현대화'는 단 한 번의 운영으로 구상된 것이라기보다 사회 제도와 정치 제도의 영구적인 조건이 되면서 장기적 사유의 신중함과 함께 지속의 가치를 더욱 약화시키고, 불확실성, 일시성, 그리고 '추후 공지가 있을 때까지' — 알려진 대로 소비 상품시장은 이것을 먹고 자란다 — 라는 상태의 분위기를 강화시킨다.

그것은 분명히 신자유주의 혁명이라는 대의와 시장의 '보이지 않는 손'('보이지 않는' 것은 그것의 움직임을 이끌고 바로잡기는커녕 감시하고, 추측하고 또는 예측하는 모든 노력을 피하기 때문이다. 그리고 이 '손'은 포커꾼이라면 누구나 꿈꿀 만한데, 당연히 아무도 그것을 이길 수 없으리라고 기대하기 때문이다)이라는 논쟁의 여지없는 원칙을 만들어낸 이 정부의 활동이 제공한 최대의 서비스였다. 계속되는 현대화는 모든 특수한 표식에도 불구하고 보이지 않는 손을 더욱 보이지 않게 만들었고, 그것을 정치적, 대중적, 민주주의적 개입이 가능한 도구들의 범위를 넘어 더욱 단단히 숨겨두었다.

블레어 정부의 그러한 활동의 가장 두드러진 부수적 피해자는 역설적으로 (또는 결국 그렇게 역설적이지는 않게) 정치 영역 자체였다. 전에는 분명히 비정치적 시장의 힘을 위해 정치적으로 감독되고 관리되었던 기능이 점점 더 '하청되거나' '외주화되면서' 가차 없이 축소되고 쇠약해졌다. 그리고 경제의 규제 철폐와 사사화가 전속력으로 진행됨에 따라, 명목상 국가 소유인 자산이 하나하나씩 정치적 감독으로부터 풀려남에 따라, 집단적 요구를 위한 개인적 과세가 동결됨에 따라, 그리하여 그와 같은 요구를 충족시키기 위해 필요한, 집단적으로 관리되는 자원이 빈곤해짐에 따라 이 모든 것에 대한 설명과 변명으로서 '대안은 없다'(대처의 또 다른 유산)는 주문은 막을 수 없게 자기충족적 예언으로 전환했다

(보다 정확하게는 전환당했다).

이 과정은 철저하게 탐구되었고 방향도 철저하게 기록되었다. 따라서 대중이 아는 것 또는 적어도 주목했다면 대중이 알았을 법한 것을 다시 한번 이야기할 필요는 없을 것이다. 하지만 주의를 끌며 모든 주목을 받을 만했지만 다소 대중의 주목에서 벗어나 있던 것이 있는데, **사회적 연대와 공동체적 결속의 지속적 해체와 붕괴** 속에서 거의 모든 단일한 '현대화' 조치가 수행한 역할이 그것이다. — 바로 이 연대와 결속이 영국의 남녀로 하여금 소비주의의 '유일한 생각pensée unique'의 낡고 새로운, 과거와 미래의 도전에 직면하고, 맞서고, 맞붙게 해줄 자산이었다.

많은 기발한 생각, 그리고 별로 그렇지 않은 생각 중 대처가 기억될 것은 그녀가 사회는 존재하지 않는다는 사실을 발견했다는 것이다. "'사회' 같은 것은 없다. …… 오직 개인과 가족이 있을 뿐"이라고 그녀는 선언했다. 하지만 대처와 그녀의 후계자들이 그녀의 공상적 상상에서 나온 이 허구를 거주자의 경험 **내부**에서 바라본 현실 세계에 대한 아주 정확한 묘사로 재구성하는 데는 훨씬 더 많은 노력이 들었다.

'도덕 경제'와 사회적 연대에 대해 사방에 만연해 있는 개인의, 그리고 개인화하는 소비주의의 승리는 처음부터 정해진 결론이 아니었다. 고독한 개인과 (붕괴 중인) 가족 속으로 분쇄되고 있는 사회는 대처가 먼저 건축부지를 철저하게 치우지 않고는 만들어질 수 없었다. 집단적 방어가 필요했던 사람의 연합을 무력화하는 데 성공하지 않고는 말이다. 무력해진 사람들로부터 그들에게 거부되거나 개별적으로 잃어버린 힘을 집단적으로 되찾기 위해 사용할 수 있는 대부분의 자원을 박탈하는 데 성공하지 않고는 말이다. 지방자치정부local self-government의 실천에서 '자치self'와 '정부government' 양자의 일부를 엄격히 제한하는 데 성공하지 않고는 말이다. 사심 없는 연대의 여러 표현을 처벌 가능한 범죄로 만드는 데 성공하지 않고는 말이다. 한때 사회적 연대의 온실이었던 공장과 사무실 직원을 '각자도생, 꼴찌는 귀신에게 잡아먹힌다'는 식으로, 빅브라더나 가장 약한 고리 같은 식으로 경쟁하며 상호 불신적 개인의 총합으로 '규제 철폐하는' 데 성공하지 않고는 말이다. 또는 자랑스런 시민의 보편적 권한entitlement을 '납세자 부담으로' 산다고 비난받는 게으른 자나 추방된 자의 낙인으로 변환하는 작업을 마치는 데 성공하지 않고는 말이다. 대처의 혁신은 이후 집권한 정부의 시기에도 살아남았을 뿐 아니라 거의 의문시되지 않은 채 온전하게 유지되었다.

살아남았을 뿐 아니라 한층 더 보강되어 나타난 것이 있었다. 정치 언어에서의 대처의 많은 혁신이 그것이다. 20년 전만큼이나 지금 영국 정치가들의 어휘는 개인과 가족을 단지 의무의 주체이자 합법적 관심사의 대상으로 인식하고 있다. 반면 '공동체'는 주로 정부 명령 하에 '위대한 사회'가 방기한 문제가 가내수공업 방식으로 다루어지는 곳으로만 언급된다(가령 국가가 운영하는 의료 돌봄 서비스에 의해 방치되는 정신질환자들 맥락에서 또는 할 일이 없거나 충분치 않으며, 교육받지 못하고 전망도 없는, 즉 존엄성을 거부당한 청소년들이 비행 쪽으로 '넘어가는' 것을 막을 필요가 있는 맥락에서).

그리고 점점 더 많은 물이 다리 밑을 흘러가듯 대처 혁명 이전의 세계는 보다 늙은 사람에 의해서도 거의 잊히고 있다. 한편 젊은 사람은 결코 그런 경험을 해본 적이 없다. 그와 같은 다른 세계에서의 삶을 잊었거나 결코 맛보지 않은 사람에게 실제로 현재의 세계에 대한 대안은 존재하지 않는 것처럼 보이며 …… 또는 오히려 어떤 대안도 거의 상상 불가능한 것이 되었다.

새로운 트렌드에 대한 일부 열렬한 관찰자의 환호에 따라 소비자로 환생하기 위해 현존하는 정치적 전장으로부터 대대적으로 후퇴한 시민들이 남긴 공백은 과시적으로 비#당파를 천명하며 단호하게 비정치를 외치는 '소비자 행동주의consumer activism'로 채워진다.

하지만 곤란한 것은 그러한 종류의 대체가 공적 쟁점에 연루되고 연관된, '사회적 관심을 가진' 남녀(즉 폴리스polis의 시민을 규정하는 특징으로 간주될 특성을 담지한 사람)의 대오를 확대하지 않는다는 점이다. 위와 같은 새로운 변종의 행동주의는 정통적인 정당 — 유권자의 이해를 대변한다고 신뢰되기는커녕 더 이상 기대되지도 않으며, 따라서 대중적 지지에서 벗어나 있다 — 이 선거운동이 한창인 시점에 어떻게든 동원할 수 있는 것보다 더 작은 부분의 유권자를 끌어들인다. 그리고 푸레디가 경고하듯이 "소비자 행동주의는 무관심과 사회적 이탈이라는 조건에서 번성한다." 하지만 그것은 지금 널리 확산 중인 정치적 무관심에 맞서 싸우고 있는가? 한때는 공통의 것으로 공유하던 대의에 대한 대중의 새로운 대중적 무관심에 해독제를 제공하고 있는가? 아래와 같은 점을 분명히 볼 필요가 있다고 푸레디는 말한다.

대의민주주의에 대한 소비주의적 비판은 기본적으로 반민주주의적인 것이다. 그것은 고결한 도덕적 목적을 지닌 선출되지 않은 개인이 공중을 대표해 행동하는 데서 불완전한 정치 과정을 통해 선출된 정치가보다 더 큰 권리를 갖고 있다는 전제에 기반한다. [그에 따르면] 자체 선출된 지지 집단의 네트워크로부터 명령을 위임받는 환경 운동가는 선출된 정치인보다 훨씬 더 좁은 선거구를 대변한다. 기록으로 미루어보건대, 민주주의적 책무의 진정한 문제에 대한 소비자 행동주의의 대응은 로비를 벌이는 이해 집단을 선택하게끔 해 전적으로 문제를 피하는 것이다.[18]

"소비자 행동주의의 성장이 전통적 형태의 정치 참여와 사회적 관여의 쇠퇴와 관련되어 있음은 의심의 여지가 없다"는 것이 철저한 문헌 연구에 기반한 푸레디의 연구의 판결이다. 그러나 의심스러운 것은 그것이 새로운 형태의 사회적 참여를 가져오는지 — 그리고 철저하게 기록된 모든 단점에도 불구하고 '전통적 형태'만큼이나 사회적 연대의 토대를 마련하는 데 효과적임을 증명하는 형태로 나타나는지의 여부다.

'소비자 행동주의'는 정치에 대한 점증하는 탈주술화의 징후다. 이와 관련해 로손 말을 인용해보자.

> 의지할 것이 아무것도 없기에, 사람들은 집단주의라는 전체적 개념에, 그러므로 민주주의 사회라는 어떤 인식에 대해서도 포기하고 공급의 중재자로서의 시장(덧붙이자면 그들 자신의 소비 기술과 활동)에 의존하는 것처럼 보인다.[19]

확실히 지금까지 증거는 모호하다. 2005년의 선거운동이 시작되었을 때 실시된 조사는 "대중적 통념과 반대로 영국 대중은 정치에 무관심하지 않음"을 암시한다.

---

18 Frank Furedi, "Consuming Democracy: activism, elitism and political apathy." at www.geser.net/furedi.html.
19 Neil Lawson, *Dare More Democracy*, Compass, c.2000, p. 18.

그것이 선거위원회와 〈한사드 소사이어티Hansard Society〉의 새로운 보고서가 내린 결론으로, MORI가 조사한 사람 중 77%가 국내 문제에 관심이 있는 것으로 나타났다.[20]

하지만 이 보고서는 즉각 "기본 관심사에 대한 높은 수준의 관심에 비해 27%의 소수만 국가 운영 방식에 대해 실제로 할 말이 있다고 느낀다"고 덧붙인다. 따라서 선례로부터 판단해 보건대 결국 투표소에 가는 사람의 실제 숫자는 이 두 숫자 사이 어딘가로 떨어져 둘 중 좀 더 낮은 수치에 가깝게 안착되리라고 추측할 수 있다(그리고 이 조사에 이어 치러진 선거가 이후 보여준 대로 그것이 맞았다).

투표용지에 선택하도록 제시된 정당 중 하나에 표를 던지기 위해 투표장으로 가는 수고를 할 만하다고 여기는 사람보다 더 많은 사람이 신문의 1면 헤드라인이나 TV의 '최신 뉴스'에서 '국내 핫이슈'로 떠벌려지는 사안에 관심을 표명하고 있다.

게다가 정보가 과포화된 사회에서 헤드라인은 대부분(그리고 효과적으로!) 전날의 헤드라인에 대한 대중의 기억을 지우기 위해 이용되므로 헤드라인에 의해 '대중적 관심사'로 재구성되는 모든 쟁점은 최근의 여론조사일로부터 최근의 선거일까지만 존속할 수 있는 빈약한 기회를 지닐 뿐이다. 가장 중요하게는, 두 가지 것 ― TV나 일간지 1면에 등장하는 '국내 문제'에 대한 관심과 현존하는 민주주의 과정에의 참여 ― 은 점묘파적 시간에 소비자로 바뀐 점점 더 많은 시민의 마음속에 고정되지 않는다. 성숙하기까지 시간이 필요한 장기 투자로서 두 번째 것은 과

---

[20] www.politics.co.uk(2005년 3월 1일 접속)를 보라.

거에 뿌리를 두지도, 미래에 발판을 두지도 않은 또 다른 '정보 예능in-fotainment' 이벤트로서 첫 번째 것에 대한 적절한 반응으로 보이지도 않는다.

2004년 3월 23일 자 〈『가디언』 스튜던트〉 웹사이트는 "〈로이즈 TSB/파이낸셜 메일 온 선데이 스튜던트 패널Lloyds TSB/ Financial Mail on Sunday Student Panel〉에 따르면, 대학 신입생의 3/4(77%)이 정치시위 참가에 관심이 없는 반면 …… 67%의 대학 신입생이 학생시위가 효과적이지 않고, 그것으로 달라질 게 없다고 믿는다"는 정보를 전하고 있다. 그것은 『파이낸셜 메일 온 선데이』의 학생 면 편집자인 리틀Jenny Little의 아래 말을 인용했다.

> 오늘날 학생들은 처리해야 할 일이 한두 가지가 아닙니다. 좋은 성적을 받아야 한다는 압박, 파트타임으로 먹고살아야 할 필요, 그리고 이력서를 다른 사람보다 돋보이게 해줄 근무 경력 쌓기. …… 이 세대에게 정치가 무수히 많은 우선순위의 맨 밑바닥으로 떨어지는 것은 놀라운 일도 아니지요. 실제적으로 볼 때 정치가 지금보다 더 중요했던 적은 없지만 말입니다.

데루카는 정치적 무관심 현상을 집중적으로 다룬 연구에서 이렇게 제안한다. 즉 무관심은 그 자체로서 문제가 되는 것이 아니라

> 그보다는 다른 것, 즉 우리가 얼마나 자유로운가, 우리가 실제로 얼마나 많은 힘을 지녔는가, 우리가 공정하게 책임질 수 있는 것은 무엇인가, 우리가 제대로 대접받고 있는가에 관한 단서다. …… 그것은 우리가 고통 받는 조건을 함축한다.21

정치적 무관심은

우리로서는 전혀 통제할 수 없거나 아마 그에 대해 아무런 지식도 갖고 있지 않을 힘, 구조, 제도 또는 엘리트의 조작에 의해 초래된 정신 상태나 정치적 운명이다.

데루카는 이 모든 요소를 심도 있게 탐구하면서 "정치적 무관심의 두 번째 얼굴"이라 부르는 것의 현실주의적 초상화를 그려낸다. ─ 다양한 정치 과학자에 따르면 "첫 번째 얼굴"은 현재의 사태 그리고 자유로운 선택권의 행사에 대한 만족감의 표현이다. 보다 일반적으로는 (1954년에 나온 베럴슨Bernard Berelson, 라자스펠트Paul Lazarsfeld, 맥피William McPhee의 고전에서 언명되고, 이후 헌팅턴Samuel Huntington에 의해 그대로 반복된 대로) "대중 민주주의가 작동하도록 만들기" 때문에 "민주주의에 좋은" 현상이다.

하지만 급증하고 있는 정치적 무관심이 해독解讀의 단서를 제공하고 또한 그것이 신호를 보내는 사회적 현실을 완전히 해독하기를 바란다면 심지어 '두 번째 얼굴'을 넘어서까지 바라볼 필요가 있을 것이다. 이 얼굴은 데루카가 정확하게 주장하는 대로, 자체가 정치학의 주류 학자들에 의해 지나치게 무시되거나 단지 형식적으로 스케치되어 왔을 뿐이다. 한때 민주주의를 지금과 같은 '박탈당하고 고통 받는 대중'의 정치적 슬로건으로 만들었던 '민주주의'의 초기 의미를 돌아볼 필요가 있다. 오늘날 대중은 어렵게 획득한 선거권의 행사를 외면하고 있다. 그들은 첫 번째로 소비자이며, (그나마 시민이더라도) 많은 차이를 두고 두 번째로 시

21 Tom DeLuca, *The Two Faces of Political Apathy*, Temple University Press, 1995를 보라.

민이다. 정말로 첫 번째 것이 되려면 두 번째 것이 요구할 활동을 위한 시간이 거의 남지 않는 수준의 지속적 경계와 노력이 필요하다.

〈프라하영화학교〉 학생인 레문다Filip Remunda와 클루삭Vit Klusák은 〈체코문화부〉의 재정지원을 받아 최근 〈체코의 꿈〉을 제작하고 감독했다. 이 영화는 여타 영화와는 달랐다. 단순한 다큐멘터리라기보다 대규모의 사회적 실험이며, 악명 높은 '리얼리티 TV' 쇼 뒤에 감추어진 허구를 제대로 폭로할 사회 현실의 묘사의 연습이었다.

두 사람은 집중적인 전국적 광고전을 통해 새로운 슈퍼마켓의 임박한 개업을 발표했다. 위탁받은 광고회사에 의해 계획되고 수행된 선전 자체는 마케팅 예술의 걸작이라고 할 만했다. 그것은 철저하게 보안이 된 것으로 추정된 비밀에 대해 소문을 퍼뜨리는 것에서 시작되었다. 현재로는 비밀에 부쳐진 장소에서 건설 중인 신비롭고 기이한 소비주의의 사원이 곧 소비자에게 이용 가능해지리라는 것이었다. 이어지는 단계에서 광고전은 시청자의 쇼핑/소비의 일상을 의도적으로 그리고 성공적으로 방해하고 중단시켰다. 일상의 평범하고 단조로운 쇼핑 관행을 되돌아볼 것을 호소하고, 따라서 지금까지 검토된 적 없는 습관적 행위를 다시 한번 생각해볼 필요가 있는 사안으로 전환시킴으로써 말이다. 그것은 광고전이 겨냥하는 '대상'으로 하여금 한번 멈추어 서서 곰곰이 생각하도록 자극함으로써, 그리고 '돈 쓰는 것을 멈추어라!' 또는 '사지 마라' 같은 슬로건을 통해 만족을 얻는 것을 **연기할**(얼마나 드문 일인가!) 때가 왔음을 암시하는 것으로 이루어졌다. 그런 다음 신비롭고 새로운 슈퍼마켓의 개장까지 욕망의 충족을 연기하기로 동의한 사람을 기다리는 즐거움에 대해 점점 더 구미가 당기는 정보를 흘림으로써 호기심과 흥분을 강화하는 것으로 말이다. 슈퍼마켓, 즉 로고까지 구비한 이 회사, 그리고 이 회사가 제공하게 될 경이로운 것은 모두 두 영화 제작자가 순수하게 고안해낸 것이었다. 하지만 그것들이 만들어낸 흥분과 욕망은 완전히 사실이었다.

지정된 날 아침, 지정된 장소에 마침내 도시 곳곳에 붙여진 수백 장의 포스터에 노출된 수천 명의 소비자가 행동할 준비를 하고 모여 들었지만 그저 맞은편에는 형형색색의 화려한 건물의 윤곽을 배경으로 버려지고 제멋대로 자라나 손질되지 않은 잔디가 길게 펼쳐져 있는 곳에 직면하게 되었을 뿐이었다. 다른 사람보다 먼저 입구에 도착하려고 필사적인 각각의 열성적 소비자와 함께 군중은 눅눅한 곳을 뚫고 지나며 숨을 헐떡거렸지만 그저 페인트로 칠한 건물의 정면에 도달했을 뿐이었다. 그것은 거대한 비계飛階에 의해 지탱되고 있었는데, 분명히 즉석 조립된 것이었다. 또한 그것은 마찬가지로 제초되지 않고 내버려져 무성하게 제멋대로 자란 풀밭이 길게 뻗어 있는 지역을 감추고 있을 따름이었다.

마치 예언자의 예지력이 발하는 섬광과도 같이 안더스는 정확히 반세기 전에 이렇게 지적했다.

우리의 생산물의 진보와 관련해 정신적으로 '최신 상태'를 유지할 수 없는, 즉 우리 자신이 창조한 것의 리듬을 통제하고 (우리의 '현재'라고 부르는) 우리를 움켜잡았던 도구를 미래에 재소유할 수 없는 무능력보다 더 우리를, 즉 현재의 인간을 규정하는 것은 아무것도 없다고 말하는 게 옳을 것 같다. …… 그것을 제작하는 우리가, 우리의 책임 능력을 벗어나 있는 만큼, 보조를 맞출 수도 없고 또 우리의 '이해'력과 상상력 그리고 정서적 인내력을 완전히 초과할 세계를 바야흐로 창조할 순간에 있는 것이 완전히 불가능한

것은 아니다.22

22 Anders, *Die Antiquiertheit des Menschen*를 보라. 여기서는 프랑스어 번역본 *L'Obsolescence de l'homme. Sur l'âme à l'époque de la deuxième rév- olution in- dustrielle*, Éditions Inrea, 2001, pp. 30, 32에서 재인용.

옮긴이 후기

폴란드 출신의 사회학자인 저자는 영국의 리즈대학교 사회학과 교수로 재직했고, 2017년에 91세를 일기로 타계하기까지 왕성한 집필 활동을 했다. 그의 저작 중 많은 책이 국내에도 번역서로 소개되었는데, 본서는 2007년에 출간된 *Consuming Life*를 번역한 것으로, 후기 저작인 만큼 앞서 다루어온 주제들이 집약되어 논의되고 있다.

저자는 이 책에서 현재의 우리 사회를 만들어낸 배경으로 세계화, 현대(성), 포스트모더니티에 주목하면서 그것들이 가져온 변화가 소비 영역에서 어떻게 현실적·가시적으로 경험되고 있는지를 흥미로운 논의를 통해 이야기하고 있다. 우리 시대의 소비 문제와 관련해 저자가 짚어내는 논의는 단순히 재화의 구입 및 사용과 관련된 경제적 차원을 넘어 우리 삶과 우리 자신이 소비되는 현실, 그리고 그로 인한 인간의 본질과 조건의 변형에 대한 철학적 사유로 확대되고 있다. 따라서 저자는 소비를 '소비주의'라는 보다 확장된 차원에서 논의하며, 전작에서 개진된 현대 사회의 여러 문제를 '소비주의'로 압축해 풀어낸다.

저자는 현대 사회를 유연하고 가변적이고 고정되지 않은 액체에 비유해 이전 사회의 견고함과 대비되는 '액체성liquidity', 즉 '유동성'으로 특징짓는 것으로 유명하다(액체성이 이 사회를 꿰뚫는 그의 독창적 개념으로, 일반적으로는 '유동성'으로 번역된다). 그는 이 개념을 통해 현대 사회의 다양한 국면에서 나타나는 문제들을 포착했고, 그 결과로 *Liquid Love*, *Liquid Fear*, *Liquid Life*, *Liquid Time* 등 여러 책을 써냈다.

액체가 지닌 비고정성은 소비사회의 속성을 설명하는 데도 더없이 적절하다. 바우만은 과거의 '생산자 사회'와 대비해 현재의 '소비자 사회'를 기술하며, 둘 간의 차이를 견고함과 유동성으로 설명한다. 그에 따르면 생산자 사회에서는 무엇이건 오래 지속되는 것이 중요한 가치이자 미덕이었다. 그러나 유동적 소비자 사회에서 추구되는 가치는 영구적이지도, 영속적이지도, 고정되지도 않는다. 소비자 사회에서 만족이란 순간적·일시적인 경험으로 이어질 따름이다. '오래 머무르고 지속되는 것은 갈망되기보다 오히려 두려운 것'임을 바우만은 일깨운다. 소유한 상품과 그에 따르는 기쁨은 그러하기에 짧은 수명과 유효기간을 지닌다. 물질적 재화뿐 아니라 우리 자신조차 팔려야 하는 상품이 되는 사회에서 우리는 '무엇에도 귀속되지 않고, 장기적으로 애착을 갖지 않고, 무엇이건 쉽게 버리거나 바꿀 수 있어야 하며, 언제든 팔릴 준비가 되어 있어야 한다.'

그런 가운데 현재 소비자 사회는 결핍보다 과잉 문제에 직면하고 있다. 유행은 점점 더 빠른 속도로 바뀌고, 낡아서가 아니라 '한물간 것'이라 처분되는 물건이 넘쳐난다. 매일 우리가 사다 나르는 물건, 우리가 마주하는 음식은 이내 쓰레기로 전환되고, 쌓이는 쓰레기 처리가 개인의 일과이자 심각한 사회 문제로 대두된다. 생존 문제를 극복하고 풍요의 시대를 이룬 지 얼마 안 되어 인류는 과잉의 시대로 들어선 것이다. 이제 적잖은 국가에서, 먹을 것이 없어 곤란을 겪기보다 먹을 것이 남아돌아 애를 먹고 있다. 유효기간이 지나 버려지는 음식과 다 먹지 못해 버려지는 음식이 지구 환경과 자원을 위협하는 가운데 못 먹어서 문제인 것만큼 너무 많이 먹어 탈인 지경에 이르렀다.

음식을 비롯해 모든 소비 영역에서 필요 소비를 넘어선 사치 소비가 보편화되면서 소비는 개인의 경제자본과 문화자본을 고스란히 드러내는 활동이자 정체성을 구성하는 주된 수단이 되었다. 자신을 표현하고 알리는 것은 이제 생산적 위치보다 소비의 장에서 더욱 용이해졌다. 경제적 수단으로서의 생활기회 life chance 보다 그것으로 구성되는 생활방식 life style 의 차이가 더 중대한 의미를 갖는 것이다. 여기서 바우만은 '소비하기'란 자기 자신의 사회적 자격에 투자하는 것이 되었다고 역설한다. 그리고 이 자격은 소비자 사회에서 '판매 가능성'으로 해석되며, 따라서 소비는 개인의 '사회적 가치'와 자존감을 위해 중요한 모든 것에 대한 투자가 되었다고 말한다. 소비자가 상품으로 전환되는 사회에서 우리는 모두 팔려야 하는 상품, 나아가 유명하고 주목받는 상품이 되어야 한다는 요구에 이끌린다. 그러므로 바우만 주장대로 "소비주의의 '부수적 피해'는 다름 아닌 인간의 삶의 전면적이고 포괄적인 상품화다."

바우만이 '소비자 사회'로 명명하고 묘사하는 이 사회의 풍경에는 소비자로 살아가는 현대인의 익숙하고 흔한 일상적 모습이 담겨 있다. 그러나 한편으로 이 풍경에서 배제되고 소외된 사람들의 존재를 바우만은 끌어낸다. 소비주의의 '복합적인 부수적 피해'의 집단적 희생자로서 어떤 계급이나 계층에 속하지 않는 '언더클래스'가 바로 그들이다. 바우만에 따르면, 오늘날의 가난한 사람들은 비고용자가 아니라 '비소비자'다. 그들은 다른 어떤 속성보다도 '결함 있는 소비자'라는 점에서 하나의 집단으로 규정된다. "그들이 수행하고 있지 않은 사회적 의무 중 가장 핵심적인 것은 시장이 제공하는 상품과 서비스의 적극적이며 효율적인 구매자여야 한다는 것"이라고 지적하며 실패한 소비자, 낙오된 소비자인 언더클래스는 이 사회에서 무용할 뿐 아니라 위협적인 존재라고 바우만은 꼬집는다.

마르크스가 생산 방식에 따라 계급을 분류하듯 바우만은 이처럼 소비 방식에 의해 나뉘는 사회적 위치를 상세히 기술한다. 노동력 못지않게, 혹은 그 이상으로 구매력이 중요한 소비자 사회에서 구성원은 각자의 소비 능력에 따라 분류된다. 소비자 사회의 게임에서 살아남기 위해 개인은 끊임없이 소비하며, 소비자인 동시에 상품이 될 자신을 전시해야 한다. SNS를 통해 자신을 공개하는 사람들, 그리고 네트워크상의 친구 수나 방문자 수, '좋아요' 같은 반응의 숫자가 곧 자신의 능력인 양 여겨지는 온라인 세상은 그런 사회적 요구와 무관하지 않은 것이다. 어떤 가치도 영속적이지 않고, 어떤 만족도 곧 다른 만족으로 대체되는 유동적 소비자 사회에서 매력적인 상품으로 진열대의 한 자리를 계속 차지하기 위해서는 살아가는 한 끝나지 않을 기획을 열렬히, 부지런히 수행해야만 한다.

길고 복잡한 문체와 비유적 표현으로 읽기에 결코 편한 글은 아니지만 함축적 메시지는 명료하다. 현대(성)라는 거대한 주제를 개인의 일상적 차원에서 녹여내고, 그것의 단면들을 꿰어내 하나의 문제의식으로 전달하는, 그리고 한순간도 독자가 문제를 놓치지 않게끔 지속적으로 환기시키는 바우만의 글쓰기 방식은 놀라울 만큼 정교하고 유연하다. 깊고 강한 울림을 남기는 그의 이야기는 책을 덮고 난 후에도 거듭 되새기게 되는데, 그것은 그의 말대로 이 글이 '전장에서의 모든 보고가 그러하듯 결론을 내리지 못할' 진행형 이야기라는 것, 그래서 우리는 앞으로도 그것의 울림의 깊이와 강도를 계속 인식해야 하기 때문일 것이다.

하지만 암울한 시선에서 벗어나 조금이나마 낙관적 시각으로 현재의 소비 환경을 둘러볼 때, 날로 신장하고 있는 소비자 주권, 그리고 상생과 협력의 가치를 추구하는 대안적 자본주의로의 전환 등 희망을 품을 만한 변화의 흐름도 눈에 띈다. 정보기술의 급속한 발전으로 부상한 '영리한 군중smart mob', 그저 쓰고 버리는 소모적 행위로서의 소비가 아니라 인류와 사회를 고려하는 '윤리적 소비' 같은 개념은 소비 영역에서도 실천적 전환practical turn이 이루어지고 있음을 방증하고 있다. 네트워크 사회가 보여주는 새로운 사회의 가능성을 기대하고 주시하는 가운데 주체적 소비, 지속 가능한 소비가 그저 이상적 담론에 그치지 않고 개인의 의식과 일상에 뿌리내림으로써 작금의 상황에 대한 바우만의 어두운 전망과 우려를 떨쳐낼 수 있기를 바라본다.

번역 작업에도 꽤 오랜 시간이 걸렸지만, 마무리한 후 출간하기까지 또 많은 시간이 흘러버렸다. 어려운 여건에서도 출판을 결정해준 새물결출판사, 그리고 번역 과정에서 도움을 주신 조형준 주간께 감사의 마음을 전한다. 문장 하나마다 텍스트의 의미를 놓치지 않도록, 저자의 의도가 온전히 전해질 수 있도록 애썼음에도 우리말로 옮기기에 역부족인 부분이 여전히 남아 있을 것이다. 번역상의 부족함과 한계에 대해 독자들의 양해를 구하며 바우만의 풍부한 사유와 예리한 시선을 좇아, 지적 영감과 자극이 충만한 독서가 되기를 기대한다.

2024년 1월 궁선영

■ 찾아보기

⟨ㄱ⟩

가상적 사교virtual socializing 184
가족 가치family values 194
갠즈Gans, Herbert J. 196
갤리Gallie, W. B. 198
갬블Gamble, Jim 14
결함 있는 소비자flawed consumers 16, 96, 108-111, 160, 200-201, 218-220
고백 사회confessional society 14
골레야크 Gaulejac, Vincent de 138
공유 재산common good 222
과잉excess 68-69, 81-82, 141-142
규범적 통제normative regulation 144-146
규제 철폐deregulation 21-22, 24, 105, 146-147, 227
그리어Greer, Germaine 19, 28
기든스Giddens, Anthony 40

⟨ㄴ⟩

네트워크network 171

⟨ㄷ⟩

다울링Dowling, Colette 84, 85
대처Thatcher, Margaret 226, 228, 229
더글라스Douglas, Mary 54, 137
던Dunn, John 222
데루카DeLuca, Tom 233-234
둔감함blasé attitude 73
뒤르켐Durkheim, Émile 98, 124, 144, 147
딘Dean, Jodi 172

⟨ㄹ⟩

라르들리에Lardellier, Pascal 165
라모네Ramonet, Ignazio 70
라블레Rabelais, François 77
라자스펠트Lazarsfeld, Paul 234
라투르Latour, Bruno 30
래쉬Lasch, Christopher 174
레비나스Levinas, Emanuel 85, 145-146, 148
레이어드Layard, Richard 77-78
로손Lawson, Neil 231
로젠츠바이크Rosenzweig, Franz 60
로티Rorty, Richard 117
뢰그스트룹Løgstrup, Knud 145
뢰비Löwy, Michael 61
루소Rousseau, Jean-Jacques 121-122
루스벨트Roosevelt, Franklin Delano 223
르낭Renan, Ernest 120
리빙스턴Livingstone, J. 191
리처Ritzer, George 93

⟨ㅁ⟩
마르크스Marx, Karl 29, 84, 141
마틴Martin, Bill 72
마페졸리Maffesoli, Michel 59-60, 135-136
망각forgetting 138, 155
매슬로우Maslow, Abraham 78
매티슨Mathiesen, Thomas 83
맥피McPhee, William 234
머튼Merton, Robert 190
먼로Munro, Roland 74
멜랑콜리melancholy 73-74
모트Mort, Frank 86
무관심화adiaphorization 86, 149
무리swarm 124-126
문명화 과정civilizing process 119, 121
뮈르달Myrdal, Gunnar 210-211
므로제크Mrożek, Sławomir 180
미드Mead, Lawrence B. 218-220

⟨ㅂ⟩
바흐친Bakhin, Mikhail 123
밴필드Banfield, Edward 212
배제exclusion 92, 109, 139, 211, 220-221, 226
버틀러Butler, Samuel 77, 206
법률상 소비자consumers de jure 105-106
베럴슨Berelson, Bernard 234
베버Weber, Max 44, 51-53, 158
베버리지Beveridge, Lord 223
베블렌Veblen, Thorstein 56
베이트슨Bateson, Gregory 203
벤담Bentham, Jeremy 117
벤야민Benjamin, Walter 61, 225

벨크Belk, Russell A. 220
보드리야르Baudrillard, Jean 30, 174
부르디외Bourdieu, Pierre 9, 146, 207
부수적 피해collateral damage 32, 156, 171, 187-192, 195, 241
부적응 콤플렉스inadequacy complex 152-153
브로드스키Brodsky, Joseph 179
브루어Brewer, John 42
비상emergency 150-155
비순응nonconformity 152

⟨ㅅ⟩
사랑의 물질화materialization of love 192-193
사르코지Sarkozy, Nicolas 17
사사화privatization 22-24, 84-86, 105, 227
사사화된 유토피아privatized utopia 84-86
사회(복지)국가social (welfare) state 21, 222-226
상징적 인물emblematic figures 136
상품 물신주의commodity fetishism 29-30, 37-38
상품화commoditization 20-21, 28, 30, 34, 44, 97, 105, 191
새로운 시작new beginnings 150, 155, 160-165
생산자 사회society of producers 94, 96, 100, 104, 113-114; (정의) 55-57
세넷Sennett, Richard 207
세스토프Shestow, Leon 165
소비자 사회society of consumers (정의) 92

소비자 주권consumer sovereignty 38, 104, 107-108, 131
소비자 행동주의consumer activism 230-231
소비주의 문화consumerist culture (defined) 91
소비주의consumerism (defined) 50, 53, 140-141
소속belonging 136, 224
순수한 관계pure relationship 40-42
쉬레스타Shresta, N. R. 220
슈미트Schmitt, Carl 108, 195
스타시욱Stasiuk, Andrzej 166, 79
슬레이터 Slater, Dan 26, 57, 158
신용카드credit cards 127
쓰레기 처리waste disposal 39, 58, 66-69, 81-82, 141, 157, 208-209, 222

〈ㅇ〉
아피아Appiah, Kwame Anthony 175
안더스Anders, Günther 98, 99, 101, 102, 236
알튀세르Althusser, Louis 91
언더클래스underclass 195-220
에렝버그Ehrenberg, Alain 152
에릭슨Eriksen, Thomas Hylland 69-70, 72, 167
에이켄헤드Aitkenhead, Decca 102-103
엔리케스Enriquez, Eugène 13
엘리아스Elias, Norbert 120
엘리엇Elliott, Anthony 162
연대solidarity 222-229
오베르Aubert, Nicole 59, 151, 153, 154
오스왈드Oswald, Andrew 79

오웰Orwell, George 188-189
올레타Auletta, Ken 212-215
완벽perfection 142
이기주의 질서order of egoism 222, 226

〈ㅈ〉
자이터Seiter, Ellen 139
전통적 소비자traditional consumer 80
점묘파적 시간pointillist time 59, 60, 63, 137, 178, 181, 233
정체성identity 83, 160, 169, 175-184
정치적 무관심political apathy 230, 233-234
제이Jay, Martin 188-190
조레기베리Jauréguiberry, Francis 182-183
존중respect 194
주체성 물신주의subjectivity fetishism 30, 33-34, 37-39
지루함boredom 143, 159, 206, 207
진보progress 60-61, 72
짐멜Simmel, Georg 27, 35, 73-74, 108

〈ㅊ〉
책임responsibility 86, 149-150, 187

〈ㅋ〉
카스텔Castells, Manuel 170
칼라일Carlyle, Thomas 30
칼비노Calvino, Italo 66
캠벨Campbell, Colin 51, 191
커뮤니케이션 물신주의communication fetishism 173
코헨Cohen, Stanley 187
쾌락원리, 현실원리pleasure and reality

principles 147-148
쿡Cook, Derek Thomas 94, 106-107
쿤데라Kundera, Milan 138
크라카우어Kracauer, Siegfried 19-20, 61-62, 181
크리스티Christie, Nils 210
클라크Clarke, Charles 16-17
클리마Klima, Ivan 40-41
키아펠로Chiapello, Eve 23
킨Keane, Jonathan 32, 165

〈ㅌ〉
타르코프스카Tarkowska, Elżbieta 162
토플러Toffler, Alvin 164
트렌트만Trentman, Frank 42, 92

〈ㅍ〉
파스칼Pascal, Blaise 153
파슨스Parsons, Talcott 82, 159
패스트푸드fast food 126-127

푸레디Furedi, Frank 230-231
푸코Foucault, Michel 121
프랭크Frank, Thomas 171
프로이트Freud, Sigmund 75, 114-116, 120, 144
프루스트Proust, Marcel 61-63
핑켈크로Finkielkraut, Alain 203

〈ㅎ〉
하버마스Habermas, Jürgen 20
행복happiness 75-79
헌팅턴Huntington, Samuel 234
헤겔Hegel, Friedrich 122
호스틴스키Hostyński, Lesław 164
혹쉴드Hochschild, Arlie Russell 23, 85, 192-193, 221
홉스Hobbes, Thomas 86, 116, 144, 146
휴대품보관소 공동체cloakroom community 177